José Vicente Pascual

# Juan Latino

Coordinación editorial:
José Antonio García Sánchez

Portada:
Ramón Ortiz

Cuarta edición: 2025

*Agradecimientos:*

A José Antonio García Sánchez, que me presentó a Juan Latino.
A J. Antonio Sánchez Marín, Felipe Romero, Andrés Sopeña y
Antonio Enrique que me ayudaron a buscarlo en los libros y,
sobre todo, dentro de mí. Y a Tito Junco, que tantas veces
fue Juan Latino

© Editorial Comares, 2025
Polígono de Juncaril
C/ Baza, parcela 208
18220 Albolote (Granada)
Tlf.: 958 465 382
https://www.comares.com • E-mail: libreriacomares@comares.com
https://www.facebook.com/comares • https://twitter.com/comareseditor
https://www.instagram.com/editorialcomares

Impresión y encuadernación: Comares, S.L.
ISBN: 979-13-7033- 007-1 • Depósito Legal: Gr. 1455/2025

A Eloy Quirante, que era inventor,
y a María Gallardo Sanmiguel,
a quien le gustaban las novelas históricas.
*Per secula seculorum.*

*Pues al cielo no le plugo*
*que salieses tan ladino*
*como el negro Juan Latino.*

MIGUEL DE CERVANTES
*El Quijote* (prólogo)


«*Granada, al solsticio del siglo XVI, era una ciudad rasgada de Norte a Sur por Roma y Las Indias, y de Oriente a Poniente por Alemania y Arabia. Era pues un vértice que atraía hacia sí los eventos de la paz y de la guerra, del comercio y del arte, de la religión y la impostura.*»

ANTONIO ENRIQUE
*La Armónica Montaña*

Hace dos semanas que los alguaciles de la Chancillería capturaron a una ninfa en los jardines sombríos de la Alhambra, y hace dos semanas que yo, Juan de Sessa, también conocido por Juan el negro o Juan Latino, entregué mi biografía al maestro impresor Hugo de Mena. La ninfa ardió antes de ayer, a veintiún días del mes de enero del año del Señor de mil quinientos noventa y cuatro, en la plaza de la Chancillería, ante la curiosidad y el miedo de multitud de granadinos (cristianos antiguos unos, otros conversos), y la impasible determinación de los magistrados y relatores del palacio de justicia. No faltaron los dignatarios del colegio catedralicio, ni los inquisidores, ni representantes de las nobles familias, ni la delegación del Cabildo sobrellevada por el Corregidor y varios de los Caballeros Veinticuatro. En la mirada de todos adiviné un sesgo de titánico orgullo, la severa convicción de quien actúa conforme a leyes divinas al destruir por el fuego lo que no se conoce y, por ello mismo, se teme; destruyendo, sí, entre miasmas de carne calcinada y grasa derretida lo que mi amigo Jacinto Delavalle, capellán de la iglesia del Salvador, denominó *ser no humano, ni bestia terrena*. Estableci-

11

do por la potestad eclesiástica que no era criatura de Dios, resultó inevitable que considerasen a la ninfa como obra perversa del diablo. Y acabó en la hoguera. Ardió entre agudos lamentos que recordaban el trinar desesperado de un pájaro al que se cegase con alfileres. No puedo dejar de pensar en ella, en la hermosa ninfa, mientras espero que mi criado Julio regrese de la imprenta con las pruebas del libro que he titulado *Aethiopum terris venit* y en el que fijo la historia de mi vida para que de ella conozcan, y acaso aprendan, quienes han sido mis discípulos, amigos y protectores en esta Granada que llegó a mi corazón hace tantos años. También han de leer ese libro (el último que escribiré para otros), quienes me han odiado y se empeñaron en desacreditarme y hacer a mi persona todo el mal que pudiesen. En ellos pensaba igualmente al redactar las setenta páginas de *Aethiopum terris venit*, pues tengo por cierto que el hombre sensato no se complace en el desquite, pero goza desde la intimidad de su conciencia cuando se abren paso la honesta certidumbre y la razón. Sin embargo, ante la soledad de estas páginas que redacto en mi pequeño escritorio de la calle de la Cárcel, a mí mismo me digo que esa autobiografía que está a punto de salir de imprenta habla sólo de una parte de mi existencia, acaso no la más decisiva. Como es norma obligatoria de cortesía y, por supuesto, de habilidad en el halago para con los poderosos, *Aethiopum terris venit* prodiga mercedes escritas en muy cuidado latín a mis protectores, empezando por quien fuera mi dueño durante muchas décadas, don Gonzalo Fernández de Córdova, e insistiendo en las figuras venerables del arzobispo Pedro Guerrero, de don Juan de Austria, hermano del emperador, del presidente de la Chancillería don Pedro de Deza y de cuantos me ayu-

12

daron a medrar decorosamente, asistido con las únicas armas de mi saber y mi ingenio, por ese mundo de gloria y en ocasiones huidizo, a menudo peligroso, de la corte imperial que durante casi un siglo ha tenido en Granada su sede predilecta. *Aethiopum terris venit* engrandece, quizás con exageración, el nombre de los soberanos: es benévolo con sus debilidades y muy entusiasta con sus virtudes, por chicas o grandes que fuesen. Y sobre todo calla. *Aethiopum terris venit* calla tantas cosas de mí, de Juan Latino, de Juan el negro, que tengo la impresión de haber escrito una obra dedicada a otros en lugar de una verdadera autobiografía. Pero así son estos lances en los tiempos que corren, y así se resuelven estos asuntos. Mi vida ha pertenecido al duque de Sessa, don Gonzalo, y al arzobispo, y al colegio catedralicio, y a la universidad... y en menor medida ha sido puesta en manos de mi adorada esposa, doña Ana de Carvajal, que llegó a amarme a pesar de que su piel, delicada como un mantillo de nieve sobre hojas secas, destellaba ante mi palmaria negritud como un pañuelo de seda blanca agitado en lo más hondo de la noche. Atónitos quedaban quienes, sin conocernos, se cruzaban con nosotros a cielo abierto o en las salas galantes donde magníficos y dignos señores de la aristocracia recibían a sus amigos y protegidos. Y atónitos quedaron muchos cuando ella, contrariando la voluntad de su padre, me prefirió al noble don Hernando de Válor, de la estirpe de los últimos reyes nazaríes, proclamado Muley Muhammad Abén Humeya por los moriscos que se rebelaron contra el emperador en la navidad de mil quinientos sesenta y ocho. Acaso doña Ana sea la única persona de este mundo que conoce las más escondidas rinconaduras de mi ánimo, y así seguirá siendo pues aunque me propongo escribir esta otra biografía, nunca ha de llegar a la imprenta

13

ni dada a conocer por medio alguno. Pago letra a letra, renglón a renglón, una deuda largamente aplazada conmigo mismo y con mi tiempo. De esta forma, puede que dentro de muchos siglos, cuando la pomposa fulgencia imperial sea un recuerdo tan sólo, cuando los grandes nombres y apellidos que dan gloria a esta Granada favorita del emperador católico sean un eco remoto y nada más... cuando pasen toda la vanidad y la impostura, y la ambición, y la intriga, entonces digo, acaso alguien lea estas páginas y sepa quién fue en verdad Juan de Sessa, Juan el negro, Juan Latino.

Hace unos días, conversando con mi amigo Jacinto Delavalle sobre la desdichada ninfa de la Alhambra y la suerte que sin duda iba a correr, lamentaba yo con pocas palabras (pues no conviene excederse en el desacuerdo cuando se tratan negocios de la Iglesia), que la ignorancia y el estupor ante lo desconocido decidiesen el triste final de tan bella criatura. Jacinto Delavalle, que es hombre pragmático ante todo, me respondió:

—De algunas cosas funestas, señor Juan Latino, conviene no saber. Ni tanto así aspirar a saber.

—Pero de la ignorancia, sea o no consentida, no cabe deducir verdad alguna, sino error y atolondramiento —objeté yo.

—No insista ni le de más vueltas, querido amigo —prosiguió Jacinto Delavalle, en un intento más que claro por terminar con la discusión—. Sabemos lo que necesitamos saber, de nosotros mismos y de nuestros semejantes, y más vale y mejor nos renta, para el cuerpo y el alma, huir de fenómenos grotescos, retorcidos, *contra natura*, como éste del que ya hemos hablado más de lo que la prudencia aconseja.

14

De vuelta a casa, abrumado por el frío de este invierno que tan duro resulta para mis años y achaques, caviloso y algo triste recordaba las palabras de Jacinto Delavalle. Nada sabía él, y poco, muy poco yo sobre la ninfa. Y al igual que casi todo el mundo, nada sabe Jacinto Delavalle acerca de mi persona, de ese Juan Latino al que siempre ha llamado amigo por consideración más que por afecto. Nada saben de mí. En el colegio catedralicio y en la universidad conocen mi pulcra oratoria, y de sobras tiene fama la agudeza de mi poesía cuando replico en las justas literarias que se celebran en la casa de los Granada Venegas. Saben que nací esclavo, en la Guinea, que fui manumitido a los treinta años por mi señor el duque de Sessa, que casé con doña Ana de Carvajal, blanca, hermosa y rica, que recibí seis mil ducados de dote por la mano siempre generosa de don Gonzalo y que, para pasmo de muchos, orgullo de pocos y envidia de unos cuantos, soy la primera persona de raza negra, desde que echaron a andar los tiempos, que ha escrito y sacado un libro de imprenta. Es decir: nada o casi nada saben.

He comido en la mesa de los príncipes y los príncipes han celebrado con vivas carcajadas mi sagacidad argumentativa y mi destreza con el lenguaje. Algunos de ellos, incluso, me distinguieron con una afección que personas menos cuidadosas con las palabras llamarían amistad. He levantado por las calles y plazas de Granada esculturas efímeras a mayor gloria del emperador don Felipe, y compartido horas y horas de extatismo lírico con los más deslumbrantes poetas de la época, entre los que cuento a Gaspar de Baeza, Diego Hurtado de Mendoza y Juan de la Cruz, por decir los nombres de algunos. He dado clases de gramática y latín en el colegio catedrali-

15

cio y en la universidad, y las familias más adineradas de esta villa, si hoy decadente ayer excelsa, me enviaron a sus hijos para que aprendiesen la lengua de los clásicos y los rudimentos de la métrica, la retórica y el arte de musicar. He visitado como amo en casa propia las sobrias estancias y despachos de quienes gobiernan Granada con mano firme y criterio inalterable, acomodado a la suprema voluntad del emperador. *«Antes pobres que herejes»*, repiten con arrogancia, parafraseando a don Felipe cuando, llevado por ira que dicen santa, ordenó castigar a los responsables de la falsificación del manuscrito herético de la torre Turpiana. *«Menos seda y más fe»*... esa es otra de las frases que se atribuyen al emperador y que con celo aplican nuestros dignatarios, los mismos que me animaron a formar parte del grupo de amantes de las letras que durante décadas reunió en la Cuadra Dorada a lo más selecto de nuestros rimadores. Fui yo, Juan Latino, quien mantuvo la pasión poética en largas justas y agudos debates donde se hablaba de lo inefable, de la lengua alógica necesaria al creador de versos, del espíritu y las formas de lo bello. Y fui yo, Juan Latino, Juan el negro, quien más se distinguió por la rapidez de su lengua y lo brillante de sus epigramas en aquellas asambleas donde la imaginación y el fervor por la poesía (lo que es igual: por la vida), arrebataban a cada uno de los congregados. Todo eso hice, y más si se me apura en el relato. Salí de esclavo para convertirme en hombre rico y, lo que es más importante, considerado culto entre los cultos, sabio y bien sabio y negro y muy sabio a pesar de la color de mi piel, que es negra de llamar la atención como mosca en leche. Y si todo eso hice y forma parte de mi vida, también los silencios me cercaron con fatídica exactitud... los si-

16

lencios a mi paso, el recelo, el disimulo, la hipocresía a veces, recuerdo, la hipocresía de los cristianos viejos que no acababan de explicarse cómo un negro traído de a saber qué rincón de la Etiopía, un esclavo que en pura lógica debiera haberse hecho doctor en mulas de labranza y estiércoles, llegó a maestro en lengua latina y otras artes que, según ellos, sólo deberían encontrar senderos para expresarse en las cabezas incontaminadas de los que pertenecen a su estirpe. Uno de quienes así me herían, declarado enemigo durante los años espléndidos de la Cuadra Dorada, León Roque de Santiago (poeta a la italiana, dardeador de sílabas y saetero de versos de cabo roto), me dijo en cierta ocasión, tras haberme ignorado durante horas en uno de nuestros concilios poéticos en casa de los Granada Venegas:

—Disculpe que no le haya dirigido la palabra, señor don Juan el negro, pero lo confundía con la sombra de un caballero que acaba de marcharse.

Una sombra he sido, y no es tiempo de negarlo. Una sombra que hablaba latín y escribía en latín y enseñaba latín en una ciudad que prefiere la fe ciega y santa al peligroso entendimiento. Sombra fui y sombra soy, y de las sombras nadie sabe más cosa que existen, y que servir... no sirven para nada. Un fenómeno, un extraño, una curiosidad me he sentido, alguien que ve la aprensión en miradas ajenas y que percibe la desconfianza y el mal daño que hace su figura igual que un gato de los que brincan por las veredas del río intuye peligros casi nunca imaginarios. Ese fui, ese soy, y por ser y haber sido cosa rara en un mundo poco afable con portentos que no lleven muchas bendiciones, caí en pensar que la desdichada ninfa y yo no somos tan distintos. Hay una diferencia, bien se sabe:

17

ella acabó ardiendo en la plaza de la Chancillería y yo, Juan de Sessa, también llamado Juan el negro o Juan Latino, extinguiré mis días consumido por una vejez más o menos digna, atendido por algunos criados y solo. Tan solo como he siempre he vivido.

Mas no puedo olvidarla, y me refiero a la ninfa. Por mucho que me compadezca a mí mismo, y me justifique, y repiense en mi tristeza y caiga en tenaces melancolías, no puedo olvidar el espectáculo que presencié antes de ayer, cuando la ninfa fue inmolada y los sacerdotes y magistrados y autoridades regresaron a sus casas con la expresión del deber cumplido adornándoles el semblante. Pobre criatura... y así la llamo, criatura, pues nada hay en la tierra que no haya vivido previo, siquiera lo que dura el fulgor de una llamarada, en el misericordioso discurrir de Dios Nuestro Padre. Lo mantengo por mucho que se empeñen presbíteros e inquisidores en cosa contraria y coincidan en que Satanás trae sus hijos a este mundo con la misma diligencia con que una gallina pone huevos. (Afirmaciones como ésta, el pensar y decir sin traba, me aconsejan ocultar el manuscrito que redacto, y que nunca nadie sepa de él, excepto Julio, mi criado, quien ya ha recibido instrucciones al respecto).

Hace mucho tiempo que corren por la ciudad bulos y rumores sobre ninfas y otros seres fantásticos. Desde que sus Majestades Católicas conquistaron Granada (y de aquello ha pasado un siglo), se inició el implacable demolimiento de la antigua capital mora para edificar sobre sus ruinas una auténtica urbe cristiana, tal como fue voluntad de la reina de Castilla, de Fernando el de Aragón, del emperador Carlos y de su hijo Felipe, el monarca más poderoso que han conocido los tiempos, el hombre severo que gobierna con mano férrea la mitad del mundo conocido y por conocer... un imperio tan grande como lo fueran juntos, si en ello puede pensarse, el de los césares y los sultanes de Constantinopla. A todos ellos, a Isabel la de Castilla y Fernando el de Aragón y Carlos el germánico y Felipe el defensor de la fe, la espada de Roma, a todos, que se sepa, repugnaba esta ciudad tal como la hicieron moros y judíos. Muy bella era Granada, cierto, y voces de otro mundo y de otra fe cantaron sus delicias en todos los idiomas del Oriente; pero una ciudad de traza orgánica, recobijada en sí misma, pequeña, angosta, de calles estrechas y retorcidas, algunas cerradas por muros, arcos y pasadizos abovedados, o mediante portones que separaban un barrio de otro, no podía agradar a sus nuevos dueños. Espacios abiertos quería el flamante poder, amplias vías por donde pudiese discurrir sin agobio ni restricciones la solemne procesión del Corpus Christi que cada año desfila triunfal ante el fervor de los viejos castellanos que ahora son dueños de Granada, y plazas de horizonte bien ancho donde reunirse los caballeros y gente de armas y tratar sus negocios los comerciantes y, llegado el caso, meter fuego a los herejes, los judíos recalcitrantes, los moriscos mal conversos y los sodomitas, que de todo eso aún queda en el dominio. Así la querían, a nuestra Granada, y así la hicieron. Siempre receló el cristianaje de una villa laberíntica, de casas apartadas tras viejos muros que escondían huertos abundosos y estancias ténebres donde igual se conspiraba contra el imperio que se oía el susurro de oraciones dichas a un Dios Uno y no Trino. Se alzaron iglesias, con la cruz bien en lo alto, donde había muy antiguas mezquitas. La mayor del Albaycín es ahora iglesia del Salva-

19

dor, y sobre el gran templo de los musulmanes granadinos, rematado airosamente por la torre Turpiana, se levantan hoy la armónica y sobrecogedora catedral y la capilla donde reposan *ad aeternum* los Católicos Reyes. Se echaron abajo tapias y casas de vecindad y establecimientos públicos y baños y todo cuanto estorbase la edificación de esta *Cívitas Dei* que hasta hace pocos años era orgullo del imperio. *Cristianopoulis*, llamó a la nueva Granada, en su carta de salutación al emperador Carlos, el Patriarca de Alejandría. El Reino de Dios en la Tierra. Y esa cristianópolis se abrió paso derruyendo sin contemplación ni mal de conciencia el viejo solar de los musulmanes. Se salvó el palacio de los reyes nazaríes, la Alhambra, por su condición de alcazaba y fortaleza militar, y aun así hay quien mantiene la urgencia por demolerla, al igual que la residencia del Generalife, y dejar en aquellos altos tan sólo la muralla y el capitolio que proyectó Pedro Machuca para gloria del emperador don Carlos. Pero como la historia es muy terca y no puede enmendarse de plano, sino con paciente determinación, han pervivido historias significadas por su exotismo, secretos de patio y fuente que son como pequeñas y dulces venganzas con que el pasado se recompensa a sí mismo. A pesar de tanto como cayó bajo la macheta de los alarifes, y de lo mucho construido, sigue siendo Granada una ciudad llena de espesuras, de súbitas frondosidades, de murmullos inquietantes; y de ese aura moribunda que late en el recuerdo de pasadas fantasmagorías, nacieron leyendas sobre ninfas de vuelo espectral, espíritus errantes, tesoros escondidos, trasgos robaalmas, pócimas milagrosas y nefandas brujerías... todo lo cual, como es de suponer, causa la irritación de inquisidores y magistrados, animando sus voluntades a extirpar de raíz estos fenómenos que para algunos son pura leyenda y para ellos (siempre ellos), prueba irrefutable de que Satán ni descansa ni duerme. De estas fábulas y supersticiones con que la plebe distrae sus ocios y excita su imaginación, ha destacado la conseja de las ninfas de la Alhambra, criaturas volátiles, casi inmateriales a decir de quienes juran haberlas visto. Mitad aves delicadas, mitad mujeres translúcidas, hálitos mariposados de algún arcano mundo de prodigios hechiceros, las ninfas aparecerían (de ser cierta la leyenda), al atardecer, revolando contra las últimas y engañosas luces del sol y dándose a trinos de una belleza desconcertante, turbadora por su encanto y dañina por el sutil veneno de evocaciones lujuriosas con que, al igual que las sirenas de Ulises, transtornan a quienes fugazmente las ven reflejadas contra el cristal del ocaso. Esa es la fábula, la tradición popular. Lo cierto y tristemente cierto es que hace dos semanas, a eso del mediodía, un covachuelista de Valparaíso que recogía leña en los jardines de la Alhambra descubrió yaciendo sobre la nieve, privada de sentido, a una hermosa joven desnuda. Corrió el buen cristiano para dar aviso a la Chancillería. En menos de una hora, seis alguaciles bajo el mando de don Ginés Valenzuela fueron a presentarse en el lugar que el covachuelista había indicado, y allí descubrieron a la joven que dormía sopores de insanidad, casi mortuorios. Según el primer informe estaba a punto de perecer por congelación, tenía los labios amoratados y los ojos y la nariz cubiertos por una leve capa de escarcha que iba cubriendo su rostro lentamente, como máscara de funeral. La envolvieron en mantas para protegerla del frío y también por pudor, cabe decirlo, y fue llevada al Hospicio Real.

21

Tras recibir atenciones y algún remedio y alimentos, la muchacha volvió a la vida. Médicos y alguaciles constataron que la infeliz no podía articular palabra. Al principio, como es de lógica, pensarían que su mudez era transitoria, debida al padecimiento y al mal trance del que había sido rescatada. Mas pasaron horas, y días, y una semana entera, y la muchacha no sólo persistía en el silencio sino que, para su perdición, intentó expresarse mediante palabras ininteligibles que a todos recordaron muy mucho, funestamente, el trino de algún pájaro misterioso. Fue esta rareza la que hizo intervenir a los inquisidores del Santo Oficio y a los magistrados de la Chancillería. Acudieron a observarla en comisión docta, y unos le preguntaban en latín y en distintos idiomas de cristianos, y otros (usando la voz baja para no perturbar conciencias ajenas ni escandalizar a persona alguna), en aljamía y hasta en la antigua y aborrecida lengua hebrea. Todo resultó inútil. La ninfa, pues así ya la llamaban, no respondía salvo con agudos górgoros y chillidos que lastimaban el espíritu de los cada vez más inquietos doctores. Finalmente uno de ellos, el magistrado don Ginés de Málaga y Bertucci, sentenció con irrebatible autoridad: «no es ente humano, ergo su padre es Lucifer». Los comisionados se taparon los oídos para no escuchar más de lo preciso aquellos enigmáticos lamentos de la ninfa, y abandonaron el hospital no sin antes haber rubricado uno por uno la encomienda dirigida al alguacil mayor de Granada donde se daba orden de que, en el término de tres días, fuese la ninfa conducida a la plaza de la Chancillería y prendida fuego hasta que sus cenizas quedaran disueltas por el aire santo y purificador de cristianópolis.

El plazo se cumplió antes de ayer. Jacinto Delavalle y yo mismo fuimos testigos de cómo el vecindario siguió en silencio, respetuosamente, al cortejo que acompañaba a la ninfa camino de la hoguera, lo que nos parecía insólito. En contra de la costumbre nadie arrojó piedras, ni barro, ni basuras ni inmundicias a la joven desventurada mientras el asno que cargaba con ella se dirigía con pasos muy lentos hacia la pira. Puede que la belleza conmovedora de la muchacha, el asombro ante su piel lúcida y sus cabellos radiantes como oro nuevo, silenciaran a la plebe. Puede ser también, y creo más en esta explicación, que a todos apesadumbrase y causara secreto temor aquel desenlace cruel, el tan precipitado martirio de una criatura que, de ser ninfa verdadera, está considerada por el rumor popular como un ente benéfico, amigo de pájaros y frondas, aparición que da suerte de la buena en amoríos y juegos de naipes a quien tiene el privilegio de contemplarla. Aunque en esto, como en tantas otras cosas, la gente calla y agacha la cerviz con mansedumbre. Me inclino a pensar que, en efecto, la multitud congregada para ver cómo ardía la ninfa, íntimamente solicitaba su perdón, conjurando quiméricas venganzas, plagas, hambrunas y otras calamidades con que la amada del aire pudiera saldar sus malas cuentas con la cívitas. La presencia en la comitiva de un grupo de moriscos que caminaban rezando avemarías me confirmó estas impresiones, así como que, en el momento de aplicar la tea al cúmulo incendiario, el verdugo se santiguase no una sino tres veces, y lo hiciera aprisa, casi clandestinamente, para que los inquisidores no advirtieran el gesto. Y más aún: mientras la ninfa se consumía entre gritos horrendos que no quiero recordar, y sus trinos desesperados llenaban de penuria el aire de la plaza, hubo quien escondido entre la muchedumbre, a resguardo de miradas comprometedoras, arrojó pétalos secos de rosas y claveles a la hoguera. Así se lo hice saber a mi amigo Jacinto Delavalle, quien con su natural facundia y sentido práctico de la vida, dijo:

—Nada hay de admirable en el asunto. La gente, por lo general crédula, puede ser tan caritativa como sanguinaria. Hoy arrojan flores a un condenado, y mañana mierda, y eso no los hace peores ni mejores, señor Juan Latino. Los convierte exactamente en lo que son: vulgo que vive complacido en su ignorancia y que es incapaz de mantenerse ecuánime ante sucesos tristes como el que hemos presenciado. O se regodean en la desgracia ajena o se acongojan sin más motivo que mantener viva una absurda superstición. Así es el populacho y así seguirá siéndolo mientras el mundo exista por voluntad del Padre Eterno.

Razonables me parecieron las palabras de Jacinto Delavalle. Por desventura razonables. Yo mismo, en las calles de Granada, he padecido sobre mi cuerpo miradas de repudio y desprecio que envolvían mi negritud como el aliento de cien borrachos bravucones. Me he sentido tan distinto, y tan incomprendido, y a menudo tan odiado, que hubiese sido una simpleza atribuir el rechazo a la llana perplejidad que causa la color de mi piel. Hay algo en el hombre, en todos los hombres, que nos hace muy capaces de lo sublime y de lo heroico y también de lo tortuoso y hondamente abyecto. Tan así es la libertad, regalo divino que padecen los humanos; y no hay mejor atalaya para distinguir bien a las claras ese paisaje de luz y sombras, de bondad y amargura, que ser negro como un tizo en tierra de cristianos, y culto en país de ignaros, y maestro en un pueblo donde los alumnos aborrecen la escuela. Ser distinto, sí, y tener que avivar cada día la inteligencia, y abundar en todos los saberes posibles, y ser diestro adulador, avezado en las sutilezas de la cortesía y la diplomacia, y callar, callar tantas cosas... callar con el solo objetivo de sobrevivir, que es obligación de los débiles y de la gente rara como yo. Gente extranjera. Sobrevivir, ah, impuro trabajo. Sobrevivir y que no te hagan daño. Tanto daño como hicieron a la bellísima ninfa de la Alhambra.

\*   \*   \*   \*

Ayer estuve escribiendo hasta la madrugada. Cuando fui a descansar temblaba de frío y por un instante sentí convulsiones fiebrosas y pensé con temor en el catarro de tos negra que este invierno a tantos granadinos se ha llevado al otro mundo. Hoy, *laus Deo*, me encuentro descansado y gozo una confortable sensación de fortaleza. Escribo, sin embargo, cubierto con toca de lana. También uso mitones para evitar que se me agarroten los dedos por causa del frío. Nunca hemos pasado frío mi señora doña Ana y yo. Nunca hasta que mi suerte empezó a declinar en esta Granada que cada nuevo año es más dura de ser vivida, y más te da la espalda y más te reprocha con enojoso silencio que seas distinto y hayas vivido como si fueses uno de ellos. Como un impostor. Al final se impone una desoladora certeza: en un reino católico entre los más católicos, en la plomiza y sepulcral cristianópolis, no va quedando sitio ni consideración ni buenos modos para con las extravagancias. Yo, quiéralo o no, soy una rareza, antes lo dije. Mi caso es raya en el agua, por supuesto, pero sufro las consecuencias de ese rencor que a lo largo del siglo ha ido apartando a los viejos castellanos de cualquiera otra buena vecindad. Hubo otro tiempo, y fue mejor. Mas este tiempo que ahora me toca vivir es época de fríos y suelo yermo: el invierno de mi vida que no ha de durar mucho, bien lo sé.

Es invierno y la nieve cubre mi ciudad, desde las vagarosas, atlánticas cimas del Veleta, a las inmediaciones de la Vega. Hace muchos años que no padecíamos inclemencia tan desmesurada, un invierno de helarse el agua en las copas de las fuentes y caer yertos los pajarillos de los árboles, como lágrimas de cristal vertidas por esta Granada cada vez más fría, más enemiga de sí misma y de todas las sabias costumbres que le dieron fama de ser ciudad muy bella, muy poblada y muy próspera de entre todas las de España y sus reinos. Parece como si el invierno, el frío de miserere y lápida sepulcral, ahuyentase a todos los que creímos en la calidez de la palabra, en la amistad y la concordia, y nos hubiera recluido en nuestras gélidas soledades igual que a un clan primitivo y temeroso del mundo exterior, sus asechanzas y peligros. Hace años que se ausentaron, para mi mal, Gaspar de Baeza, Gregorio Silvestre, Rodríguez Ardilla, Hurtado de Mendoza... para más padecimiento, desde la muerte de Juan de la Cruz, acontecida en Úbeda dos años atrás, apenas recibo cartas de sus antiguos amigos y discípulos. Tanto echo de menos la amistad del carmelita santo (pues en presunción de santidad murió, y soy de los dispuestos

26

a creer en ella), que hace pocos días, leyendo algunos versos de su *Cántico espiritual*, derramé profusas lágrimas, y en un rezo que tuvo algo de delirio consentido, de queja humilde ante el intenso frío y el hondo dolor, supliqué al Padre Eterno que me lleve de esta tierra, la cual se me vuelve ingrata y en la que en otro tiempo, oh vanidad, fui reconocido por mis saberes y artes. De ello gocé.

No hay leña hoy para calentar la casa. Mi esposa doña Ana, con la solicitud y ternura que siempre la embellecieron, siempre pensando en mí y jamás en ella, ha enviado a Miguel y Julio, nuestros criados, al palacio de los Carvajal para pedir a préstamo dos sacos de tizo. Con ellos y algún maderamen reseco encenderá el brasero y lo traerá a mi habitación para que cuando caiga la tarde y el frío rezume por muros y cristaleras, pueda seguir escribiendo sin poner en peligro mi salud. Es duro llegar a viejo, saber que te espera una digna sepultura pero que tus días, en lo sucesivo, navegarán entre la parquedad y la pobreza. Es duro y muy duro haber tenido fama, renombre, posición y dinero, y que te agarre la escasez justo cuando más necesarias son las comodidades que despreciamos en la juventud. Mas no quiero insistir en lamentaciones que a nadie más que a mí pueden interesar. Sigo siendo un hombre respetado aunque caído en el postergamiento, y si se compara mi hacienda con la extrema indigencia en que sonambulean la mayoría de mis vecinos, diríase que la fortuna tampoco me olvidó. No hay leña en este día, cierto, mas la habrá cuando el colegio catedralicio y el ecónomo universitario liquiden mi pensión anual, la que va retrasándose más de la cuenta, por cierto. Aunque los administradores y censores del patrimonio poco entienden de inviernos duros, de la necesidad que tiene un anciano (negro o del color de los sueños, tanto da), de tomar sopa caliente cada día, de la urgencia por caldear la habitación y negocios domésticos similares. Ya vendrá el dinero y saldremos de apuros, lo sé; también sé que cuando éste llegue, doña Ana ha de alegrarse por mi comodidad... es la razón de nuestro amor que ha soportado el paso del tiempo, que nunca se vició por liviandades en los años de exuberancia, cuando Granada iba camino de convertirse en centro del imperio y yo era admirado en las cimas soleadas del poder, ni tampoco se resintió en la cuesta abajo de nuestras vidas y en el lento aunque imparable declinar de nuestra estrella. Es la razón, digo: la entrega suma y la absoluta renuncia. Si esto no es amor, no sé yo a qué otra cosa podría llamarse con el mismo nombre. Llegará la renta, vendrán mejores semanas y meses, acabará el frío y doña Ana recuperará el gusto casi olvidado de la felicidad. Una mujer de su condición no puede ser dichosa si de buena mañana, como primera providencia, ha de enviar a sus criados en busca de modesto piñuelo, arguyendo dignas excusas que nadie en la casa donde nació, el palacio de los Carvajal, ha de creer. Sé que ella sufre por estas miserias aunque ante mí disimula. Ama y disimula su pena y por eso yo también la amo.

Mas llegarán esos otros días de menor apuro. Volveremos a tener la mesa lista y la casa caliente y el lecho acogedor de madrugada, cuando los carámbanos que se deslizan desde la techumbre repican insolentes contra el ventanal de nuestro dormitorio. Esos días, sin embargo, serán una tregua, un preámbulo no demasiado extenso antes del final de todos los finales. Ella o yo, posiblemente yo que soy más viejo y achacoso, seremos llevados en comitiva silenciosa y no muy concurrida hasta la iglesia de santa Ana y san Gil, frente al palacio de la Chancillería, donde nos aguarda el hueco para el último reposo. No pasará mucho tiempo antes de que volvamos a reunirnos. No sé vivir sin ella y supongo sin petulancia que ella siente a la recíproca. Será pronto, creo. Pasaremos al mundo de las sombras, del olvido, y en pocos años no se conservará de nosotros ni la memoria. No queda mucho. Por eso escribo con apresuramiento estas páginas que no contradicen pero sí matizan con el raro acento de la sinceridad la versión respetuosa, simuladora, cortés, de mi autobiografía. Los últimos ducados de mi bolsa se los llevó el maestro Hugo de Mena. Ayer tarde, mi criado Julio trajo a casa hasta ciento ejemplares de *Aethiopum terris venit*. Uno por uno he de dedicarlos a cien ilustres catedráticos, inquisidores, presbíteros, nobles, poetas de la corte y doctores de los que usan pomposa influencia en los claustros académicos. De nuevo se sorprenderán de que yo, Juan el negro, sea capaz de escribir en latín culto lo que ellos torpemente y con mucha dificultad traducen. De nuevo se dirán: «este Juan Latino se libró del azadón y los terrones gracias a las letras y a la generosidad de su amo don Gonzalo, y a las letras y a don Gonzalo debe estar eternamente agradecido». Puede que alguno de ellos acuse recibo del envío y me dedique frases elogiosas como las últimas que recibí de don Juan Méndez Salvatierra, sucesor del arzobispo Guerrero; según sus palabras, el hecho insólito de que un esclavo merezca acta de manumición, seis mil ducados de dote y cátedra de latín, es prueba irrefutable, apabullante, de la pujanza de nuestra ciudad en el orbe de la cultura cristiana. Puede ser, mas no lo creo. Tras *Aethiopum terris venit* no hay otro libro que susurre en mi cabeza, ni en prosa ni en verso: es el estrambote enhebrado al final de mi

29

vida y al final, no lo dudo, de una época de gloria y bendiciones que acabará en cuanto el último morisco sea expulsado de Granada y el último comerciante de sedas y el último banquero de las grandes familias italianas abandonen la ciudad, convencidos de que la fe a palo y brea es buen negocio para el alma pero nefasto para la bolsa. Liquidarán sus bienes e irán con sus negocios a otro sitio, lejos de una tierra que camino lleva de convertirse en páramo donde, peor que mejor, medren universitarios engreídos, magistrados ahítos de doctrina, gente de armas, clérigos menesterosos y una turba pedigüeña y alucinada por el hambre que estará dispuesta a creer en todos los milagros del cielo y olvidará todos los trabajos de la tierra. No creo exagerar. Granada ha perdido en los últimos tiempos más de ocho mil vecinos y casi la mitad de su industria de la seda. El imperio nos acarició con su gloria durante unas décadas, pero la gloria ha pasado y del imperio queda una arrogante y bien nutrida sociedad de altos funcionarios, aristócratas guerreros que duermen el sueño de pasadas gestas, propietarios indolentes y recaudadores sin escrúpulos. Todos ellos subsisten con opulencia a costa de la rebaña de tributos, y los impuestos son tantos, y tan arbitrarios, que muchos artesanos y comerciantes han abandonado la ciudad. Los moriscos desposeídos de sus tierras, cansados de persecuciones y expolios, secretamente cruzan los límites del reino de Granada y se embarcan en Motril para ponerse bajo la protección del rey de Argel. En sólo dos años (los sesenta y ocho y sesenta y nueve de este siglo), más de cuatro mil desaparecieron del censo, unos masacrados en las cárceles de la Chancillería como represalia por las sublevaciones de las Alpujarras, otros fugitivos ante la saña con que expropiaba sus tierras y haberes el doctor Santiago, de la Chancillería de Valladolid, enviado con la misión exclusiva de recaudar por todos los medios (la sangre y el fuego incluidos), los habices, fardas y diezmos que el emperador reclamaba. A dichos impuestos había que añadir los que gravan la industria de la seda (el tigual, el tartil y el magrán), de modo que en apenas seis meses el doctor Santiago llevó a la ruina a muchas familias de cristianos nuevos. Algunos, los más avispados (o escarmentados pienso yo), decidieron huir antes de que la pura miseria los agotase, cruzar el mar y ofrecer sus hijos y su antigua fe no olvidada al moro de Argel. Empezó entonces una sangría lenta y continua, la deserción forzosa de mucha de esa gente que trabaja por sus manos y que es médula y nervio de cualquier tierra próspera. Los sederos, los alarifes, curtidores, tallistas, campesinos, comerciantes y quinteros abandonan la ciudad de noche, al amparo de las sombras, en silencio para que nadie los descubra y los señale con el dedo y los acuse de renegados ante la Chancillería. Dejan las tierras de España y se embarcan para África igual que hace un siglo emprendieron retirada sus antepasados. Hay quienes se alegran de estas sigilosas migraciones, y asidos al argumento que ya cansa de «antes pobres que herejes», sostienen con altanería e ignorancia supina que llegará el momento feliz en que expulsaremos del reino a todos los moriscos y judíos conversos. Según ellos (siempre ellos), moriscos y judíos forman una sociedad tenebrosa, simuladora, herética, que ningún bien trae a los cristianos y mucho daño hace a nuestra fe. Yo no quito ni pongo, vivo mi creencia con esperanza humilde y respeto el nombre de Dios, en cualquiera idioma que se pronuncie; pero cuando no quede un solo morisco ni un solo judío en el antiguo reino de Granada, ¿quién

31

cultivará las tierras, cuidará del ganado, trabajará la seda, construirá edificios y comerciará con tejidos, abalorios, bienes y alimentos? Ese es, al parecer, nuestro destino: convertirnos en tierra santa y pobre. Si al final así lo quiere la voluntad de Dios, bendito sea entonces su santo nombre.

\*   \*   \*   \*

Releo las páginas anteriores y convengo en que, ciertamente, la paradoja ha anclado en mi vida con la fuerza de una raíz centenaria y no sé si benigna. Nací esclavo y moriré como hombre libre; soy negro y casé con una mujer blanca, bella y de rica familia; di mis primeros pasos entre mulas y algarrobas y acabé siendo catedrático de latín; vivo en una ciudad concebida para ser centro esplendoroso de un santo imperio y mi ciudad se viene abajo por culpa de la ignorancia y la cerrazón... y he tenido tan buenos amigos como tenaces enemigos. Quisiera recordar a los primeros y olvidar a quienes me odiaron, pero esta noticia de mi vida ha de ser rigurosa, cierta de punto a coma, y si las honras sirven para la complacencia en la evocación, el daño que se nos hace no debe caer en el olvido, si es que la memoria sirve de algo y el hombre, tal como pienso, nutre su saber con estudio, reflexión y experiencia. Quisiera escribir tan sólo sobre mis encuentros en la Cuadra Dorada con poetas sutilísimos que convertían cada palabra en una gota de miel para el espíritu, y cada verso en una imagen miniada del paraíso. Quisiera abundar en la grata y confortadora ilusión con que visitaba a Juan de la Cruz en el convento de los Santos Mártires, nuestras conversaciones sobre la esencia poética y el fin último de toda metáfora, que es la búsqueda de la huella de Dios en el corazón de los hombres... pero me llegan al recuerdo horas amargas, intrigas de sórdido alcance, mentiras interesadas y alguna calumnia que si bien no consiguió sus torpes fines hizo que tanto doña Ana como yo padeciésemos de esa herida oscura, fatal como el vuelo de una daga sin amo, que es la maledicencia. Y recuerdo sobre todo a mi fiel Luis Pedro Ibáñez, el mejor de todos los discípulos que tuve, el más aplicado en el estudio de las humanidades y el Derecho y el más despierto en la comprensión de materias que muchos consideraban áridas y él siempre apasionantes. Hay quien estudia para ganar un título, y con esa diplomatura conseguir el favor de algún poderoso que lo recoja bajo su ala y alimente su voraz pico de por vida; y hay quien, como Luis Pedro Ibáñez, estudia por amor al conocimiento, por refinar su espíritu y hacer grandes sus virtudes y pequeños sus defectos. Hay estudiantes que se burlan de sus maestros, les ponen motes oprobiosos y se jactan de no abrir un libro durante meses, perdiendo el tiempo con juegos de naipes y relaciones de burdel; y hay otros como mi discípulo, mi amigo, que venera a quien le enseña con el mismo fervor con que se agradece la vida y el bienestar a un padre. Demasiadas prendas adornaban a Luis Pedro, pienso ahora. Demasiado generoso era el muchacho, y lúcido, y colmado de buen criterio, para haberse zafado de la descomunal intriga en que se vio envuelto. Algunos se vengaron de mí en él, y esa certeza duele todavía. Si León Roque de Santiago, mi opositor en la Cuadra Dorada, no me hubiese odiado tanto, Luis Pedro Ibáñez aún viviría y su nombre no habría sido arrastrado por el lodazal del descrédito. Pero el odio es un sentimiento tenaz, callado, que se alimenta de sí mismo en el hervor diabólico donde se cuece el alma de los rencorosos. Un año y otro me odió con precisión de físico enloquecido León Roque de Santiago, como un alquimista que verdaderamente hubiese perdido el juicio y se hubiera propuesto hacerse con los secretos de la materia y detener el tiempo y moldearlo entre sus manos, a su gusto y capricho. ¿Cómo pueden odiarse el ingenio, la habilidad, el saber de otros? ¿Cómo puede alguien sentirse maltratado por el destino a causa de la competencia y la destreza ajenas? De ese disparate nació el odio de León Roque de Santiago, y por mucho tiempo rumió sin palabras y alentó sin gestos visibles aquel aborrecimiento sañudo, enfermizo, en sus interiores recomidos por el encono y el ansia inconcreta pero firme de venganza. De todo ello, como es lógico deducir, nació la tragedia. La única tragedia de mi vida. Finalmente fue Luis Pedro Ibáñez quién pago por ella, y eso no he de olvidarlo. Puedo perdonar... mas no perdono porque no quiero ni debo olvidar.

Era León Roque de Santiago un joven de brillante ejercicio poético cuando lo conocí en la Cuadra Dorada, en la enigmática y luminosa estancia propiedad de los Granada Venegas donde el conde de Tendilla y otros próceres reunían a los autores más señalados de la época; bajo el techo multicolor, laminado en oro y plata del recinto, vivas imágenes de antiguos héroes y monarcas, inscripciones y signos cabalísticos, de un arcano saber hermético, formaban la sutil enredadera en la que nuestros versos quedaban prendidos, siempre bajo la misma intención expresada con un lema de íntimo y misterioso significado: *El corazón manda.* Desde el principio se hizo evidente, rotunda, sin matices ni segundas interpretaciones, la antipatía hacia mi persona de León Roque de Santiago. Algunos de los contertulios, en secreto pues no querían enemistarse con él, me contaron que ciertas personas cercanas al converso don Hernando de Válor (más tarde y después de la traición conocido como Aben Humeya), lo habían convencido para que me desacreditase en público, y se burlara de mí, de mi negritud, de mi rareza, y explotara sabiamente el prejuicio moral que en todo castellano de alcurnia y tradición se desata, aun sin proponérselo, ante un negro de padres guineos que habla latines y versifica en la lengua de Virgilio. «Un mono amaestrado», solía decir en susurros, para causar risa en quien quisiera escucharlo. «Un saco de pez, un palo untado en brea, hijo y nieto de ampenzíes que nacieron desnudos y murieron comidos por su propio piojerío». Voces quedas, insultos entre dientes, risas simuladas que nunca llegaron a herirme porque yo sabía que don Hernando de Válor buscaba tan sólo una venganza huera por haberme desposado con doña Ana, y quería propinármela en el único lugar de Granada donde las palabras corrían como agua fresca sobre los canchos del río: salpicando y sin lastimar. Por eso no pensé en él, en León Roque de Santiago, cuando en el verano de mil quinientos sesenta y nueve me mandó llamar don Juan de Austria y me preguntó con severidad aterradora si el libro que tenía entre sus manos estaba dedicado por mí, y a quién. A todo respondí con lo verídico y esa fue la perdición de Luis Pedro Ibáñez. No pensé en León Roque de Santiago, no conjeturé que pudiera estar su figura menuda, achatada, ligeramente rechoncha, tras la conspiración. No evoqué su rostro un tanto abotargado por el vino que consumía en grande cantidad y por la molicie de almohadas y sábanas de seda donde ovillaba sus años de juventud, entre la cálida caricia de versos clásicos y las atenciones de muchas amantes moriscas y egipcianas que de continuo le pedían favores, no tanto para ellas como para los de su sangre. No llegó siquiera a mi imaginación que la ambarina e inteligente mirada de León Roque de Santiago camuflase propósitos homicidas tras el velo de mi desconcierto cuando don Juan de Austria, quien me llamaba amigo, preguntó si aquella dedicatoria con la que se iniciaba el libro de comentarios a la Eneida (*muchos hombres bien pudieran ser sabios si no estuviesen convencidos de que ya lo son*), había sido escrita por mi mano.

—Así es —respondí con el aplomo de los inocentes—. Es mi letra, y la frase está dedicada a uno de mis mejores y más fieles discípulos.

—Entonces, el libro no es de vuestra propiedad —inquirió don Juan de Austria.

Negué, esperando con mucho temor la siguiente e inevitable pregunta. Aún nada sabía del terrible enfado de don Juan, pero conozco el rostro del poder, distingo la verdadera afección de la llana cortesía, sé cómo se separa el grano de la paja y la amistad de los intereses, y sé, sobre todo, cuándo un príncipe está dispuesto a tomar la justicia como espada de dos filos y con intenciones de segar la mala hierba de la traición.

—¿Podéis decirme a quién pertenece el libro?

—Señor, es un regalo que hice a mi alumno Luis Pedro Ibáñez. No han pasado dos meses desde que lo recibió con auténtico agradecimiento, pues Giaccomo de

Mesina es uno de sus autores predilectos —respondí—. Aunque, por lo que veo, mi discípulo ha sido poco diligente en la conservación del libro, ya que sin duda lo ha extraviado.

—Así es —dijo el de Austria con lapidaria resolución, como un juez impasible que dicta penas atroces sin que le tiemble el pulso, como un general que ordena a miles de soldados ir al encuentro de la muerte mientras la copa de vino se mantiene firme y quieta en su mano.

Concluyó:

—Cierto es que ha extraviado el libro, y en circunstancias que no le favorecen.

Dos días más tarde, estando ya preso Luis Pedro Ibáñez, acudí a la Cuadra Dorada para leer unos epigramas que me tenía encargados don Bermúdez de Pedraza. Tuve que comerme la pena y ocultar el desasosiego y enterrar mis lágrimas bajo los párpados hinchados por el insomnio. Juan Latino no obsequia a nadie con su dolor, nunca lo ha hecho y nunca lo hará porque descubrí hace mucho, siendo niño allá en mi hogar de Baena, que las aflicciones de un hombre negro son a menudo causa de curiosidad, tal vez de chanza, pero nunca de misericordia. Leí seis composiciones, todas ellas en latín. La última, una elegía al de Austria, recordando su fama y los honores debidos a su hermano el emperador. Acababa con estos versos:

> *No olvides que del mundo, en otras razas*
> *vivirá tu gloria y tu recuerdo, y otras lenguas*
> *cantarán tu sabiduría y tu valor.*

León Roque de Santiago, siguiendo la costumbre que regía en nuestros encuentros de la Cuadra Dorada, pidió permiso para responderme. Tras hacer unas cuantas alusiones a la color de mi piel, lo que no tenía nada de nuevo ni de original, lanzó con odio torpemente contenido la estrofa que reproduzco:

> *A los blancos hizo Dios,*
> *a los mulatos San Pedro*
> *y a los negros el demonio*
> *para tizos del infierno.*

No hubo respuesta que merezca consignarse. El silencio devoró la tosquedad de León Roque de Santiago. Supe que estaba al tanto de mi sufrimiento, la angustia por la suerte fatídica que se había desbordado contra Luis Pedro Ibáñez, y que en ello se complacía... pero tampoco entonces, simple de mí, llegué a comprender ni a sospechar siquiera que mi contrincante poético y enemigo personal estuviera más informado que yo (mucho, muchísimo más), sobre el acontecimiento. Él lo sabía todo, y yo casi nada.

Don Bermúdez, en un intento por diluir con frases corteses el efecto amargo y bronco de los insultos de León Roque de Santiago, arguyó con bastante ingenio:

—No sé si hablamos de la misma persona, señor de Santiago. Nuestro amigo y maestro Juan de Sessa, Dios lo sabe, está más lejos del infierno que vos y que yo, pues fue concienzudamente acristianado y bautizado no menos de cinco veces.

\* \* \* \*

Era cierto. No exageraba don Bermúdez con lo de las cinco bautismadas. Recibí el agua bendita siendo muy niño, en el convento sevillano de los mártires Apolonio y Damián; y más tarde en la parroquia de Santa Cándida, donde estuve a cargo del clérigo Matías Hornachuelo, de quien aprendí las primeras letras, los rudimentos de doctrina y las reglas básicas del latín. Y los padres de mi señor don Gonzalo, siguiendo la costumbre de la época que aún se mantiene para con los esclavos, me acristianaron tres veces más: una por si mi conversión no había sido sincera, otra por si lo rizado y tupido de mi pelaje había impedido al agua bendita llegar hasta el cuero cabelludo, dejándome tan en pecado original como cualquier pagano; y otra última que fue muy solemne, ostentosa, el día en que fui puesto al servicio de don Gonzalo. Para la ocasión reunieron a un grupo de caballeros, el relator de Baena, dos alguaciles uniformados de gala, cuatro estudiantes de teología más bien lerdos de apariencia y un notario vestido con toga roja y gris que le daba aspecto de brincador aguzanieves. Ante todos recibí bautismo y todos dieron fe de que, sin duda, el esclavo que recibía el joven don Gonzalo Fernández de Córdova era católico de propia voluntad y muy sumiso a los mandamientos de la Iglesia. Yo había cumplido los once años, sabía leer y escribir, conocía a la perfección el catecismo y ya me adentraba en las normas elementales de la lengua latina, y en esto no era diferente de muchos esclavos sevillanos, por más que a algunas personas de poca información les resulte difícil de creer. Nos traían del Senegal y del golfo de Guinea los piratas de berbería o los comerciantes portugueses, tanto daba: esclavos éramos desde que otro hombre nos echaba la argolla al gañote, y como esclavos viajábamos hasta el Algarve en buques negreros que navegaban con la panza llena de nuestra carne. De cada cien, no más de cuarenta sobrevivían al viaje. A unos se los llevaba la enfermedad, a otros el hambre, y a los más el morbo tan conocido y tan implacable de la melancolía, que es una paciente locura que se aferra al espíritu con la misma tenacidad con que los grilletes sujetaban las manos y piernas de los encadenados. Enfermos de tristeza se negaban a comer, hablar o moverse siquiera... y morían a las pocas semanas de haber sido presos. En ocasiones, y para que no cundiese el mal ejemplo, los capitanes de los barcos negreros ordenaban arrojar por la borda a quienes padecían este mal. Algunos escarmentaban en cabeza ajena y comían vorazmente el rancho de a bordo, cantaban con fingida alegría y mucho estruendo cada atardecer, e incluso sonreían sumisos, entre inmundicias y hedores insanos, cuando algún marino bajaba a la sentina de la embarcación en cumplimiento de cualquier fastidiosa faena. De mí todos dijeron que fue maravilla, casi milagro que llegase con vida al Algarve, pues los niños de corta edad eran los primeros en consumirse tras los primeros días de navegación, faltos de cuidado y alimentos, abandonados a una suerte que todos consideraban fatal, a la que nadie se oponía y de la que nadie se extrañaba. El océano fue sepultura para tantos de los nuestros, párvulos y adultos, que ya siempre y por toda mi vida la sóla mención del mar ha traído a mi ánimo evocaciones fúnebres, como de cementerio y pudridero, y a veces pienso, sobre todo cuando alguna tristeza ronda quedamente por mi corazón, que la mujer que fue mi madre y que me cuidó desde la Guinea hasta Portugal duerme bajo las aguas el sueño infinito de los inocentes. Quizás a ella deba mi vida, lo ignoro, o puede que alguna otra mujer, o un hombre, se hicieran cargo de mí por quién sabe qué imperativos de la misericordia. No guardo recuerdo alguno de ese tiempo primero de mi vida, del viaje que me llevó de la gran Etiopía a las costas de Portugal, de cómo crecí hasta ser niño robusto acogido por los padres franciscanos... todos esos años se han borrado de mi memoria como tinta de aguachirle en papel de cera, y a Dios doy gracias de ello porque de lo que tengo oído y, sobre todo, vivido, pienso que debió ser época de mucha penuria, despojamiento y abandono. Época de esclavo sin dueño, que es la peor de las condiciones en que puede encontrarse quien habiendo perdido la libertad, trasladado a un país extraño y remoto donde ni tan siquiera los cielos se asemejan al horizonte que a uno lo vio nacer, ha de fiar su suerte al capricho de la fortuna, a la buena o mala voluntad de los comerciantes y a la compasión siempre esquiva de quienes en ocasiones se apiadaban de los hombres sin alma. Ese era nuestro nombre distintivo: hombres sin alma, y por ello nos bautizaban tres, cuatro, cinco, hasta siete veces si lo consideraban necesario nuestros dueños. Y si después del viaje en terribles condiciones y de pasar hambrunas y dolamas, y de vagar por conventos y almacenes cuartelarios conseguíamos al fin un amo que nos adoptase, era ocasión de dar muchas gracias al Todopoderoso. Un amo que hubiese pagado entre diez y veinte mil maravedíes por alguno de los hombres sin alma era garantía de supervivencia y, acaso, del respeto ajeno; hablo del respeto que se guarda hacia la propiedad de otros, eso es evidente. Como hombres sin alma no teníamos valor, pero como bienes de un tercero la ley nos amparaba y nos libraba de muchas sevicias, trapacerías y crueldades, la inseguridad y el miedo que eran parte de nuestras vidas y que nos habían acom-

41

pañado de las costas de Guinea al Algarve, y de allí a Moguer, donde nos juntaban a cientos, con más ruido que ganancia entre el bullicio del trasiego comercial y miliciano que se formaba con las muchas empresas de las Indias. De Moguer era norma que viajásemos a Sevilla para ser ofrecidos en las inmediaciones de la catedral, o en la plaza de San Francisco, a un público no muy entusiasta formado por hombres pudientes y caballeros de fortuna. Los mulatos eran muy apreciados porque la mezcla de sangre aseguraba rastros de humanidad en todos ellos. *Verii hominis* los llamaban, también loros o menbricochos. Mucho y bien se cotizaban los agarenos del reino de Norteáfrica, y los esclavos de raza blanca que casi siempre eran cautivos tomados al Sultán de Constantinopla. Los negros como yo eran los menos estimados; bozales tenían por nombre. Aún sin bautizar, por completo ignorantes, apenas valían lo que su peso medido en trigo. La mayor parte de ellos, como fue mi caso, por unas cuantas monedas pasaban a ser propiedad de la Iglesia. Se les destinaba a conventos y estadías apartadas, y allí, poco a poco, durante años, se les iba acristianando y desasnando hasta convertirlos en esclavos instruidos y válidos para ser puestos en venta y comprados por alguna familia acomodada. Algunos acompañaban para los restos a damas viudas o solteronas que habían decidido recluirse en conventos de clausura, pagando la correspondiente canonjía; a otros los engalanaban con prendas de mucha borla y dorado para que hiciesen de pajes, palafreneros o mayordomos al servicio de nobles señores y opulentos comerciantes; y otros al fin, que eran la mayoría, terminaban trabajando de peones muleros, braceros, bandajados a bestia o mamporreros en fincas apartadas que los terratenientes de alcurnia no querían dejar en manos de moriscos, campesinos pobres y otras gentes de las que muy poco se fiaban. Y ese fue mi destino hasta que el afecto del Duque de Sessa, don Gonzalo, lo enmendó para mi bien.

De la parroquia de Santa Cándida, a los once años de edad, con las enseñanzas recibidas del párroco don Matías Hornachuelos bien frescas en mis entendederas, llegué a la casa que tenían en Baena los Fernández de Córdova. Sin más dilaciones y sin tener en cuenta más cosa que mi negritud y que había vivido la última infancia entre curas, latines, sopas calientes y sábanas medio limpias, me enviaron a las caballerizas para que fuese acostumbrándome al olor del estiércol y al trabajo duro, ése que se hace de sol a sol y del que nada puede sacarse más que embrutecimiento y, a menudo, desesperanza. Había otros cinco esclavos negros: Antón, Renato, Baltasar, Abundio y Longinos, y una docena de criados que se ocupaban de los trabajos de la finca, las porquerizas, la cuadra y el huerto que crecía a la sombra de un muro encalado, alto como dos hombres y recio de solemnidad, una muralla tajante que desde el primer día se me antojó tapia de presidio, de esas que imponen ley y cercenan sueños fatuos de libertad. Los servidores de la finca, fuesen esclavos u hombres libres, vivían en dos casamatas retiradas cien pasos del palacio de nuestros señores. Allí dormíamos en bendita comuna, nos aseábamos el domingo por la mañana, antes de ir a escuchar misa en la capilla de los Córdova, y comíamos con más necesidad que gusto los guisos y potajes que preparaba la dueña Luisa Ramona, una criada lustrosa y entrada en los cincuenta años que llevaba la vida entera haciendo el mismo trabajo, de modo que para ella los ajos y pimientos y tomates y habichuelas de rabo y los

43

costillares duros de repelar y los huesos salados de cerdo y vaca eran tan de rutina como rezar el Ángelus, y los cocinaba con tanto desapego que si un día estaba el guiso amargo al siguiente sabía a manojo de axones secos. Pero el buen hambre hace buena gana de comer, y las fatigas del campo eran muchas, demasiadas para alguien como yo, que no había doblado el lomo más que para hacer reverencias a clérigos, capellanes y maestros de números y letras. Recuerdo aquella época como un rezume constante de sudores y llagas: la incomodidad de las sobaduras que me causaban los ronzales del mulerío, el olor brusco y fangoso de las aguas sucias y las morzoletas del caballaje que por directa encomienda del capataz yo apilaba en el montón del estiércol, las picaduras de las moscas borriqueras, la suciedad perpetua, la pringue roñosa en piel y ropas... el trabajo, me decía a mí mismo, lamentándome, el trabajo de quienes sólo viven por sus manos y sólo en tal crédito pueden confiar de por vida. Ya por ese entonces, y a pesar de lo calamitosa que había sido la tornada de Santa Cándida a la mansión de los Fernández de Córdova, rondaba por mi cabeza la convicción de que no podía quedar todo en un así tan vacío: fatigarse hasta la torpeza de gestos y andares, llenar la barriga con viandas no muy salutíferas y dormir arrebujado por el cansancio desde que el sol se marchaba hasta su vuelta por el azul terroso del Oriente. No podían quedar para la nada más pasmosa los años de estudio en la parroquia de Santa Cándida, las bien impartidas enseñanzas de mi maestro, don Matías Hornachuelo, aquellos pasos firmes y prometedores en el conocimiento de las letras latinas, el nombre de los clásicos, la palabra de muchos sabios que en el mundo fueron antes que yo, la poesía de quien mira sus manos y no ve barro y more-

44

tones sino el claro fluir de una pulsión que temprano o tarde ha de vaciarse en un verso, una metáfora, acaso una noble mancha de tinta... en eso pensaba y esas ideas, mal que bien, me confortaban. Recé durante aquellos meses. Rezaba de noche, antes de dormir agotado por el cansancio; las avemarías se me quedaban a medio susurro y en lugar del *Dios te salve* llegaba el sueño, y rezaba de día, mientras trabajaba en la cuadra a las órdenes de un mulero callado, taciturno, cristiano viejo venido a menos, llamado Facundo Corral. Rezaba y suplicaba a Dios Todopoderoso que no me olvidase, que desde su magnánima providencia dispusiera algún sesgo favorable para mi destino, un cambio de ocupación sin ir más lejos, sin aspirar a más, sin mayores ambiciones: un cambio de ocupación que me dejase algún tiempo libre para los estudios, y amos que me permitieran seguir cultivando, aun por cortas sesiones, el arte de la métrica, la gramática y el tan amado latín. Recé y recé con afán casi obsesivo, hasta ganar fama de reservón delirante en la hacienda de los Fernández de Córdova. Recé con tanto ahínco que, según hoy considero, Dios tuvo que sentirse más incomodado que otra cosa por la continua letanía con que lo asediaba de la mañana a la noche, igual que un mendigo sentado a la puerta de los opulentos y que no para de clamar y rogar hasta que, una de dos, consigue su limosna o los criados lo arrojan a palo tieso de la calle y, si es preciso, de la ciudad. Así recé. Se me secaron los labios. Recé y recé. Recé como un loco de Dios hasta que Dios quiso oírme.

\* \* \* \*

Era del año la estación florida cuando una tarde chillona de pájaros y húmeda de calores se acercó hasta las cuadras don García Biedma, clérigo de Baena adscrito al servicio de mis amos, los Fernández de Córdova. Conversó unos minutos aquel hombre pequeño, de mirada de gorrión y brazos escuálidos, con el mulero Facundo Corral, bajo cuyo mando yo me dedicaba a las penosas tareas de acarrear estiércol, limpiar las cochiqueras y pasar bayetones de esparto con agua no muy limpia por el lomo sudoroso de las caballerías. En cuanto el clérigo se hubo marchado (no sin quejarse porque el barro pestífero de la cuadra había manchado sus botas y el reborde caidero de la sotana), Facundo Corral me llamó a gritos, como siempre, y a gritos me dijo:

—Aséate en el pilón, aprisa, y corre a la casona. Los amos te están esperando.

No me dio más explicaciones ni yo las solicité. Nunca discutía las órdenes de Facundo, aun cuando no las hubiese entendido a plenas luces, pues conversar con aquel hombre acostumbrado a manejarse rudamente con mulas y tiros de arado era como hacerlo contra una tapia. Obedecí con mucha diligencia, nervioso, aturdido por una premonición venturosa que daba brincos en mi pecho. Desnudo de medio cuerpo arriba, me lavé lo mejor que pude en el pilón donde abrevaban las bestias. Luego muy luego, sin detenerme un instante, tomé la camisa que usaba los domingos para asistir al oficio religioso y partí hacia la casa grande como un cervato al que persiguiesen cuatro rehalas. Oí a mis espaldas las hondas carcajadas de Facundo Corral, y su bronca voz augurándome:

—Al final tendrá fortuna el señorito guineo. Negro lo hizo Dios, mas no se apure que los amos han de pasar el mocho de la cal por su piel de escarabajo.

46

Cuando llegué a la mansión, don García Biedma esperaba a la puerta. Como me viese alterado, resoplando por la carrera, me detuvo con ademanes delicados y dijo:

—Sosiégate, Juan. Toma aliento y remete bien por las calzas los faldones de la camisa. Los amos van a recibirte y conviene que te presentes sereno y vestido con decoro.

Sentí vergüenza por mi atolondramiento, y supe que aquella era la ocasión que había anhelado desde mi llegada al solar de los Fernández de Córdova. Mis pocos años no menguaban la certeza de que, de inmediato, iba a jugarme a una carta mi destino. Quienes, como yo, vienen a este mundo con la obligación de sobrevivir a toda costa y de entregarse en cuerpo y alma a ese trabajo, no deben ni pueden dejarse llevar por el arrebato y las excitaciones que son propias a los momentos decisivos. De ello me hablaría más tarde don García Biedma, aunque su lección, creo, estaba aprendida de antemano.

—Habla poco y sólo cuando te pregunten —me dijo el clérigo mientras cruzábamos el patio de naranjos y nos introducíamos en el profundo, oscuro zaguán donde caía a peso el silencio de la tarde y donde alguna que otra tela de araña, desde alturas muy solemnes, temblaba en el vacío como enredadera para sueños de otro tiempo.

—Muéstrate humilde, mas no apocado —continuó don García con sus consejos—. Despierto pero no orgulloso, mucho menos fatuo. No hay nada que irrite tanto a los pudientes como la presunción y la altanería en quienes, por ley natural, han de vivir bajo su manto y obedecer una por una sus órdenes. Sé astuto, Juan —insistía el clérigo con apasionamiento al subir la escalinata de mármol y dirigirnos al salón donde esperaban los Fernández de Córdova—. Sé astuto, prudente, juega bien esta partida y yo te doy mi palabra

47

de que vivirás holgado, nunca pasarás hambre ni frío y alguna vez que otra comerás en la mesa de los príncipes.

No comprendía yo el interés súbito de don García Biedma por mi destino, la fortuna prometida, y la verdad es que no llegué a detenerme mucho en aquella idea porque las emociones llegaban a mi ánimo con el campanilleo punzante de la turbación... el asombro también, el sobrecogimiento que me cegó ante la imagen severa, ceremonial, de la familia Fernández de Córdova reunida en pleno al fondo de la sala. Olí aromas de sándalo y palorosa, escuché el rebullirse de nobles ropajes y el rechineo de zapatos de cuero y botines de seda contra las maderas brillantes de la ensoladura. Y vi a los Fernández de Córdova, por primera vez todos juntos y con el mismo propósito: hablar conmigo, un esclavito de doce años que sabía leer y escribir y algo de latines.

Don García Biedma me tomó por los hombros. Tras pedir permiso que don Luis Fernández de Córdova otorgó inclinando la cabeza, me invitó a pasar. Allí estaban, recuerdo: don Luis, pater familia, de barba canosa y pelo ralo y aspecto no muy saludable, parapetado en digno mutismo ante una enfermedad que no tardaría mucho en llevárselo de este mundo; y su esposa, doña Elvira de Córdova, dama aún joven aunque cercada por inequívocas señas de una madurez que estaba a punto de llegarle y convertir su figura en la de una de esas matronas católicas a las que la belleza, por pudor y por constancia en sus virtudes, más pronto que tarde se les escapa hacia dentro... esa era mi doña Elvira, la hija de don Gonzalo Fernández de Córdova, el Gran Capitán, la primera espada de los Católicos Reyes, su mejor soldado y, a decir de las lenguas del pueblo, no muy buen contable. Miraba doña Elvira con cierta dureza, sin recelo pero también sin compasión, como si recibirme fuera un acto debido a obligaciones y deberes que yo desconocía y que nada tenían que ver con la misericordia, mucho menos con la afabilidad. Así suelen ser los poderosos: primero atienden a las responsabilidades, luego componen faz adusta y sólo en último lugar recuerdan que mostrarse caritativo, cortés si pudieran, no es un defecto sino una costumbre poco practicada. Así suelen ser, digo, y así los vi aquella tarde en el salón ornado de tapices y muebles de madera castellana y arcones con cerrajería de plata. Junto a doña Elvira, reposando en sitial de terciopelo rojo, estaba su madre, doña María Manrique, la viuda más venerada de las Españas porque su marido el Gran Capitán conquistó tierras y derrotó ejércitos y ensanchó los dominios de los Católicos Reyes hasta donde nunca antes se había imaginado, y porque él, tan guerreador y tan valeroso, plantó pies y espada ante Fernando el Católico cuando éste le pidiese cuentas del botín de sus campañas, respondiéndole que todo se había ido en picos, palas, azadones, en levantar iglesias y, sobre todo, en el coste de los badajos de las campanas. Gran soldado y gran diplomático, y gran viuda doña María Manrique: callada, enlutada, con el rostro a medio cubrir por un velo negro y la expresión cenicienta de quien piensa ya más en asuntos de ultramundo que en las miserias cotidianas. Por último, el heredero del ducado, Gonzalo, quien pronto sería tercer duque de Sessa y quinto de Cabra; era un muchacho algo mayor que yo, de muy airosa traza, vestido a la manera italiana con calzas de lino blanco, medias azules de seda y escarpines amarillos con hebilla de oro que acariciaban el suelo con una languidez algo impostada, un deje de abandono en la opulencia, de fastidio

49

ante tanta solemnidad. Me resultó simpático desde el primer momento.

Yo los había visto muchas veces: de espaldas, ocupando el primer banco de la capilla los días de cumplimiento obligado; paseando por sus dominios con amas y azafatas doña Elvira y doña María; custodiados por gente de armas, a caballo a medio desbridar, don Luis y el duque heredero. Pero aquella tarde, en la brumosa consistencia del salón, bajo una luz que ya declinaba arrebatando aromas de funeral a la tierra, los contemplé tal como eran, unidos y sin disensión en la compostura: era el poder, el rostro puro y milenario del poder que desde ocho ojos me observaba, me presentía y me juzgaba.

—Señorías, he aquí al muchacho del que os hablé hace unas semanas —dijo el clérigo con un punto de miel y otro de dignidad en la voz, astuto como yo debería serlo si es que esperaba sacar provecho de aquella asamblea—. Es bien espabilado, aunque de lo más respetuoso —continuó don García—, sabe leer y escribir correctamente y conoce las normas básicas del latín, de la gramática y el solfeo.

Don Luis Fernández de Córdova, dirigiéndose a mí con un roncar crepitoso de toses escondidas en su pecho, preguntó:

—Según tengo entendido, fuiste educado en Sevilla, en la parroquia de Santa Cándida.

Yo asentí con una torpe cabezada. Don García Biedma me golpeó quedamente con dos dedos en la espalda.

—Responde, Juan, no vayan a pensar tus señores que eres mudo.

—Así es, señoría —me precipité en la respuesta, alzando la voz más de lo debido—. Don Matías Hornachuelo fue mi maestro y gracias a él conozco las letras y, lo que es más importante, las enseñanzas de Cristo y de nuestra Santísima Madre Iglesia.

—Habrá que acristianarlo de nuevo si es que va a servir al heredero —dijo la anciana doña María, mientras adelantaba su rostro devastado por las arrugas y semioculto por el velo sombrío, apoyando las manos nervudas, frágiles, surcadas de venas azules, en el puño plateado del bastón.

—En efecto —asintió doña Elvira—. Estos negros guineos suelen ser rápidos de palabra aunque, según tengo entendido, propenden al fingimiento en materia de conversión.

—No es el caso, señora, y perdonad que os lleve la contraria —dijo García Biedma—. El esclavo Juan fue traído a España siendo apenas destetado, y desde el primer momento la Iglesia se hizo cargo de él. De manera que no tuvo tiempo ni ocasión de aprender las engañifas y trapacerías de los negros adultos.

—De todas formas, se le bautizará de nuevo.

—Cuantas veces sea necesario y vos consideréis oportuno —concedió humildemente don García, dando un paso atrás y esbozando lo que me pareció una reverencia.

—Pues ya está el asunto hablado —concluyó don Luis Fernández de Córdova—. Mañana, de madrugada, quiero a los dos en la capilla. Vos, García Biedma, con hábitos y efectos de bautismar, y el negro bien limpio y bien confesado. Quien haya de ser condiscípulo de mi hijo y heredero está en obligación de traernos su alma pulcra como mejilla de recién nacido.

Eso fue todo. García Biedma y yo nos despedimos con mucho respeto y medida ceremonia, y allá quedaron los Córdova, solos en el inmenso salón, ahítos de fe y de poder. Solos y callados. Y al día siguiente volvieron a bautizarme.

*  *  *  *

—Sé cauto, Juan —me aleccionaba el clérigo don García Biedma—. Sé astuto y muy cauto y maneja tus palabras y tus hechos como si fuesen contadas monedas de oro, que cuando una se gasta puede ser en vano y traernos calamidades o, a la contra, reportarnos mucho beneficio. Aunque es natural que tú nunca hayas visto una moneda, ni tan siquiera de lejos. Y por eso mismo, porque no tienes más patrimonio ni bolsa que tu talento, debes redoblarte en el esfuerzo y propósito de ser un hombre sabio en letras y buen esgrimidor de palabras, y tomar ese oficio con el temple de un soldado veterano en muchas guerras, de los que sólo tiran de espada cuando la ocasión lo requiere y no hay más alternativa que lanzar tajos o perder la honra y, peor aún, la estima de tus protectores...

Insistía una y otra vez. Yo, a pesar de mis pocos años, iba comprendiendo que por su boca hablaban la sensatez y el buen juicio, alertándome sobre la clase de discreción y prudencia que me convenía aprender súbito si quería verme lejos y para siempre de la azada, el arado y las coces de las mulas.

52

—Otra ventaja te bendice, Juan, y es tu gran suerte por haber entrado al servicio de los Fernández de Córdova. Mira cómo algunos de los tuyos, muchos en realidad, medran miserablemente por la opulenta Sevilla y por todos los pueblos grandes de Andalucía. Unos, los revoltosos, los que alguna vez se rebelaron o ejercieron violencia o fueron desobedientes, trápalas y ladrones, van cargados de cadenas y con la infamante inscripción de la «S» más un clavo grabada a fuego en la mejilla izquierda. Hay quien les teme, y nada más verlos arrojan piedras. Ni los perros vagabundos se compadecen de su sombra. Otros sirven a amos pobres, hacendados en la ruina e hidalgos sin beneficio, y para ellos el hambre es un estado natural más que una contingencia; no tienen otra esperanza ni ambición en esta vida que dejar que pase el tiempo y morir jóvenes, consumidos por la necesidad y las muchas enfermedades que de ella devienen. Y los hay aún más desdichados, Juan. Hay esclavos negros cuyos amos murieron y de los que nadie quiso hacerse cargo. Merodean sin dueño ni ocupación por los alrededores de las iglesias, piden limosna, comen un día sí y otro no la sopa boba de los conventos, tiritan de frío en el invierno y mueren como moscas durante la fetidez insana del verano, comidos por el mosquiterío y las plagas que traen por el Guadalquivir los barcos que regresan de las Indias. No hay médico que los cuide ni cristiano que les dé cobijo ni alma caritativa que pague cuatro cuartos al sepulturero para que les cave tumba cuando mueren. Todos acaban en la fosa de cal viva y la mayoría se marchan al otro mundo sin haber recibido siquiera las últimas bendiciones. Tú, por contra, querido Juan, tienes la gran ventura de ser esclavo en casa muy noble y muy bien acomodada, y de estar al servicio de uno de los herederos más ricos de España, y de ser su apegado en estudios. A poco que administres esa renta, jamás pasarás más penurias que las inherentes a la condición de ser hombre. Tendrás ropa con que abrigarte y plato del que comer y lecho limpio y cálido donde dormir, y todo el mundo ha de respetarte porque eres propiedad, estimada por cierto, del duque de Sessa, y eso quiere decir que nadie ha de insultarte ni hacerte mal alguno, ni siquiera mirarte de travieso aunque seas negro como el lomo de un somorgujo. Sabe que el dinero y el poder no tienen más color que la obediencia, y ese color es blanco como los ornatos puñeteros de los magistrados, y negro como el uniforme de los alguaciles, y rojo como la sangre que se derrama en cualquier batalla, y gris como la desesperanza de quienes, por no reconocer las leyes de este mundo, acaban en presidios y galeras. Es la ley, sí, querido Juan. Quien daño te haga, se lo hará al duque de Sessa. Quien te insulte, a él insulta. Quien te hiera, a él hace un rasguño en el honor. Estás a salvo, tú, esclavo que aún no levantas ocho palmos del suelo, que ni siquiera has llegado a tu cabal virilidad, pero que gracias al cuido de la Iglesia y espero que también por méritos de mis consejos, ya conoces letras, números, doctrina y latines. Confío en que de hoy en adelante te vayas haciendo experto en el oficio de sobrevivir con dignidad, sacando alguna que otra ganancia en este mundo de altos señores y grandes empresas en el que nos ha tocado nacer... te lo digo y te lo repito, Juan el negro: sé cauto, extrema tu competencia en el halago de forma que, adulando, parezca que las palabras te salen del alma con pasmosa sinceridad, como si después de haberlas pensado mucho no tuvieras más remedio que pronunciarlas para no quebrar la evidencia de todo aquello que se impone por lógica de lo verdadero; y si alguna vez has de aventurar reproches, que cada uno de ellos se acompañe de cien lisonjas, de mil excusas, como una rosa espinarda en corona de gladiolos y claveles... no son lerdos los poderosos, por fuerza no han de serlo cuando se han hecho amos de este mundo, y saben mejor que tú y que yo que sus actos y decisiones no son siempre rectos ni se acomodan a la justicia, y por eso mismo gustan de que hombres sabios, sabios como tú has de ser sabio, llamen su atención sobre errores y arbitrariedades, aunque, eso sí, sin que jamás se les falte a la debida reverencia. Se ufanan, tenlo por cierto, de tener a su servicio personas letradas, instruidas en las nobles técnicas y mañas del pensamiento, y se dejan aconsejar sin irritarse siempre y cuando quede claro que ellos, a la postre, harán su santa voluntad, que es para lo que han venido a este mundo. Cavila pues antes de abrir la boca, mide tus frases como el sastre avaricioso pone la vara sobre la tela antes de cortarla, calcula la dimensión y alcance de cuanto tengas que decir, y sólo cuando estés seguro de que no has de arrepentirte de una sílaba de cuanto expongas con prudencia y humildad, di tu opinión si te la piden. Esa es la norma, el código inalterable que obliga a esclavos, criados, servidores y palaciegos. Acaso te preguntes, Juan, por qué un clérigo como yo, un siervo de la Iglesia, muestra interés en tu persona...

Don García Biedma, recluido en la brevedad de sus formas, como un pajarillo temeroso y hablador, me miraba con ojos achispados por la inteligencia, la perspicacia que nace de la necesidad y que es el más sagaz de los consejeros.

—Don Gonzalo, el duque, no tardará en hacerse hombre y en gobernar los asuntos de la familia. No es necesario que te lo diga, pues entre los rumores que corren por el pueblo y tu propia observación sabrás que su padre, don Luis, no goza de buena salud. En poco tiempo nos abandonará, lo sé; irá a reunirse con el Creador y entonces don Gonzalo será único amo y dueño de los destinos de los Fernández de Córdova. Como es lógico, los negocios de la política y presumiblemente de la guerra ocuparán todo su tiempo. Y en ese caso más que probable, ya te digo, ¿qué necesidad tendrá de un preceptor? Dejará estudios, libros, clases, letras y lecturas para dedicar su vida, como es natural, a las empresas del imperio. Y yo me quedaré sin empleo y tendré que volver a la parroquia de Baena para dar misas a beatas, bautizar gañanes, casar mozas con gárrulos y enterrar a humildes campesinos, de esos que guardan para el último viaje las prendas y ornamentos de contraer nupcias. No quiero pecar de ambición, ni de orgullo... no me malinterpretes... pero ya que los caminos del Señor me han ofrecido esta oportunidad de salir del pueblo y llevar vida honorable junto a grandes señores, no quiero desaprovecharla. Tampoco pienso que Dios, en su infinita sabiduría, guste de que los clérigos perdamos el tiempo con rutinas de misa y olla cuando podemos servir a la cristiandad en puestos de más relevancia. Así pues, si obro conforme a la voluntad de Dios y a un tiempo me beneficio, ¿qué de malo hay en ello? Todo lo contrario, Juan. Todo lo contrario. El hombre que cumple con su deber y que legítimamente aspira a la mejora de su condición, es bien visto por el Padre Eterno, también por sus semejantes siempre y cuando no les carcoma la envidia o el resentimiento. Por todo lo cual, ya está dicho, me sería muy útil que el duque heredero mantenga vivo su interés por los

56

estudios, cuantos más años mejor. Para que esa llama no se extinga, para que don Gonzalo persevere en el cultivo de su saber aún por íntimo orgullo, no veo ni soy capaz de discurrir mejor artimaña que se encuentre siempre acompañado de un émulo, un condiscípulo que sea espejo en el que mirarse, acicate para su propia estima, cordial adversario en la lid del aprendizaje que lo obligue a la propia superación un día y otro. Esa persona, querido Juan, has de ser tú. Tú mismo porque en Baena y en todos sus pueblos limítrofes y en muchos territorios cercanos no hay quien, como tú, esté preparado para servir de compañero de aula al duque heredero. Así lo afirma tu maestro Matías Hornachuelo en carta que me envió desde Sevilla hace varias semanas y que guardo celosamente en mi escritorio. En ella alaba tu despierta inteligencia, tu aplicación en el estudio y tus ansias de saber. Así también lo he comprobado en mis desplazamientos por la comarca. Aparte de braceros, destripaterrones y algún veterano de las guerras de Italia que pasa el día en la taberna soltando bravuconadas, sólo he encontrado a algunos jóvenes de familia que muy poco saben de letras, y entre lo escaso de sus conocimientos y las pocas ganas que tienen de cultivarlos, pues sólo sueñan con hacer fortuna en las guerras del imperio, serían una rémora más que una ayuda para mí y para don Gonzalo. Tu caso es muy distinto. Por condición y aptitudes sólo tienes abierto un camino para ganar la consideración ajena y vivir con holgura: el estudio. Por eso has de ayudarme, porque haciéndolo te favorecerás a ti mismo y ambos gozaremos, por años y años, de la consideración de los Fernández de Córdova y de los beneficios que esa amistad ha de procurarnos. Con el tiempo se verá.

En poco se equivocó don García Biedma, salvo en las ilusiones que tenía puestas en su propio futuro. He servido a los Fernández de Córdova y a mi amo don Gonzalo por décadas. García Biedma lo hizo durante apenas veinticuatro meses, hasta la muerte de don Luis. Al menos le quedó el consuelo de que, por toda aquella época, fue el clérigo más influyente de Baena y el preceptor mejor pagado de Andalucía. Parece poca cosa para quien tanto apetece, pero él fue feliz y yo recuerdo aquellos tiempos como los más sosegados, amables, inocentes, fructíferos de mi vida. Por ello doy gracias a Dios.

*   *   *   *

El ama doña Orencia me despertaba cada amanecer, en mi tabuco de la última planta de la mansión, con las mismas palabras: «arriba, guineo perezoso», sin que jamás entendiese yo lo de perezoso pues era sentir sus pasos próximos y oír su voz y saltaba de la cama como liebre en campo abierto, arreglaba mi humilde aunque muy confortable lecho, me aseaba con agua bien fría en la cipa de barro y en menos de lo que tarda en hervir la leche ya estaba en la cocina, junto a los fogones, soportando de buen humor los comentarios burlescos aunque no malintencionados de doña Orencia.

—Repeinado te veo, Juan, mas por mucho ahínco que pongas en aplicar el cepillo a esos tus cabellos de crin enredada, no dejarán de ser como un saco de caracoles. Y bebe leche en buena porción, y llena tu estómago de manteca. Así al menos te irás aclarando por dentro.

Si me veía con ropa recién limpia, planchada a los carbones, se mofaba:

—Esclavo por fuera, negro por dentro, cara de tizo y porte de caballero. Dime si estamos o no en el siglo de los grandes milagros.

Yo no hacía caso a estas puyas que, por otra parte y según hoy recuerdo, manifestaban el asombro del ama ante la posición que iba yo adquiriendo en casa de los Fernández de Córdova, y, toscamente quizás, el cariño que poco a poco me iba tomando.

Hecho el desayuno, subía a la planta segunda, donde ninguna mañana dejó de estar presente, esperándome, el clérigo García Biedma. En una saleta de grandes ventanales que cubríamos en verano con lienzos blancos para que entrase la luz pero no el sol cegador, y que en invierno siempre estaba caliente porque doña Orencia, de madrugada, se ocupaba de encender la lumbre, García Biedma impartía sus clases de latín, gramática y música. Don Gonzalo solía retrasarse unos minutos, tiempo que García Biedma ocupaba en instruirme acerca de lo que esperaba de mí, cómo debía comportarme y en qué materias y lecciones era conveniente que ayudase a don Gonzalo y en cuales me inhibiera, dejándolo a solas con sus dudas. Nunca me abandonó la impresión de que García Biedma, más que enseñar a don Gonzalo, administraba su impericia, las tinieblas de la ingenuidad y el laberinto de ignorancia donde los jóvenes, mal que bien, avanzan a trompicones hasta que consiguen distinguir un punto de luz que muy lentamente disipa los nublos cerriles del entendimiento; así obrando, ladinamente, ganaba tiempo y consideración ante los Fernández de Córdova, ofreciéndose a sí mismo como hombre imprescindible para la educación del heredero.

Llegaba don Gonzalo, recuerdo, con cara de sueño y expresión de pocos amigos. Tomaba asiento en un butacón y después de darnos los buenos días bostezaba largamente. Yo ocupaba un escabel de tres patas y escribía en los pliegos de un cartapacio que García Biedma me había regalado. La clase empezaba con el rezo de tres avemarías y un padrenuestro, en latín, y en latín proseguía durante dos horas y media, pues según García Biedma la mejor forma de hacerse con el uso y dominio de un lenguaje es no oír palabra alguna en otro idioma, y vérselas cara a cara con el desconocimiento, y deshacerlo con la menesterosa atención que ha de empeñar, por fuerza, quien necesita imperiosamente entender y ser entendido.

—Piense su señoría y piensa tú, Juan, que sería de ambos si de repente se encontrasen en tierra extranjera, de cristianos o infieles, tanto da, y no comprendieran una palabra de cuanto allí se pronunciase por miles de lenguas bulliciosas. No les quedaría otro remedio que abrir de par en par sus entendederas, aplicar el oído con la misma ansia con que un sediento acerca sus labios al caño de la fuente, y aprender, aprender a toda prisa y sin equivocaciones. Ese es el método, y de él no pienso apearme porque las empresas sencillas son para la gente corriente y no para alumnos como el señor don Gonzalo, quien, por cierto, cuenta con la ayuda inestimable de este negrito que es despierto como vela en noche oscura y que se da buena maña con las artes que aquí, para mayor esplendor de la familia, se enseñan.

Parda y muy parda se me antojaba la didáctica de don García. Con andares premiosos seguía yo su latín de cura de pueblo, y a duras penas entendía sus lecciones de gramática y música. Don Gonzalo se aburría, ociaba durante las clases dando la batalla por perdida, convenciéndose a sí mismo de que jamás llegaría la gracia del cielo a concederle el don de entender los latines de su maestro. En otras cosas pensaba don Gonzalo, de eso estoy seguro: en un tiempo que estaba próximo a llegar, en las responsabilidades que caerían sobre él cuando don Luis falleciera, en las empresas que acometería y en los muchos negocios del imperio en los que, sin duda, debería participar como hombre ilustre que era en razón de los apellidos que galanamente acompañaban a su persona. Durante algún tiempo temí que el heredero, algo torpe en los estudios pero avispado en asuntos de la vida, me tomase ojeriza por ser alumno más aventajado que él. Por ventura, tal sospecha se disipó una tarde de verano, particularmente tórrida, en que don Gonzalo regresaba de galopar en compañía de dos hombres de su séquito. Me encontraba yo sentado a la puerta de la casa grande, leyendo un librito de oraciones escritas en latín que el clérigo García Biedma había ordenado que aprendiésemos de memoria; don Gonzalo, después de sonreír con sincera afabilidad, me entregó las bridas de su caballo con el ruego de que lo llevase a las cuadras, limpiara el sudor pastoso que cubría el lomo del animal y le diese de beber. Antes de retirarse, el heredero dijo:

—Haces bien en estudiar, Juan, pues sólo los libros y las letras han de rescatarte de las duras ocupaciones de un esclavo. Persevera, buen amigo, conviértete en hombre sabio y yo te prometo que algún día, quizás más pronto de lo que piensas, llevarás junto a tu nombre el de mi ducado. Por Juan de Sessa han de conocerte, y ese es un privilegio al que pocos, muy pocos pueden aspirar en este mundo.

Comprendí que don Gonzalo, sabedor de que la enfermedad llevaba a su padre camino de la sepultura, planificaba el porvenir igual que un arquitecto traza imágenes perfectas sobre el vacío de un plano y el seguro cimiento de su arte consumada. En ese futuro tenía yo un hueco reservado, junto a él, siempre junto a él, y el desvelamiento me trajo felicidad y redobló mis ansias por convertirme, tal como mi amo y señor quería, en hombre sabio. Juan de Sessa, murmuraba junto a mis oídos un hálito de esperanzas... Juan de Sessa, Juan de Sessa, repetía cabeza adentro con la intensidad y la obcecación con que las chicharras de aquel verano abanicaban el predio de los Fernández de Córdova. Juan de Sessa, guineo, nacido esclavo y doctor en latines. Y como si fuese ya un Juan de Sessa adulto, reconocido bachiller y consejero de don Gonzalo, aprendí en pocos meses no sólo aquel librito de rezos sino muchas otras cosas de beneficio: leí tratados de etimología, los de Plocio Sacerdote, Victorino y Diomedes con especial gusto, y me adentré en la poesía patriótica y humanista de los clásicos Ovidio, Propercio y Tibulo, las *sententiae* y sus ambivalencias métricas, el dístico elegíaco de los poetas neolatinos que don García Biedma nos permitía frecuentar, el epigrama y la epístola en verso, materias todas que me apasionaban y que muy poco a poco, igual que una recia puerta se abre mientras chirrían sus firmes goznes, me llevaban a un futuro prometedor con el que ni siquiera me habría atrevido a soñar cuando un año antes, recién llegado a los dominios de los Fernández de Córdova, apilaba estiércol y daba de comer a los cerdos y dormía molido por el cansancio absurdo de ese trabajo que, a decir de los clérigos, es penitencia impuesta por Dios, culpa que hemos de redimir en este mundo por la inconsciencia de Adán, pero al que nunca he visto arrimarse a sacerdotes, prelados, nobles, militares de fortuna y cuantas personas tejen y destejen la maraña del poder. Nunca aspiré ni aspiro ya, como es de lógica deducir, a formar parte de esa granítica sociedad, pero tampoco estuvo en mi horizonte pasar por esta vida con callos en las manos y ceniza y mugre en la cabeza. «Un hombre culto jamás es pobre», me decía el clérigo de Baena; «quien sabe de letras y es honrado come en la mesa de los príncipes», insistía. Razones no le faltaban al preceptor. Insistí yo en el estudio como naufrago que rema hacia la costa, y dos años más tarde era capaz de leer y traducir la Biblia latina con la misma aptitud con que mis amos manejaban el breviario en romance vulgar. Asistía a clase, estudiaba con fervor casi obsesivo, ayudaba en las faenas de la casa grande, ganaba las simpatías de mi maestro el de Biedma, de don Gonzalo, de su madre y abuela, de los demás siervos del predio... mientras, don Gonzalo se aburría con las que él llamaba monsergas del clérigo, se aburría, soñaba con el futuro, edificaba planes de gloria y atrevidos y heroicos trabajos desde la íntima fortaleza de su conciencia, y siempre rondaba yo en ellos como sombra de la que uno no puede desprenderse. Sí, es cierto: don Gonzalo soñaba como han soñado todos los grandes hombres. Su madre, doña Elvira, como contagiada por la enfermedad progresiva e incurable del esposo, iba envejeciendo y adornando su semblante aún galano con los estigmas venerables de la ancianidad y la renuncia, como si hubiese decidido extinguirse junto al decrépito don Luis, cuyo pecho sonaba a calabaza hueca y podrida de duras semillas cuando tosía, (que era casi siempre), y cuando hablaba ronco pero firme a criados y siervos. Doña María Manrique, la viuda del Gran Capitán, erraba por la casa como ánima en pena. Funesta su mirada, tenebrosa su expresión, oculta siempre tras el velo negro, rezaba por los vivos y por los muertos en un bisbiseo continuo, invocando a todos los santos y potestades del cielo, una súplica que tenía algo de afán premonitorio, de silencio auxiliador, de complicidad en la pena de doña Elvira y en el ensimismamiento de don Gonzalo. Un espectro parecía la vieja dama, una aparición del purgatorio que recordaba a cada paso de sus pies, con lentitud arrastrados por salones y corredores, que de este mundo sólo pueden esperarse grandes quimeras y grandes derrotas. Silencio guardó hasta que llegó la pálida, y silencio hubo en aquella casa la noche de febrero en que doña María Manrique, sin perder la compostura ni extraviar la mirada ni alterar un punto la rotundidad de su semblante de anciana dominadora, llamó una por una a las puertas de los criados y siervos e incluso a mi puerta, que era la última y más cochambrosa de la mansión; sujetando un candelabro en la mano izquierda, fantasmal, iluminada por el mortecino resplandor de dos cirios que se consumían en goterones de desgracia bajo el velo de su eterna viudedad, fue ordenando:

—Bajad todos a la capilla. Don Luis ha muerto y hoy es noche de luto y rezos.

Recé durante horas, bien alto y muy claro en un primoroso latín que a todos asombraba. Doña Orencia, ojerosa y bostezante, dijo a mis espaldas:

—Con Juan invocando tan sacros latines, andará el diablo bien lejos de esta casa.

\* \* \* \*

A cuarenta días pasados del entierro de don Luis, doña Elvira y doña María dispusieron el traslado a Granada de la familia Fernández de Córdova. La noticia ya había corrido en firmes murmuraciones durante las primeras semanas de luto, y de ella hablaban con excitación siervos, criados y esclavos. Mientras, los clérigos de Baena sacramentaban al difunto y le decían misas y tedeums y rosarios de quince misterios, hacían sonar a muerto las campanas al amanecer, para que todos en el pueblo recordasen y a todos quedase bien fijo en la memoria el óbito de tan ilustre señor; y durante aquellos cuarenta días, sin faltar uno, se formaron comitivas penitenciales que visitaban el sepulcro de don Luis para rezar preces mortuorias y expandir agua bendita sobre el nicho funerario, allanando los caminos del cielo al valeroso duque, acompañándolo espiritualmente en el trance igual que en sus años terrenales y en muchas lides y trotadas lo habían escoltado caballeros, hidalgos y noble gente de armas.

Don García Biedma, como era de esperar, se aplicó con celo y entusiasmo desbordante en aquellas ceremonias fúnebres. Apenas durmió ni comió ni descansó hasta que el pleno curato de Baena dio por terminados estos piadosos protocolos, reduciéndolos a una misa semanal (pagada a perpetuo por doña Elvira), y un recordatorio solemne en el día de difuntos. Por esta causa, la tarde en que doña Elvira comunicó al de Biedma que no nos acompañaría a Granada, el hombrecillo se hizo cargo de la noticia desde una estupefacta consunción, agotado por los ires y venires procesionales y el fervor de los rezos y los rigores de la vigilia. Con los ojos cercados por un sueño antiguo, pálido, enflaquecido, agachó la cabeza y lloró quedo pero amargo cuando doña Elvira, siempre custodiada por la sombra tenaz de doña María, le dijo:

—No debéis lamentaros, señor clérigo. Mi familia os está agradecida por todo cuanto habéis hecho por don Gonzalo, pero de ahora en adelante, en Granada, se harán cargo de su educación doctores del colegio catedralicio. De manera que vuestros servicios ya no nos son necesarios.

Don García recibió, a modo de obsequio compensatorio, dos mil maravedíes y las escrituras de un pequeño huerto a las afueras de Baena. Salió de casa de los Fernández de Córdova con mirada de extravío, perdida toda ilusión, en el fondo de su alma sintiéndose traicionado por el capricho para él inalcanzable pero cruel de los poderosos. Llevaba bajo el brazo unos cuantos libros, se cubría el rostro con la mano derecha para ocultar el oprobio de las lágrimas y caminaba como ave perdida en un campo asolado por el terrible invierno. Supimos de él años más tarde, y las noticias no fueron buenas.

Durante meses, tras nuestra marcha, se recluyó don García en sus habitaciones de la casa aneja a la iglesia parroquial para martirizarse en cuerpo y alma con rezos maníacos, obsesivos, y penitencias que incluían ayunos porfiados y alguna que otra flagelación. Según los testigos de aquel largo encierro (quienes pudieron escuchar sus lamentos y delirios nocturnos y el rumor inagotable de sus pasos y oraciones durante el día), el clérigo se culpaba a sí mismo de haber sido torpe preceptor, orgulloso y altanero como una rana lustrosa en el lodazal de la ignorancia. Pecado de soberbia fue el suyo, se quejaba, y por soberbio y haber olvidado las reglas de la adulación, de la desmesurada alabanza a sus señores (las mismas mañas que para mí predicaba), había perdido el favor de doña Elvira y de aquella vieja puntillosa y un tanto déspota de doña María; y por eso mismo Dios lo había castigado a seguir de por vida en Baena, en humilde parroquia, arrastrando sin pena ni gloria un monótono medrar de cura de pueblo (eso afirmaba en su locura, eso contaron quienes lo escuchaban), un cura garbancero, de los de a pie y marcha de mula, de los que sacan juanetes y sabañones en el invierno de tanto deambular campo arriba y abajo, y que terminan su existencia enfangados en triste gordura, como cebones bien nutridos por una feligresía que aspira a ganar el cielo llenando de chorizo, pan blanco y lentejas la panza de su cura. En semejante desesperación cayó el de Biedma, y tan furioso llegó a ser su desatino, que pasada aquella época de encierros y expiaciones salió al mundo transmutado en un ser que tenía algo de maléfico, tocado por la ira y el resentimiento, impaciente, siempre rezongando y siempre echando en cara a vecinos y clérigos la mala fortuna que tan bellacamente lo había apaleado. A decir de unos cuantos arrieros que contemplaron la escena, una noche el de Biedma cayó en la extravagancia de emborracharse en cierta hostería de las afueras del pueblo. Ahíto de vino picajoso, rezó en voz alta un avemaría blasfemo, lleno de rencores para con Dios y su Santa Madre, inspirado sin duda por un hálito demonial que espantó a los arrieros. Dos de ellos se presentaron al día siguiente, muy temprano, en la colegiata de Baena para denunciar lo sucedido, aquellas palabras horrendas que tanto les perturbaron. Don García fue llamado al orden y muy severamente reprendido por el párroco mayor de la colegiata. No le instruyeron expediente ni se mandó aviso al Santo Oficio en consideración a su deterioro espiritual, la flaqueza de ánimo y las lacras corporales que le habían sobrevenido por causa de la muerte de don Luis y el largo período de soledad y febriles meditaciones al que él mismo se había condenado. Se libró por poco, más no escarmentó.

Unos cuantos días después, en el mismo ambiente tabernario de su primera borrachera, don García exclamó a voz en grito, con tonos agrios que su lengua dominada por el vino y la locura escupieron amargamente:

—Me han olvidado los hombres, y Dios ni siquiera recuerda que yo exista. Se condenó mi alma, sin duda, pero antes de marcharme a los infiernos he de hacer en este mundo las maldades que me apetezcan, y algún que otro cristiano, convencido por el tintineo de mi bolsa, ha de acompañarme en ese viaje que pronto emprenderé a las simas donde reina Belcebú, señor de las moscas y los detritus.

Esta vez no hubo denuncias, aunque la enajenación de don García ganó fama en el pueblo y corrió de boca en boca la leyenda de que un clérigo demente, un hombre de Dios asaeteado por las armas mortíferas de Lucifer, vagaba por Baena y sus alrededores pecando y blasfemando cuanto se le antojaba, y que era mejor echar la vista a otra parte y cerrar los oídos si alguien se topaba con él porque de su boca no salían más que aberrantes desvaríos y de su cuerpo un hedor miasmático de pústulas, laceraciones y hondas llagas que lo consumían como tenaces gusanos de pudridero. Loco, enfebrecido, enteco hasta lo grotesco, víctima de una delgadez espectral, su aspecto causaba temor en los hombres más templados, sobre todo por las trazas antinaturales que como ardid de ultramundo emanaban de su figura esquelética. Durante meses anduvo de taberna en burdel, vestido con harapos y derrochando a manos llenas los maravedíes que doña Elvira le entregó antes de nuestra partida. Vendió el huerto a un rico campesino de Lucena y ese capital costeó durante un poco más de tiempo sus liviandades. Los jugadores contumaces y los beodos de insalvable condición tiraban con él a los naipes, y en la timba dejó casi todos sus cuartos. Las rameras más envilecidas y más sucias fueron sus amantes. Se entendía con andorreras, egipcianas sin valimiento y putas de lodazal y peladero. Los pícaros de las tabernas y hosterías se convirtieron en sus amigos, arrimándose a él con mal disimuladas intenciones de aligerar una bolsa que menguaba con pasmosa prontitud.

Acabó mal don García, a quien Dios haya perdonado. Una noche de diciembre, tormentosa y herida de relámpagos, se topó el de Biedma con un mulero solitario que trotaba por el camino de Alcaudete. De una pedrada certera y un buen estacazo descabalgó el clérigo al viajero, y subiendo a lomos de la bestia huyó por campo raso. El mulero corrió hasta una próxima cortijada para pedir auxilio. Varios gañanes y el capataz del predio, un tal Ernesto Morón según consta en el acta que levantaron los alguaciles de Baena sobre el suceso, salieron provistos de linternas y armados con bastones en busca del clérigo loco, decididos a escarmentarlo. Lo encontraron casi al amanecer, en un solar cercano al pueblo, colgando de las ramas de un olivo. Había usado para ahorcarse el ronzal de la mula robada. Cuando los perseguidores se acercaron al cadáver mecido por el viento y calado bajo la lluvia, tres relámpagos surcaron el cielo, iluminando la escena con efímera intensidad. Don García tenía los ojos abiertos, casi expelidos de las órbitas. Su rostro desencajado era la perfecta imagen de la exasperación y la locura. La mula robada, a pocos pasos, rebuznó tres veces, una por cada relámpago caído. Los gañanes, el mulero y el capataz Morón, seguros de que los relámpagos y el espantado rebuznar de la bestia habían sido señal inequívoca y terrible de que el alma de un cristiano acababa de precipitarse en los infiernos, huyeron empavorecidos.

Esa fue la última noticia que tuve de don García Biedma, mi preceptor. Recuerdo haber llorado por él, tal vez por mí, por la impresión recibida y porque en esa época andaba yo un tanto sensitivo, abrumado por un inconcreto temor a las responsabilidades que el inmediato futuro me presentaba, una mezcla de ansiedad e impaciencia porque tras mucho sugerir humildemente y rogar con adulaciones y otras mañas (aquellas en las que tanto insistió don García que aprendiese), había convencido a doña Elvira y a mi señor don Gonzalo para que me permitieran iniciar los estudios de bachiller, en Granada.

\* \* \* \*

Muchos años después, en Granada, ciudad de Dios, la que en tiempos del César Carlos fue capital del imperio, anteparaíso de las letras y humanidades y asombro de España por la fértil vitalidad de sus gentes, yo, Juan Latino, también llamado Juan de Sessa o Juan el negro, recibí cátedra de latín gracias a la determinación e influencia del presidente de la Real Chancillería, don Pedro de Deza, y a la amistad con que me honraba el arzobispo de la cívitas, don Pedro Guerrero. Fue, como digo, muchos años después de que la familia Fernández de Córdova y yo, su esclavo, llegásemos de Baena. Entre una cosa y la otra, entre ser esclavo y hombre libre, entre estudiante y catedrático, tantos hechos de transcendencia sucedieron y tanto cambió esta ciudad que a veces los recuerdos se me tiñen con el color amargo de la melancolía, y una tristeza de anhelos sin cumplir y de tiempo que se marchó donde habitan los sueños inconstantes va entrando en mi ánimo igual que la noche, súbita y sin apenas matices, ciega con mano de plomo estas cortísimas tardes del mes de Enero. Donde tonaban los afanes de la juventud queda el hastío por una lucha larga y sin posibilidad de victoria; donde hubo amigos bulliciosos, alumnos ejemplares como el buen Luis Pedro, humanistas de criterio lúcido y opinión ponderada, poetas neolatinos que iluminaban con orgullosas y vivas imágenes este solar por todos considerado el más hermoso y amable del imperio... de todo aquello que evoco no sin que el frío del desconsuelo ronde por mis alientos, queda una urbe empobrecida, una poquedad moral que causa asombro a quienes, ateridos por la nostalgia y temerosos frente a la sañuda soberbia del poder, conocieron aquellos años radiantes en los cuales el César Carlos, los

71

altos dignatarios de su corte y la nobleza local, pactaron que Granada fuese el centro del mundo.

Así fue, y dejo constancia en estas memorias de que verdaderamente los acontecimientos se sucedieron tal y como hoy palpitan con humildad cenicienta, igual que las últimas pavesas de una débil lumbre, en la memoria aún firme mas desengañada de quienes creímos durante un tiempo que, en efecto, Granada sería ideal ejemplo del reino de Dios en la tierra.

En vano, fue en vano, sí, recuerdo, la soberbia y magnificada visita que cursó el emperador Carlos a nuestra ciudad, allá por la tercera década de este siglo. Recién casado en Sevilla, hondamente enamorado de su bella esposa doña Isabel de Portugal, el César Carlos entró en Granada por la antigua puerta de Elvira una mañana veraniega en la que tañían risueñas y pulcras, espléndidas, las campanas de todas las iglesias y de todos los conventos. Fue un espectáculo sobrecogedor, y el alma de los granadinos se llenó de esperanzas y vehementes afanes de prosperidad y sosiego cuando contemplaron el armonioso séquito del César que avanzaba con la rotunda potestad de quienes, salvo el pecado y la ignorancia, no tienen otros enemigos en este mundo. Marchaban trescientos hombres a caballo y más de mil a pie, todos ellos veteranos de muchas guerras, orgullosos de las heridas que les dieron fama y los hicieron merecedores de pertenecer a la guardia del emperador. Habían luchado en los campos de Francia, en el reino de Nápoles, en Sajonia, en Flandes y en Bohemia, y de casi todas las batallas salieron victoriosos y si alguna vez la suerte de la guerra les fue adversa nunca rindieron sus pendones y abandonaron el campo con honor. Tenían aspecto fiero a pesar de los ornatos de sus uniformes de gala, poco útiles para combatir pero eficaces a la hora de causar asombro en marchas y procesiones; y a la gente le entusiasmaba que aquellos soldados de recias barbas rubias, de poblados bigotes, de brazos de acero y enérgica pisada de viejo buey embravecido, hubiesen llegado de todos los rincones de Europa para asentarse en nuestra ciudad, la Granada Santa, y fuesen intransigentes adalides de la fe y la causa del imperio. Nuestros defensores. Las armaduras relumbraban al sol aún confortante, tibio como el aliento de un niño, y un suave viento hacía revolar estandartes y banderas en el aura benéfica de la mañana. Aquella claridad de *gloria mundi* entró en el corazón de los granadinos como un pálpito de venturosas premoniciones, y de ello se alegraban y por ello gritaban con asombro y lanzaban vítores y flores y ramos de juncia al paso de las caballerías.

Tras el grueso de la milicia, en carroza con las cortinas descubiertas y rodeado por los capitanes de sus ejércitos de mar y tierra, el César Carlos avanzaba con la dignidad de una efigie, silencioso, sin apenas alterar la expresión. Llevaba el pelo largo, a la manera germánica, y lucía tantas galas y tanto aliño en sus vestiduras que mirarlo y deslumbrarse, como quien contempla una moneda de oro recién acuñada, era todo uno. Así es el poder, según creo, es fácil sentirlo cerca pero nunca vemos con palmaria exactitud hasta su fondo... y por descontado: nunca llegaremos a entender la esencia que con tan antiguo celo oculta. Junto al César, su esposa y prima hermana, Isabel de Portugal, levantaba más encendidos comentarios y elogios por parte de la multitud que el propio emperador. Los rumores de que era una mujer de notable belleza no sólo se confirmaban sino que iban dejando pequeña cualquier expectativa, cualquier comparación. Pálida de semblante, breve de formas, delicadísima de facciones como la más graciosa Venus que crease el pincel de los artistas italianos, la emperatriz consorte sonreía tímidamente, agazapando su mirar de ojos verdosos, quizás abrumada por el apasionado recibimiento que Granada le tributó aquel día. La seda de su vestido, el albur rosáceo de la toca ceñida sobre los hombros, las perlas engarzadas que bajando por los ocultos tobillos se enredaban en los finos chapines como sierpes rendidas ante su hermosura, causaron el pasmo, el alelamiento, el gozo íntimo de quienes tuvieron ocasión de contemplarla. No sólo era España la nación más poderosa de la tierra, y sus ejércitos los más aguerridos y temibles, y nuestro emperador el más lúcido monarca del orbe, sino que además, por gracia del cielo, nuestra señora doña Isabel era la hembra más exquisita y grata de admirar nacida en las cortes de Europa. Una certeza pululaba entre el gentío, una fe que no es necesario manifestar porque de callado acuerdo todos la comparten. A la vista de tantas maravillas, no podía haber dudas: Dios Todopoderoso estaba con nosotros, y nunca nos abandonaría si continuábamos construyendo su ciudad en la tierra, la gran cristianópolis, y no nos apartábamos de la única y verdadera fe y perseverábamos en ella como buenos hijos de la Iglesia Romana. Eso pensábamos, bien lo recuerdo, y en ello creíamos a ciegas, que es la mejor forma de creer.

Pasada la carroza imperial, desfilaron unos a pie y otros a caballo el resto de gentiles miembros de la comitiva. Acompañaban al emperador como asesores en todas y cada una de las artes de la política y el buen gobierno: diplomáticos, altos consejeros, dignatarios eclesiásticos, oficiales, secretarios, funcionarios y cortesanos formaban procesión de gente diestra en negocios públicos, los hombres más doctos del imperio, responsables de que la ciclópea maquinaria del poder que ante nosotros se mostraba y que tendía sus brazos por el ancho mundo y las infinitas aguas del océano funcionase con la misma precisión con que las estrellas aparecen en el cielo y se suceden las estaciones, los años y los días. También en ese trabajo de ordenar las cosas aquí en la tierra, imitando la perfección con que Él rige el universo, debía Dios ayudarnos.

Bajo la puerta de Elvira, a la sombra de aquel arco árabe que daba paso a cristianópolis, esperaban las autoridades de la ciudad para recibir al emperador. Mi amo, el duque de Sessa, formaba junto a representantes de las más nobles familias: don Luis Hurtado de Mendoza, marqués de Mondéjar, conde de Tendilla y Alcaide de la Alhambra; los pater familia y vástagos de los Granada Venegas y los Granada Mendoza; a su lado, el arzobispo don Ramiro de Alba, el presidente de la Real Chancillería don Sebastián Ramírez y el embajador de la república veneciana, Andrea Navagero. Unos pasos atrás, los presbíteros del colegio catedralicio, los prebendados de la Capilla Real, de la Iglesia del Salvador y de Santa María de la Alhambra, los magistrados, oidores y relatores de la Chancillería, el Corregidor don Íñigo Manrique y los Caballeros Veinticuatro. Uno a uno, con mucha ceremonia y reverencia, fueron acercándose a la carroza del César Carlos. Caminaban entre las filas de soldados, que habían abierto el cortejo para facilitar la maniobra, con un algo de aprensión en la mirada, temblorosas las rodillas de casi todos, dubitativos porque a excepción del conde de Tendilla y de los más ancianos de los Granada Venegas, ninguno había tenido oportunidad hasta ese momento de vérselas frente a frente con una testa coronada. Con todo el aplomo que pudieron acopiar para el sublime instante, besaron la mano del emperador y se inclinaron

75

ante doña Isabel de Portugal, y todos repetían la misma fórmula de salutación: «Bienvenido, César Carlos, a este vuestro dominio que para vos conservamos».

Acabado el protocolo, que se hizo un tanto largo porque el sol de junio ya picaba en las espaldas del público, continuó la comitiva imperial a paso más ligero su camino hacia la Alhambra, donde tenía intenciones de alojarse el emperador. Una docena de alguaciles de la Chancillería, con sus trajes negros haciéndoles sudar por las empinadas cuestas de la alcazaba, cumplieron la simbólica tarea de abrir paso a la comitiva por las calles de Granada.

Cuando la campana mayor de la catedral marcó la hora del Ángelus, todo había terminado. La nobleza granadina se desperdigó en carruajes de los de cuatro yeguas, el pueblo ociaba por las esquinas, chismorreando y dándose a fantásticas especulaciones sobre el alcance de la visita del emperador a nuestra tierra; yo, a paso lento, vestido con galanuras que me daban un aire extraño de muñecón palaciego y sintiendo en mi cogote la mirada incrédula de curiosos y gañanes de la Vega congregados por el festejo, me dirigí al palacio de los Córdova con la esperanza de poder descansar aquella tarde y estudiar algo a la noche. Y a esa misma hora, la del Ángelus, alguaciles, soldados, dignatarios y cortesanos tomaron posesión de la Alhambra mientras el César Carlos y su esposa se retiraban a descansar en las frescas estancias reales del palacio nazarí. Allá quedaron todos... allá arriba. Tan lejos.

\* \* \* \*

Seis meses estuvo el César Carlos en Granada, y durante ese medio año se dedicó a los negocios del poder con un vigor de asombro y maravilla. Desde sus aposentos de la Alhambra rigió con pulso inalterable los asuntos del imperio mientras se empeñaba tenazmente en edificar en nuestra tierra esa ciudad santa que debía ser admiración de la cristiandad. Por días y días recibió a la nobleza y al clero, y nuestros nobles y sacerdotes, de todas las órdenes, familias y estirpes, subieron al castillo árabe para dar cuenta de cómo iba acrecentándose el dominio de la Santísima Trinidad en el antiguo solar de los musulmanes. La actividad era continua, yo la imagino apasionada. Se reu-nía el emperador con los magistrados para informarles del traslado de la vieja Chancillería del Albaycín a la mansión del Obispo de Burgos y Patriarca de las Indias, Juan Rodríguez de Fonseca; negociaba con los inquisidores el permiso de asentamiento en la ciudad del Tribunal del Santo Oficio, con sede en la flamante y remozada calle Ancha de Santo Domingo; disponía la creación de la universidad, dotando al proyecto con cuatrocientos mil maravedíes y decretando que muchos hombres de letras de Salamanca, Burgos, Sevilla y otros lugares de España se trasladasen a la cívitas para hacerse cargo de las primeras cátedras; mandaba construir, por caridad y piadoso sentimiento, el hospital de locos e inocentes... no descansaba el emperador, ni de día ni de noche: tenía un imperio que gobernar y una ciudad santa que construir, la urbe donde descansaban los restos de sus abuelos, los Católicos Reyes, de su madre Juana y de otros miembros de su familia. Anexó a la Capilla Real, panteón de Fernando e Isabel, el convento de los Santos Mártires, dando así carácter más solemne y ejemplar al culto de sus antepasados, y mandó que se iniciasen las obras de la fachada del recinto, por parecerle de poco ornato y no muy digna la humilde entrada a las habitaciones sepulcrales. Por las cuestas de la Alhambra hormigueaban diplomáticos, secretarios, funcionarios y cortesanos, en un sube y baja que a los más ancianos de entre los conversos recordaba la prontitud y febril diligencia con que el antiguo reino se inmoló en inacabables negociaciones con el poder de la corona de Castilla. Mas no era la rendición lo que ahora se administraba, sino la victoria... la gran victoria de las armas de Cristo frente a los paganos, los incrédulos y la morisma que había rendido esta tierra por puro desaliento, porque un reino en mala avenencia, sin coraje y recomido por la miseria que a todas las guerras va aparejada, no podía detener, de ninguna de las maneras, el avance incontenible de los fervorosos ejércitos cristianos. Tampoco detendrían al César Carlos las maquinaciones que en su contra y lentamente iban fraguándose por las cortes europeas con la simulación en que son maestros los conspiradores: luteranos, iluministas, herejes de todas las clases que medraban al cobijo de príncipes rencorosos, los cuales habían declarado sorda hostilidad al emperador y a la hegemonía de Roma. Huera intención, pensábamos. Inútiles juramentaciones. Tan inútiles como los esfuerzos del turco por dominar el Mediterráneo, como los del rey de Argel por confabularse con algunos moriscos mal conversos de Granada y Archidona y traer pendencias y sublevaciones al viejo reino. Todo en vano, todo alharacas y sueños taciturnos de quienes debían haberse resignado con la derrota para encontrar sosiego en el corazón, y no zaherirlo con alocadas fantasías que giraban siempre en torno a un imposible resarcimiento. Dios ha triunfado, pensábamos, y su espada en la tierra es el César Carlos. Quimérico empeño luchar contra esa evidencia. Lo advirtió el propio emperador en una cédula dictada a finales de aquel año que estuvo entre nosotros: «*sean los moriscos buenos cristianos, y cumplan los mandamientos de Dios y de la Iglesia, pues tal parece que están con nuestra fe peor que cuando eran moros*». Los nobles de la ciudad, algo inquietos por esta llamada de atención que pudiera poner en entredicho su diligencia en el cuido público de la fe, suben uno tras otro al capitolio alhambrino y piden audiencia al emperador, y si no consiguen hablar con él se deshacen en explicaciones ante cortesanos y palaciegos sobre lo mucho y bueno que se ha acometido para erradicar de una vez por todas cualquier vestigio de la odiada superstición mahometana. Hablan de las obras ya avanzadas de la catedral y su magnífico colegio, donde cientos de jóvenes, cristianos antiguos y nuevos en mezcolanza, aprenden la verdadera doctrina y las técnicas del derecho, el latín, la oratoria y la gramática; alaban las múltiples edificaciones religiosas que ya se alzan por todos los rincones de cristianópolis, pues allá donde hubo mezquitas hoy resuenan las campanas de las iglesias, y se congregan los fieles en centros de devoción como Santa María de la Alhambra, Santa Ana y San Gil, San Matías, el monasterio de San Jerónimo o la iglesia del Salvador, y eso por mencionar tan sólo los lugares de culto más sobresalientes, que hay también santuarios más humildes y edificios de uso civil y pedagógico como el Hospicio Real, el colegio de San Miguel, la Chancillería, la Casa de la Moneda, el Hospital Militar... y además se han iniciado las obras de la Casa de la Doctrina, en el Albaycín, acrópolis que ha de ser venero de sabiduría e integridad y que ha de asentarse en el centro de ese barrio laberíntico donde medraron musulmanes y judíos, donde resonó la voz del almuédano cada amanecer y donde los sábados se rezaba a Jehová de puertas adentro.

El suelo que pisamos fue cristiano mucho antes de que el árabe conquistador y el judío sin patria se instalasen en la antigua Elvira. Cristiana fue Granada en épocas remotas, cristiana lo es desde su conquista por los Católicos Reyes y cristiana seguirá siendo por los siglos de los siglos. Y como para demostrarlo (al menos eso creíamos), Dios nos hizo una seña, marcó un sesgo amable en nuestro destino y envió al emperador don Carlos, arropado por la pompa deslumbrante y el bullir ceremonioso de su corte. Unos hablan alemán, otros los dialectos de Italia, otros el enrevesado idioma flamenco, y provenzal, y latín... hasta en turco y griego se escuchan conversaciones por las salas de la Alhambra convertidas en rumorosa Babel de caballeros cristianos. Entran y salen por despachos y vericuetos los escribientes, los diplomáticos, los adustos secretarios y los oficiales del imperio. Se entrevistan con uno que ha esperado durante horas, dan cita a otro, presentan informes redactados sobre papel amarillo que al final del día suele lucir el lacre imperial... bisbisean en ocasiones por algún rincón, al amparo de curiosos, y sugieren, planifican, actúan entre el sigilo y la autoridad, con la discreta y rotunda pericia que es innata al poder (así lo contaba mi señor, don Gonzalo Fernández de Córdova, cada vez que regresaba de una de sus visitas al palacio nasrí). La nobleza estaba absorta, el pueblo entusiasmado, y el clero no paraba de decir misas y voltear campanas y, a cada poco, recibir prebendaturas a las que por siempre quedarían obligados. Nunca se echó tanto incienso sobre las tumbas de los Católicos Reyes, ni tanto se oró a sus plantas, ni tantas procesiones recorrieron Granada en agradecimiento por las bondades de aquellos días. No era el César Carlos un gobernante que se pareciera a quienes le habían precedido. Supo unir, según recuerdo, el poder de la espada con el de la letra escrita. Caballero de su tiempo, amaba tanto los versículos de la Biblia como los poemas clásicos latinos. Organizaba conquistas en Flandes, en Italia y en suelo francés, pero el clamor de la guerra no perturbaba su gusto por la poesía, la música y demás artes que acrisolan el espíritu y dan paz al ánima. Enviaba encomendados a Sevilla, impartiendo claras instrucciones sobre el modo de gobernar y acristianar los inmensos territorios de las Indias, y por la noche, al transparente cobijo de los muros de la Alhambra, hacía que músicos y poetas le deleitasen con versos inspirados y primorosas composiciones, y esa era, según todos decían, la mejor medicina de su alma. Era un señor de nuevas trazas y de nuevas ideas. De entre todas ellas, sedujo repentinamente la voluntad de los granadinos con el proyecto de convertir a nuestra urbe en capital del imperio. Duró poco el sueño, apenas una década, pero durante ese tiempo creímos con firmeza que Granada sería un a modo de segunda Roma, centro del mundo, referencia luminosa y sinónimo de poder para los súbditos del emperador y cada uno de sus dominios, desde las tierras sombrías de Bohemia a los archipiélagos y bosques y desiertos de las Indias Occidentales. Santa, santa Granada, puerta de África que sólo se abría en una dirección, hacia el afuera del imperio; muy santa ciudad, frontera con la morisma, mano de hierro del emperador, espanto del turco, Ciudad de Dios. Fue el sueño, sí, recuerdo: cristianópolis.

\* \* \* \*

Las nuevas ideas precisan semilleros donde fructificar, bien lo sabía el César Carlos. Entre otros humanistas europeos pensionaba a Erasmo de Rotterdam y al Aretino, asegurándoles mantenencia y financiando la edición de muchos de sus libros; el erasmista Alonso Valdés era su secretario, lo que satisfacía a poetas, pensadores y teólogos de la nueva escuela, si bien contrariaba a los más tenaces defensores de la ortodoxia y de que ninguna idea, por recta y juiciosa que pareciese, pudiera expresarse llanamente si no había nacido en el seno de la Iglesia y llevaba todas las bendiciones echadas. Esto cabe decirlo porque nunca se ha visto la naturaleza humana, según tengo comprobado, libre de la envidia por el saber ajeno, ni del recelo ante todo aquello que se ignora.

Mas no eran años de intransigencia, aún no, sino de búsqueda. El emperador sostenía que era imprescindible crear nuevos centros de saber donde las ideas humanistas y cristianas sustituyeran a las *tenebrae infidelium* de la época musulmana. Mandó vigorizar las actividades del colegio catedralicio, y ordenó construir la universidad, *Ad fugandas infidelium tenebrae hec domus litteraria fundata est*. Ratificando sus planes aparentemente inamovibles de convertir a Granada en sede del trono bicéfalo, mandó el César Carlos construir los nichos mortuorios para él y sus descendientes en la Capilla Real, y encargó a Pedro Machuca que trazase los primeros esbozos de la que habría de ser su residencia, palacio que llevaría el nombre de Carlos V y que, como todos esperábamos, ordenó edificar en pleno recinto de la Alhambra, muy al lado de la airosa y extraña filigranería donde vivió y gobernó la estirpe de Boabdil.

Ante aquellas noticias tan prometedoras, convencidos de que nuestro futuro estaba ya ligado al del sabio emperador, se produjo en Granada un renacer de las humanidades que entusiasmó a la gente de letras y contagió su espíritu a los hijos de las nobles familias. Mi señor, don Gonzalo, satisfecho de cómo iba yo desenvolviéndome con los estudios (orgulloso en el fondo de que uno de sus esclavos, negro guineo para más rareza, fuese conocido en la ciudad por su aplicación y habilidades con el latín y la gramática), me animaba para que acudiese a los encuentros de poetas y músicos que empezaron a reunirse en la Cuadra Dorada y en el casón de la calle de la Cárcel propiedad de los Granada Venegas. Mas una cosa son las palabras de aliento, otra el íntimo regoce de un hombre poderoso, y otra muy otra lo que puede en verdad permitirse un esclavo con licencia para salir dos horas al día, siempre bajo la obligación de consagrar ese tiempo a la buena letra y todo para mayor honra de sus amos. Así, mañana y tarde me dedico a los asuntos de don Gonzalo. Ya no soy aquel esclavillo a medio instruir que se ocupaba del mulerío y de echar de comer a los cerdos en la finca de Baena. He pasado años de servicio y también de aprendizaje en casa de los Fernández de Córdova y ahora soy ducho en materias delicadas, de esas que exigen prudencia de cortesano y habilidad palaciega si quiero continuar vistiendo ropas distinguidas (lo que no me entusiasma, pero al menos me libra de las ridículas prendas de paje o palafrenero, no digamos del haraperío remendón de los mozos y domésticos, los que acarrean leña y ayudan en la cocina); necesito empeñar todo mi entendimiento y buen criterio en las tareas que don Gonzalo me tiene encomendadas. Recibo a sus arrendatarios, a quienes ajustan convenios y tratos con él, o acuden a su casa para pedir favores y proponer transaciones comerciales, alianzas provisorias y otras permutas de beneficio alterno. Ordeno el fluir de visitas, acomodo aquí y allá a los amigos, protegidos y dependientes de don Gonzalo. Para todos tengo una palabra amable, una frase dicha con ingenio y cortesía, una excusa si es preciso, y todos saben esperar y ser pacientes porque los negocios no se hacen de un día para otro. Me consideran como si en la práctica fuese el secretario personal de don Gonzalo. Él, con su actitud hacia mí, no desdice esta idea, y en el fondo le complace que su esclavo sea hombre aventajado en el arte siempre difícil de los protocolos. La estima que todos me tienen es honra para él, me dice y me repite, porque son pocos los que no se maravillan al dar con un negro guineo que tan bien y con tan buenas palabras se las compone en asuntos de despacho. Se ha convertido mi señor en un hombre influyente, uno de los nobles que más de cerca y con más gratitud y provecho circula en la órbita imperial. El César Carlos no olvida quién fue su abuelo, y sabe perfectamente que llegada la ocasión, el tercer duque de Sessa y quinto de Cabra será un valioso decano de sus armas en Granada. De hecho, don Gonzalo mantiene a perpetuo, en los cuarteles del Campo Real, cien hombres de a caballo y doscientos noventa infantes, entre piqueros y arcabuceros. Eso lo equipara en poderío con el marqués de los Vélez y el duque de Arcos, y lo aproxima a la potencia y autoridad casi omnímoda del Marqués de Mondéjar y conde de Tendilla, alcaide del Generalife. Por sus habitaciones de recibir pasan hombres de armas, intendentes de la tropa mantenida al servicio del emperador, mercaderes, banqueros, notarios, capataces y quinteros de las muchas posesiones y tierras que por todo el mapa del antiguo reino motean con su nombre una geografía golosa de haciendas, predios, acotados, campiñas, alamedas, olivares y aldeas donde muchos braceros y campesinos viven en paz y trabajan honestamente bajo la sombra protectora del ducado. El administrador de los Fernández de Córdova, el licenciado Carvajal, se afana desde el amanecer hasta mediodía protocolizando escrituras, recibos, pagarés y contratos, y asentando en legajos contables los gastos e ingresos de una fortuna ya de por sí incalculable y que no para de crecer en estos tiempos de bonanza. Lo auxilian dos escribientes y un meritorio llamado Gracián que ha iniciado los estudios de derecho y que como otros (como yo, sin ir más lejos), se ha propuesto ir haciendo su pequeña fortuna y ganar despejada posición gracias a la generosidad de los Fernández de Córdova. Grande es la casa, y amplios sus salones en los que nunca se pasa frío porque amas y criadas se encargan de mantener vivo el fuego, y arduas y transcendentes son a menudo las cuestiones que allí se disciernen. Mi amo, don Gonzalo, va adquiriendo la faz orgullosa y algo adusta que distinguía a su padre, y su voz se ha ido transformando con el paso de los años hasta alcanzar aquel tono concluyente con que don Luis impartía órdenes sin que nadie rechistara. Una sílaba de don Gonzalo es ya aviso de silencio para los demás, una advertencia, y todos prestan oídos a sus palabras porque nadie se atreve a desatender a uno de los más ilustres favorecidos del emperador. A veces pienso que en eso, precisamente en eso, consiste el ser rico y poderoso: en hablar y que los otros no tengan más remedio que escucharte.

Doña Elvira pasa el tiempo entre misas y caridades. Sale de palacio no más de dos veces por semana, en compañía de dueñas y matronas. A veces custodian la comitiva unos cuantos soldados que no tienen mejor servicio que prestar ni mejor cosa que hacer en estos tiempos de calma para la gente guerrera. Se dirige doña Elvira a pasos cortos, pues ya la vejez cerca sus andares, hacia la Capilla Real; pasa una hora rezando en la cripta donde descansan los Católicos Reyes. Después visita alguno de los conventos donde todos los días, durante la misa, a la hora de las rogativas el capellán dice su nombre. Esa tarde los pobres del entorno, apegados a las sobras de la cocina, tendrán algo de más sustancia que echarse a la boca que algún hueso mal repelado y alguna verdura a medio deshacer en caldo de rebaña. Regresa doña Elvira con la puesta de sol, iluminada por las linternas del séquito, como en una procesión de benditas ánimas; con frecuencia envía el administrador Carvajal un palanquín y cuatro criados en su busca, sobre todo si tiene noticia de que ha visitado doña Elvira el convento de Santa Isabel la Real, allá en los altos del viejo barrio árabe... las calles están solitarias y se retuercen por oscuros veredones, y aunque andan los moriscos muy apaciguados y sumisos desde la llegada del emperador (y tranquilizadora compañía que lleva la señora), no termina de fiarse Carvajal, ni tan siquiera le gusta que doña Elvira se pierda por ese dédalo de callejas parecidas unas a otras como los hilos fugaces de una maraña alevosa.

—Ni conventos, ni iglesias ni santuarios debieron construirse en esa zahurda para judíos y moros simuladores —se queja el administrador—. Si la hubieran derribado casa por casa, patio por patio, tendríamos ahora una ciudad despejada, y los enemigos de Cristo no hallarían rincón donde esconderse para blasfemar en secreto y maquinar sus planes contra el imperio.

En vano le recuerdo que hay judíos conversos muy fieles al César Carlos, y que los comerciantes asentados junto a la catedral han querido honrar su memoria, en agradecimiento por el buen trato recibido, llamando *Alkasserîya* (La Casa del César), al sinuoso recinto de pequeñas y lujosas tiendas. E insisto en la buena fe de muchos de ellos, y en que incluso el Gran Capitán, don Gonzalo Fernández de Córdova, puso su salud en manos del médico portugués León Hebreo, cuyo nombre auténtico era Judá León ben Isaac Abravanel.

—No menciones a ese hereje, ese traidor que con tal de no convertirse huyó de España tras el decreto de expulsión firmado por los Reyes Católicos. En cuanto a los demás, ya sabemos que esa raza maldita, entre otros vicios, es propensa a zalamerías y adulaciones, así que no me extraña que bauticen su templo de mercaderes con el respetable nombre de don Carlos, nuestro monarca al que Dios guarde.

Inútil discutir con Carvajal. Es hombre de ideas fijas y en lo que toca a limpieza de sangre y ortodoxia de costumbres se muestra más celoso que nuestros propios gobernantes.

Pero siempre regresa doña Elvira sana y salva. Nadie osaría en Granada acercarse a ella, hija del Gran Capitán y madre del duque de Sessa. Ni tan siquiera los mendigos, de común pegajosos igual que las moscas, se arriman a su séquito cuando camina sin apresurarse de iglesia en convento. Todos la conocen, todos saben que quien se atreviera a toser a su paso sufriría las consecuencias porque es la dama más noble de la ciudad, dejando aparte a doña María Manrique, su madre, a quien el emperador distingue con tanto afecto que cada domingo envía a media docena de clérigos para que digan misa en la capilla de los Córdova. Sólo un favor ha pedido la viuda del Gran Capitán al César Carlos: que cuando ella muera, lo que sucederá pronto, muy pronto, sea enterrada con solemnes exequias en el monasterio de San Jerónimo, junto a quien fuera su esposo, bajo la misma lápida sepulcral que luce semejante leyenda: *OSSA/PERPETAE TAMDEM/LUCI RESTITUENDA/HUIC INTEREA TÚMULO/CREDITA SUNT/GLORIA MÍNIME CONSEPULTA.* Y el emperador, como es natural, ha accedido.

\*   \*   \*   \*

Doña María Manrique no dedicaba su tiempo a otro negocio que el de administrar con fervor, casi con avaricia, su lenta moribundia. Vieja, consumida por una ancianidad que transmutaba a su persona en anticipo de cadáver, piel y huesos, con la mirada encendida por los agónicos susurros del esperado tránsito, pasaba el día encerrada en sus habitaciones. Rezaba, hacía que le leyesen libros piadosos, dormitaba dejando que la acunase una debilidad que poco a poco iba desbordando su ánimo, una languidez de panteón y miserere, y de vez en cuando golpeaba el suelo con su bastón de empuñadura plateada para quejarse por el ruido que hacían sirvientas y camareras en la cocina, justo debajo de donde ella descansaba en espera de la muerte. Se volvió irritable doña María, vocinglera y caprichosa. Se negaba a abandonar el lecho aduciendo que sus piernas ya no podían sostenerla y que, de todas formas, la pálida llegaría en cualquier momento para llevársela, así que la amplia cama flanqueada de doseles con adornos nobiliarios y maderas virreinales era, según ella, el mejor sitio del mundo para la celebración del encuentro. Gritaba doña María con su voz aguda de vieja mandona, llamaba a sus criadas y azafatas para que arreglasen la ropa del tálamo y a ella misma la compusieran, lavándola con agua de rosas y ungüento de Santa Adela, que era su preferido, acicalándola, echándole colorete en las demacradas mejillas y atusando sus ya ralos y blanquísimos cabellos con un peine de espuma de mar y dentadura de azófar, blanda como los dedos de un niño, que un primo segundo suyo le había regalado tras un viaje de negocios al ducado de Saboya.

Tan sólo dos veces, antes de marchar sacramentada hacia el monasterio de San Jerónimo, abandonó la vetusta dama sus aposentos mortuorios de la casa de los Córdova: la primera, con motivo de la visita de don Sebastián Ramírez, que venía a departir con don Gonzalo sobre ciertos asuntos relativos al gobierno de la Chancillería; la segunda, cuando el mismísimo arzobispo se presentó sin aviso y con intención de agradecer a doña Elvira una soberbia limosna de once mil maravedíes, la cual había servido para cuadrar el balance y ajustar muy a medida el presupuesto de la iglesia de San Nicolás y del convento de los Santos Mártires. En ambas oportunidades se empeñó doña María en salir a recibir y saludar personalmente a tan ilustres invitados. Enloqueció a la servidumbre con órdenes impartidas febrilmente, hizo subir y bajar las escaleras mil veces a sus azafatas, mandándoles traer vestidos de luto y velos y tocados y algún que otro bejuquillo de plata, carcalancas y luminosos horcajos que diesen a su figura un aire más distinguido y de menos abatimiento que las sayas bordadas con encajes de lino, las que a un tiempo le servían de vestidura y mortaja. Cuando se vio presentable, tan digno su aspecto como correspondía a una vieja aristocrática (aunque sin disipar el aura de inminente defunción que a todas partes la seguía), ordenó a cuatro criados que la llevasen en andas al despacho de su nieto, sentada en una trona de recias junturas de espiga con el broquel de los Córdova grabado en el respaldo. Mientras bajaban las escaleras y cruzaban el patio y atravesaban el salón de recibir autoridades, seguía gritando la vieja, quejándose de dolores, lamentando que sus piernas se negaran a sujetarla e impartiendo con pasmosa agilidad y fortaleza, impropia de su estado de salud, algún que otro bastonazo a los pacientes portacameros. No más de un breve rato departió doña María con los egregios visitantes. Distanciada, como si temiera contagiarles su decrepitud, la faz como siempre oculta tras el velo luctuario, habló de tiempos pasados, recordó las gestas más señaladas de su difunto marido y los muchos servicios que había prestado a la corona de España, y pidió a don Sebastián Ramírez que castigase sin misericordia a quien osara ofender la memoria del Gran Capitán, especialmente a los ciegos pedigüeños que repetían en plazas y corros, para regocijo del vulgo, aquella obscenidad de los «picos, palas, azadones y badajos para las campanas»; al arzobispo le pidió bendiciones y que él personalmente, en plazo que imaginaba breve, oficiara sus exequias en el monasterio de San Jerónimo. También solicitó que enviase todos los días a un sacerdote que la confesara y que fuese hombre versado en ardides demoniales. El arzobispo, algo confuso por este último capricho de la anciana, demandó:

—Si hay causa que perturbe a su excelencia hasta el extremo de necesitar confesión diaria, sería bueno que yo mismo la escuchase en privado y bajo las condiciones del sacramento absolutorio.

—No, no, de ningún modo —gritó doña María, enhiesta sobre el sitial de madera, adelantando su cuerpo enflaquecido con una energía que a todos los presentes hizo pensar en la más grande rabieta—. Quiero un confesor, eso es todo. Ya arreglaré con él los asuntos que conciernen a la salvación de mi alma.

No quedaron muy convencidos don Ramiro, doña Elvira y don Gonzalo. Pero como las exigencias y manías de la vieja eran célebres de sobra, prefirieron no llevarle la contraria. El arzobispo, por su parte, no faltó a la promesa. Desde el siguiente día, con puntualidad de legista ejecutando una deuda vencida, visitó el palacio de los Córdova un dominico prebendado de la catedral. Artús Mendieta era su nombre, y pronto tuve noticias de su forma un tanto airada, exagerada, de proceder en materia de absoluciones, exámenes de conciencia y propósitos de la enmienda.

No mejoraba el humor de doña María a pesar de recibir diariamente el beneficio de la confesión. Por el contrario, se mostraba irascible, regañona, desabrida en el trato con sirvientes y dueñas e incluso con los miembros de su familia. Casi todas las noches la oíamos gritar en sus aposentos, sufriendo pesadillas y delirios de amanecida que la dejaban exánime para el resto de la jornada. Artús Mendieta puso mucho afán en ayudarla e intentó por todos los medios librar a la noble anciana de aquellos pesares que afligían sus últimos pasos por este mundo. Se encerraba horas y horas con doña María, rezaban con inusitado fervor, departían sobre el alma y su anhelo de unirse a Dios en el tránsito a la vida eterna. Mas todo fue inútil. De noche, con las sombras y el silencio, llegaba el padecer de doña María, los alaridos, las quejas y lamentos... si no hubiese tenido los ojos resecos desde que empezó a llorar su viudez, también habríamos imaginado lágrimas. Así pasaron dos meses, el de septiembre y octubre del año en que el emperador trasladó por breve tiempo su residencia a Nápoles. Una tarde que caía entre livianos destellos de rojo y azul, como bandada de ánades cubriendo con vuelo apresurado las torres y alminares de la Alhambra, doña María me hizo llamar a sus habitaciones. Extrañado, también contrariado porque justo en ese momento me disponía a estudiar seis poemas latinos de Lucio Marineo Sículo, acudí a la presencia de doña María con toda prontitud, creyendo que en pocos minutos daría satisfacción a alguna de sus extravagancias para volver a enfrascarme de nuevo en la lectura de aquellos poemas.

—Pasa y cierra la puerta, que tenemos que hablar —dijo doña María nada más verme.

Las sombras del atardecer ponían sitio a la figura de la vieja, rodeándola con pálpitos de *sic transit* y acabóse. Sentada sobre el lecho, con la espalda apoyada en almohadones de plumas y las sábanas de seda cubriéndola hasta el pecho, doña María era una mota oscura en la infinita extensión del tálamo donde pronto iba a encontrarse con su último suspiro. Pocas veces había tenido yo ocasión de ver su cara descubierta. La imagen rotunda de la senilidad, hundidas y flacas las mejillas, pequeños los ojos como cabezas de alfiler de sastre, sarmentoso y hocicudo, era aquel rostro una pura promesa de extinción, el paréntesis que el cielo suele concedernos entre morir y el prepararnos, mal que bien, para el último viaje.

—Ya conoces a don Artús Mendieta.

No me había dado cuenta de la presencia del dominico hasta ese momento. Ocupando un sillón junto a la ventana, furtivo bajo la luz taciturna del ocaso, el clérigo me miraba con una mezcla de compasión, curiosidad y recelo.

—Me han hablado de ti, Juan de Sessa, y bastante bien —dijo.

Olía a cocina de convento, a incienso y a madera de palorosa, una mixtura que no me resultaba extraña porque siempre fue el perfume de cuantos sacerdotes visitaban la mansión de los Fernández de Córdova.

—Vamos a lo que interesa —dijo doña María, impaciente—. Tú, negro Juan, nos debes mucho a los Fernández de Córdova.

—Por supuesto, señora —asentí inclinando la cabeza—. De no haber sido por vuestra hija y yerno, y por el duque a quien Dios guarde...

—No me interrumpas. Deja las zalamerías para otra ocasión. Tengo bien oído que manejas las palabras ladinamente y que eres capaz de componer un halago con la misma pericia con que el médico amputa una pierna en el campo de batalla. Así que ahórrate los melindres y escucha lo que el padre Artús, mi confesor, tiene que decirte.

Artús Mendieta carraspeó unas cuantas veces. Tras los cristales del ventanal a medio cubrir por su cuerpo ensotanado se extinguieron las últimas luces y fueron a perderse en la noche los perfiles bermejos de la Alhambra.

—Tú, Juan de Sessa, eres un buen creyente... no, no digas nada: por tu amo don Gonzalo y por doña María sé que cumples uno a uno los mandamientos de Dios y de la Iglesia y que tienes en mucha estima la limpieza de tu alma, y que cultivas tu espíritu con oraciones muy piadosas y también con el estudio del latín y otras disciplinas honestas. Todo lo cual ha de ser grato a la mirada siempre atenta de Nuestro Señor y Padre Eterno.

Se levantó el clérigo algo parsimonioso. Sin dejar de hablar, recreándose en el circunloquio, prendió una candela. Bajo la luz amarilla y muy tímida de la lámpara me pareció pequeño, retorcido bajo los hábitos, y doña María un espectro. Sentí temor, lo reconozco. Me vi tristemente condenado a hablar con muertos de los asuntos de los muertos.

—Es el caso, y te ruego que no menciones a nadie esta conversación...

—Puede contar su reverencia con mi absoluta cautela —dije.

Doña María, irritada, chilló:

—Te digo que no interrumpas, negro del demonio.

El dominico se dirigió a ella con la solicitud de un padre que reprende cariñosamente a su hija un poco díscola pero bienintencionada.

—Doña María, se lo ruego. No mencione al maligno en este cuarto; y no maltrate de palabra a este su buen esclavo, que sin duda ha de ayudarnos en la empresa de salvar su alma para toda la eternidad.

—Él la quiere... quiere mi alma —gritó doña María mientras el brillo inquietante de la sinrazón encendía sus ojos, prestándoles un punto de extravío que me hizo sentir más aprensiones. Más miedo.

—Calle, calle, buena mujer —dijo el clérigo—. No diga disparates.

Y le echó tres bendiciones seguidas.

—En cuanto a ti, Juan de Sessa, ya sabes que confío en tu discreción. Pero vamos a dejar el tema, por evidente y axiomático. Como te iba diciendo, es el caso que tu ama, doña María, se encuentra muy enferma. Dentro de poco ha de entregar su alma inmortal a Dios. Sólo ansía acceder al reino de los cielos con la misma naturalidad y pasmosa calma con que las primeras claridades del amanecer atraviesan el cristal de su ventana. Así de simple. Todos estamos abocados a la muerte, no hace falta que te lo diga, y doña María tiene la fortuna de ver ya cercano ese momento en el que dejará atrás las vanidades y absurdas apetencias de este mundo para ir derechita a reunirse con su Creador.

Hizo una pausa el clérigo. Suspiró como si una carga muy grande hubiese caído sobre su ánimo, una tempestuosa responsabilidad que no podía eludir y que lo perturbaba hasta límites por mí desconocidos.

—Pero tenemos un problema —dijo al fin—. Un grave problema, querido Juan. Y para su buena resolución tienes que ayudarnos.

—Cuente su señoría con mi persona para cuanto haya menester.

—Oh, oh... —rezongó doña María—. No hables. Escucha al padre Artús. Abre bien tus entendederas y escucha.

—El diablo no se preocupa de las almas taimadas, de los grandes pecadores, de los viciosos —prosiguió el clérigo—. Para qué. Es tiempo perdido porque, de todos ellos, la inmensa mayoría caen de cabeza en los infiernos sin necesidad de azuzarlos. El diablo...

Bajó la voz, dispuesto a hacerme partícipe de un gran secreto.

—El diablo acecha a las almas puras, limpias, inmaculadas. Ese es su trabajo, su gran empeño. En verdad te lo digo: por cada alma de un justo que entra en los infiernos por haber muerto en pecado, hay más alegría en el reino de Belcebú que por mil impíos caídos en la condena. Y el diablo, Juan, y esto es lo que quería revelarte, se ha propuesto bregar con todos sus ardides para ganarse el alma de doña María.

Lo dijo con la solemne certeza de quien desvela un misterio de incalculables dimensiones. Como quien descubre los detalles más sórdidos de una enfermedad vergonzosa. Yo me estremecí, no por el desatino que acababa de escuchar sino por la fanática convicción con que doña María y el clérigo creían en lo dicho.

—Como todo el mundo en esta casa, por la noche habrás oído a doña María: gritos, alaridos, un gemir quejumbroso que parece de ultramundo. Yo, al principio, supuse que se trataba de simples pesadillas. Dada la salud de doña María y lo muy cercana que está su muerte, no me pareció extraño que las padeciese. Pero me equivocaba. Después de muchos días de rezar junto a ella y de otras tantas noches de vigilia, he podido sentirlo, Juan.

Se cubrió el rostro con las manos, como si lamentase infinito las palabras que estaba dispuesto a decir.

—He sentido su presencia, aquí, en esta habitación. La horrenda presencia del diablo que cada noche viene para atormentar a doña María.

—¿Cómo es posible? —pregunté aun a riesgo de que la moribunda volviera a enfadarse.

—Naturalmente —explicó Artús Mendieta—, por la mucha edad de doña María y por su condición de dama piadosa, el diablo, a quien ya estamos nombrando demasiado, no puede tentarla con otro pecado que la desesperanza. Como una sombra... no, como un reptil abominable y sigiloso, se desliza hasta los oídos de doña María y le sugiere ideas nefandas sobre la eternidad. Que no hay Dios, afirma el perverso; que no hay otro mundo ni otra vida después de ésta; que todo se resume, a la postre, en huesos descarnados, ceniza y olvido. Eso dice y repite en los momentos en que ella, la ilustre y virtuosa dama, se encuentra más desasistida y débil: durante las horas previas al amanecer, cuando el sueño la rinde y el cansancio merma su entendimiento. Un punto de aflicción, de sombrías conjeturas en torno a la verdad de Cristo y de la vida eterna busca la sierpe maléfica... y en ese instante arrebatarla de este mundo, cortar el hilo de su existencia y llevársela a los avernos *per secula seculorum.* Doña María, como no podía esperarse menos, resiste las acometidas del maligno.

—Lo hago, Dios lo sabe —dijo la anciana—. Grito, chillo, me revuelvo como un basilisco.

—Pero del diablo no puede uno fiarse ni pensar que se ha dado por vencido. Es astuto, taimado como zorra preñada... sabe retirarse a tiempo y volver cuando más le conviene. Además, no sabemos qué clase de demonio estamos luchando. Pudiera tratarse del resabiado Azazel, o del sanguinario Mastema, el odioso y sucio Belcebú, el soberbio Belial, el crudelísimo Gadreel, o el peor de todos, el gran manipulador, el gran maestro de engañifas que personalmente tentó a Eva en el paraíso. Me refiero a Lucifer, y es la última ocasión en que digo su nombre.

Se santiguó unas cuantas veces el clérigo. Después rezó un credo con claras intenciones, pienso yo, de que las palabras santas limpiasen sus labios de tanta referencia a las simas avernales y sus príncipes y arcontes más selectos y temibles. Por último, acompañado en la oración por doña María y por mí mismo, repitió: sagrado corazón de Jesús, en vos confío; sagrado corazón de Jesús, en vos confío...

Hubo un silencio comprometido, eso me pareció, con las tinieblas e incógnitas del más allá.

—¿Entiendes, buen Juan, cuanto te he explicado?

Asentí. Lo que aún no imaginaba era el papel que debía jugar yo en aquel teatro siniestro de diabluras, apariciones y agonías tormentosas. Pronto iba a enterarme.

—He rezado con tanto ahínco que las rodillas me tiemblan, peladas, descarnadas, débiles por el esfuerzo de mantenerme en actitud oferente; las manos me sudan de ansiedad y agitación, y el entendimiento se me encapota en el tercer rosario. El cansancio me vence cuando llego a las letanías. Esa es la pesarosa verdad. Soy hombre y, por tanto, estoy sujeto a las miserias corporales y la fragilidad de ánimo. Soy un hombre y me encuentro solo peleando contra el mal.

Me observó de arriba abajo, como si calculase con toda precisión mi fortaleza de cuerpo y espíritu, las que a él, por lo visto y oído, iban flaqueándole.

—También tú eres hombre, querido Juan, pero mucho más joven y fuerte que yo. Y por lo que sé, manejas los latines con una maestría que causa asombro e incluso envidia en algunos que se las dan de expertos y que no han pasado del *rosa rosae* y del *quonam meo facto patres conscripti*. Y además eres de raza negra y bien negra... no tomes como desdeñosas mis palabras...

No pensaba hacerlo. Siempre fui esclavo, siempre me llamaron Juan el negro y jamás me pareció insulto que alguien, con buenas o malas intenciones, se refiriese a la color de mi piel. Las palabras no ofenden si quien las escucha está dispuesto a tomarlas como lo que son: sólo palabras.

—Bien al contrario —continuó el clérigo—, según el plan que tengo meditado, tu negritud puede resultar de mucha ayuda y ser un gran auxilio. Es mi intención que esta misma noche recemos juntos a los pies del lecho de doña María, tal como vengo haciendo yo desde hace semanas. Tu espléndida mocedad me dará nuevos bríos, tu pericia con el latín sacro reforzará mi fervor en las oraciones, y tu aspecto... ah, querido Juan... cuando el maligno se aproxime entre las sombras y llegue a esta habitación y contemple el admirable portento de que un hombre como tú, negro de pies a cabeza, ora con soltura inigualable y fe granítica en el más puro latín, seguro que huye horripilado porque no hay nada más aborrecido por el mal que estas demostraciones del poder de Dios. Del poder de Dios hablo, y digo bien. De no ser por la suprema misericordia, por la divina providencia, ¿cómo habría sido posible un caso semejante siquiera al tuyo? No hablo de milagros, por supuesto, pero sí de un maravilloso fenómeno, un portento frente al cual la soberbia del demonio, su fatua presunción y altanería quedarán tan mermadas que o mucho me equivoco o huirá de esta casa para siempre y dejará morir en paz y en gracia de Dios a doña María.

No me tenía yo en tanta estima. Ni preso del más absurdo ataque de arrogancia me habría considerado a mí

99

mismo como maravilloso fenómeno, según las palabras de Artús Mendieta. Las personas, cuando se ven en grandes apuros, tienden a magnificar la dimensión de cuanto pueda traer esperanza a su ánimo. Era el caso de Mendieta y de doña María, sin duda.

—Reverendo padre —dije con humildad—: sólo soy un pobre esclavo que ama a sus señores y ama el estudio del latín y otras materias que confortan mi espíritu y me hacen sentir hombre de provecho. Procuro emplear estas dos ganancias en el mejor servicio de la familia Fernández de Córdova, a quien todo se lo debo. Esos son mis escasos méritos. Mas si creéis que mi dominio de la lengua latina, mi fe en el Todopoderoso y mi negritud, de la que jamás me he avergonzado, pueden prestar ayuda a vuestra causa, contad conmigo y con mi mejor voluntad. Y que sea lo que Dios quiera.

—Bien dicho, Juan —exclamó Artús Mendieta con un entusiasmo que me perturbó. Asustar al diablo... empresa bien difícil. Quizás no estuviese yo a la altura de aquella iniciativa.

—Como ama te lo ordeno y como cristiana en trance de morir te lo suplico, Juan el negro —dijo doña María en un tono de más mesura, aunque sin abandonar el deje adusto, imperativo de su voz—. Esta noche, cuando den las cuatro campanadas en la torre de la Vela, acude a mi habitación vestido con tus mejores ropas. Y haz cuanto el padre Mendieta ha indicado. No sé si hoy expiraré, o quizás mañana o dentro de unos días, pero te aseguro y te prometo que, en llegando al reino de Dios, no he de olvidarme de ti y del gran socorro que vas a prestarme. Tienes la palabra de doña María Manrique, viuda de Gonzalo Fernández de Córdova, Gran Capitán de las Españas.

—Con vuestra buena intención me basta y sobra, ama —dije. Me incliné con respeto ante la vieja dominanta que tenía pensado morir en cuanto el diablo se lo permitiera.

Entonces el clérigo, en menos de lo que tarda un zorzal en emprender vuelo, nos bendijo a los dos.

*   *   *   *

Durante once noches seguidas, sin faltar una, las criadas de doña María, Alfonsa y Graciana, llegaron a mi tabuco en el instante mismo en que sonaban los cuatro toques de amanecer en el torreón de la Vela. Alumbrando pasillos y escalinatas con la débil luz de una lámpara de aceite, me conducían a los aposentos donde la vieja descansaba y donde Artús Mendieta ya me estaba esperando. Antes de despedir a las criadas, el dominico las bendecía y ellas se santiguaban con devoción. Alfonsa era muy joven, no creo que hubiese cumplido aún los quince años; Graciana le doblaba la edad, y siempre me pareció una mujer hermosa, de formas anchas, algo rotundas. Su rostro y su mirar oscuro me agradaron desde la primera vez que puse mis ojos en ella. Caminaban las dos con sigilo para no molestar a quienes aún dormían en palacio, y sus andares siempre me parecieron ágiles, airosos como si sus pies no tocasen el suelo y se desplazaran sobre un suspiro de misteriosa gentileza. Vestían modestamente pero con absoluta dignidad, conforme a la buena apariencia que se esperaba en todos los servidores de los Fernández de Córdova. Eran dos lindas hembras, recuerdo, y su compañía me resultaba gustosa y siempre agradecí que vinieran a despertarme con tanta delicadeza, y que esperasen en silencio a que me vistiera para darme compañía por los penumbrosos corredores, igual que dos amables seres del cielo iluminando el camino a un viajero despistado.

Despistado, recuerdo, confuso estaba yo a esas horas, es cierto, por culpa del sueño y el cansancio de tantos días de oración (el duque no me había liberado de ninguna de mis ocupaciones a pesar de que Mendieta lo puso al tanto de nuestros encuentros nocturnos), y también encontraba desasosiego en aquel continuo rezar y rezar sin más objetivo que proteger a doña María de espíritus que nunca aparecieron ni dieron señas de remota presencia. Don Artús, el dominico, nada más despedir a las criadas se hincaba en el reclinatorio y empezaba a orar con un entusiasmo que siempre se me antojó algo enfermizo. A su lado, arrodillado sobre un cojín, respondía yo con claros, vibrantes latines, como un sacerdote practicando un exorcismo, o bien leía a media voz, para no despertar a la anciana moribunda, interminables párrafos del Segundo Libro de Samuel, la oración del rey David, la acción de gracias del libro de Judit y muy especialmente (por la fe que el dominico le tenía), el himno al poder de Dios del libro de Job, recuerdo: *es soberano de temible fuerza el que hace reinar la paz en sus alturas.* Rezaba el dominico con exaltación, ahuecando el tono de cada palabra, enfatizando las sílabas. *¿Puede contar alguien sus tropas? ¿Contra quién no se alza su luz?* Rezaba y rezaba, rezábamos sin descanso hasta que la lengua se nos ponía pastosa y los himnos y laudos nos resecaban la garganta. Rezaba el dominico a un Dios omnímodo, poderoso hasta lo infinito, invencible y, si era necesario, vengativo. Era el Dios que espantaría a Lucifer cuando el taimado se presentase a reclamar el alma de doña María. Entre Dios y yo íbamos a hacerlo. *Las Sombras tiemblan bajo la tierra, las aguas y sus habitantes se estremecen, ante Él el Seol está desnudo y la Perdición al descubierto.* Rezaba Artús Mendieta, dormía la noble anciana confortada con nuestras voces, dejando escapar un ronquido cenagoso de su escuálido pecho, rezaba yo... sufría la incomodidad de permanecer durante horas en posición genuflexa, y en todas aquellas horas y todos aquellos días no tuve la menor impresión de que el diablo anduviese suelto, ni cerca ni lejos del lecho donde doña María iba consumiendo los últimos granos de arena del implacable reloj de su tiempo. A pesar de todo, del silencio, la quietud y el hondo reposo de la anciana, el dominico, de vez en cuando, llevaba su mano crispada a mi antebrazo, advirtiéndome de esta forma para que estuviese alerta... algo presentía, algo inquietante susurraba desde la oscuridad. Algo funesto. Yo nada vi y nada percibí, ni saqué en claro otra cosa que gran dolor de rodillas y una enseñanza: entre los temores de doña María y el ímpetu del dominico, se habían juntado el pan con la manteca.

*Su soplo abrillantó los cielos, su mano traspasó a la Serpiente Huidiza.* En esa parte del salmo estaba yo, en la sexta hora de la undécima noche de rezos, cuando doña María lanzó un ronquido más profundo de lo habitual, un estertor encharcado que nos hizo volver la cabeza al dominico y a mí. Quedamos en silencio unos instantes. Don Artús se levantó con pesadez, quebrado por el cansancio, y recorrió los pocos metros que nos separaban de la anciana musitando un padrenuestro. Sin dejar de rezar, palpó la frente, acercó el oído a la boca y nariz de doña María, le cruzó los brazos sobre el pecho y, desprendiéndose con ademanes ceremoniosos de la cruz que colgaba sobre su hábito, la puso entre las manos huesudas de la vieja. Después se volvió hacia mi y dijo:

—Doña María ha expirado.

También yo me dirigí hacia el lecho. Por indicación del dominico rezamos un Credo. Inmediatamente, dijo don Artús:

—Di a las criadas que despierten a don Gonzalo y a doña Elvira. Los aguardaré aquí, rezando. Tú puedes ir a descansar unas horas, que bien las tienes ganadas.

Me pareció ver lágrimas en las mejillas cenicientas de don Artús, aunque esto no puedo asegurarlo. No suelen los clérigos llorar ante un cadáver. Puede que el cansancio y el abotargamiento lo traicionasen a última hora. Puede ser.

Abandoné la habitación de la difunta y caminé hasta la cocina. Allí estaban Alfonsa y Graciela, acompañadas de otros sirvientes madrugadores. Les repetí las instrucciones del dominico y ellas, silenciosas como siempre, bien dispuestas, dejaron sus faenas y salieron en mi compañía. Cuando íbamos camino del tercer piso, cerca ya de la antesala que daba paso a las habitaciones de doña Elvira y el escritorio de don Gonzalo, Graciela dijo a Alfonsa:

—Ocúpate de despertarlos y no des noticia alguna. Diles tan solo que don Artús quiere verlos.

Nada más entrar Alfonsa en la saleta, Graciela me cogió la mano. Yo me estremecí aunque hoy, al cabo de tanto tiempo, he de confesar que no me extrañó. Hay cosas que se adivinan... otras se intuyen y otras, sin más motivo, se saben. Y yo sabía que pronto o tarde aquello iba a suceder.

Tomó mi mano Graciela, recuerdo. Eran las suyas manos de sirvienta, empero las noté cálidas y suaves. Me miró a los ojos y había en el brillo de sus pupilas un acento de deseo y otra pizca de súplica.

—Vamos —dijo dulcemente.

Subimos otro piso, y luego las escaleras que conducían a mi tabuco sin despegar nuestras manos que ya iban acariciándose. Entramos en mi humilde habitación y yo, con mucho cuidado para que no hubiese alborotos en aquella madrugada de luto, cerré la puerta.

Esto saqué de todo aquel asunto del tránsito de doña María: perdí once noches entre el fervor y el delirio, y a la edad de veinticinco años perdí la inocencia. Aún hoy me parece irreverente que mientras el cadáver de doña María Manrique se enfriaba en su lecho mortuorio, Graciela y yo renovásemos la eterna promesa de buscarse hombre a mujer y hembra a varón por la sola gana de triunfar en este mundo sobre la muerte. No sé si Dios me habrá perdonado, pero tanto y tanto recé durante aquellos días que a veces pienso: vayan las oraciones por el pecado.

\*    \*    \*    \*

Por fin el ecónomo del colegio catedralicio ha enviado mi paga de este año: un buen monto de maravedíes que aliviarán la crudeza del invierno, las penurias del cuerpo y las fatigas de ánimo que siempre se cuelan por el mismo portalón: la pobreza. Habrá caldo caliente tres veces al día, y leña para la chimenea y los braseros, y al fin podrá mi esposa doña Ana llenar la despensa con algo más que fruta, verdura y algún costillar ensalado, y los sirvientes Julio y Miguel pondrán mejor gana y diligencia en sus faenas porque ya tintinea en sus bolsillos el modesto estipendio que les teníamos prometido. Mucho es poco para quien nada tiene; mucho son para Julio y Miguel esas monedas y mucho para nosotros el sueldo anual. Se lo advirtió el licenciado Carvajal a doña Ana: junto a un hombre de letras vivirás con honor y austeramente. Ella eligió ambas cosas por el cariño que me tenía, y yo aún se lo agradezco. Fueron tiempos difíciles, recuerdo. Vivimos nuestro primer enamoramiento en una clandestinidad casi perversa que nos hacía sentir culpa, como si el amor fuese un pecado y el mutuo deseo de abrazarnos y nunca separarnos una falta imperdonable en aquella Granada de orgullosos señores, altos dignatarios y gente muy despierta que iba ascendiendo en consideración y fortuna apegada a quienes servían con lealtad y, sobre todo, con inteligencia. Yo acababa de recibir el título de bachiller en letras. Un tribunal en el que estuvieron presentes el arzobispo don Pedro Guerrero, el conde de Tendilla, el presidente de la Chancillería y muchos otros caballeros, me concedió el grado después de departir con ellos, por espacio de dos horas, sobre los escritos del Marqués de Santillana, de Enrique de Villena y Juan de Mena, y de examinar mis conocimientos acerca de las gramáticas latinas, tenidas por concluyentes, de Pedro Mártir de Anglería y Elio Antonio de Nebrija, ambos protegidos de la influyente Beatriz Galindo, consejera y amiga íntima que fue de la reina Isabel de Castilla. Finalizado el acto, recibí los parabienes de tan altos señores, muchas palmotadas en la espalda y alguna chanza ingeniosa sobre el tema de siempre: mi negrura y mi saber, agua y aceite, carbón y saya de lino. Todos sonreían, me felicitaban, mas nunca me llamé a engaño: el entusiasmo, las alabanzas y congratulaciones que recibía eran bien a las claras una reverencia a mi señor don Gonzalo, duque de Sessa, nieto de doña María Manrique y del Gran Capitán, hombre influyente y poderoso que había tenido la perspicacia de tomar a su servicio, como esclavo de lujo mas esclavo a fin de cuentas, a un hombre de mis cualidades. No eran mis esfuerzos los premiados, sino la inteligencia del duque; no mi instrucción, sino su magnanimidad al haberme permitido alcanzarla; no, en suma, lo que yo supiese o dejara de saber, sino el talento del duque para juzgar a las personas y discernir hasta dónde podían llegar y cuánto podían dar de sí. Siempre lo supe y lo tuve bien presente, y ese mismo día reafirmé mis propósitos (aprendidos desde los tiempos de Baena), de seguir actuando con cautela, con una discreción absoluta, medrando legítimamente al amparo de los Córdova porque un hombre como yo no dispone de más armas en este mundo que su constancia y la mucha o poca ciencia que Dios le de a entender. Continuaría siendo un esclavo obediente, sumiso, dúctil a la voluntad de mis amos como pan de oro manejado por un experto orfebre. No buscaría, como otros, ocasión rápida de enriquecerme. Aquellos no eran tiempos para que un bachiller libre o esclavo, blanco o negro, persiguiese la fortuna en alocadas empresas. Por otra parte, es común a las personas sensatas no azuzar en su corazón ambiciones que sobrepasen sus posibilidades, y las mías no eran muchas. Si hubiese sido yo hombre de armas, o comerciante, o me hubiese dedicado a los asuntos siempre vagarosos e inestables de la política, quizás otro hubiera sido el horizonte de mi vida. Mas no era el caso. Me instalaría en una confortable *aura mediócritas;* entre la nobleza y las familias acomodadas buscaría alumnos para impartir clases de latín y gramática, llenaría poco a poco mi bolsa con monedas ganadas a base de mi esfuerzo y continuaría sirviendo a los Fernández de Córdova con lealtad, de buena fe y, si era preciso, vertiendo en sus oídos todas las adulaciones necesarias y todos los consejos que me pidieran, procurando, eso sí, que mis palabras coincidiesen más o menos con lo que ellos habían pensado de antemano, para ensalzar de esta manera no sólo su propia estima sino la sagacidad de mi criterio.

El amor que surgió entre doña Ana de Carvajal y mi persona hizo que estos planes se alteraran, aunque no llegó a desbaratarlos. Tuve que emplear todo mi ingenio para salir airoso y beneficiado de la situación, y a veces dudé de que todo acabara felizmente, aunque Dios puso de su parte y merced a su misericordia hoy soy hombre libre. Soy pobre, es cierto, y viejo, y muy negro en una ciudad que cada día se extraña más de mí. Pero soy libre y aún amo, y ese es el mayor bien que podemos alcanzar en este mundo, según creo. Al menos nadie me ha convencido de lo contrario.

\* \* \* \*

Don Gonzalo habló con algunos de sus amigos y protegidos y muy pronto tuve media docena de alumnos a los que iniciar en las reglas elementales del latín. Fue en ese tiempo cuando la gente, en Granada, empezó a llamarme Juan Latino, sobrenombre que desdecía un poco irónicamente el de Juan de Sessa pero que en el fondo no me desagradaba. Por el estudio del latín fui bachiller, hombre libre y más tarde catedrático, de manera que el título de Juan Latino se ajustaba a mi persona igual que el barro virgen al molde del alfarero. Recibí autorización para salir cada tarde del palacio de los Córdova e ir a mis clases, las cuales impartía en el domicilio de los alumnos. Resultaron casi todos ellos jóvenes bien predispuestos para el estudio, con verdadera vocación de aprender y casi siempre desalentados por la idea de que, en poco tiempo, los negocios y obligaciones familiares los apartarían de los libros para consagrar sus vidas a empresas de más oropel y, de seguro, más provecho. Me daba la impresión de que exprimían aquella última oportunidad de instruirse con la avidez del sediento que encuentra un humilde pozo antes de cruzar arenales infinitos. Fueron, al cabo, buenos aprendices, y me hicieron ganar un buen dinero durante los años que dediqué a la enseñanza particular, antes de que el colegio catedralicio me nombrase profesor de latín y gramática.

Algunas tardes, si terminaba pronto con las clases o algún alumno estaba enfermo u otra contingencia les impedía recibirme, pasaba por la mansión de los Granada Venegas, o por la Cuadra Dorada, donde se reunían poetas muy significados de la época y donde fui acogido cortésmente. Fue allí, durante aquellas asambleas y tertulias poéticas, donde buenos amigos como Bermúdez de Pedraza, Salazar, Pedro Martínez de Ardilla, Baraona de Soto o Jacinto Delavalle (quien más adelante sería capellán de la iglesia del Salvador), me animaron a escribir mis primeras composiciones en metro neolatino. Tardé algunos meses en atreverme a leer sencillos epigramas ante aquellos poetas a quienes yo consideraba de más sólida formación y con mucho más talento, pero no debí hacerlo mal porque continuaron dándome ánimos e incluso solicitaban con frecuencia que les leyese mis últimos poemas, aunque no estuvieran del todo concluidos. El ambiente era amable, de una elegante distensión, y por allí pasaban, aparte de los mencionados, maestros como Salazar, Gregorio Silvestre, Pedro Padilla, Hernando de Acuña y, cuando visitaba Granada, Diego Hurtado de Mendoza. También conocí a León Roque de Santiago, pero eso son otros cantares.

Fueron hermosos años. Aunque a decir de hombres muy sabios todo tiempo pasado nos parece mejor, yo juraría que en verdad aquel tiempo fue mejor. Un rebullir de ideas e inquietudes filantrópicas nos convirtieron en cómplices animosos del nuevo ideal de belleza y ética humanista que infiltraba los poros de la tierra cristiana. El César Carlos había abandonado Granada, pero el espíritu de su proyecto para la ciudad continuaba animándonos. Creíamos en el imperio como forma de implantar bondadosamente el Reino de Dios en la tierra. Nuestros enemigos de fe, sobre todo musulmanes y luteranos, nos parecían almas desdichadas en pleno desvarío a quienes de una forma u otra había que salvar. Contra el turco bastaban la fe y la potencia de las armas del imperio, eso era evidente; contra los seguidores de Lutero, recién escindidos del sitial romano de la Iglesia, oponíamos la fuerza de nuestra palabra y cierto candor de ideas expresadas siempre en resonante latín. El convencimiento de que pensadores como Desiderio Erasmo de Rotterdam, Juan y Alonso de Valdés, Andrés Laguna y Juan Luis Vives no podían estar equivocados de ninguna de las maneras (entre otros motivos porque sus obras fueron escritas desde un lato amor al prójimo), confirmaban nuestra certeza en el triunfo inapelable de la auténtica fe cristiana; y aparejado a ella, como un reflejo de claras imágenes en el agua transparente de la verdad, la preeminencia estética de la poesía neolatina. Hijos cristianos de padres laicos nos considerábamos, y ese era nuestro orgullo. Desenvolviéndonos con soltura en el terreno libre, cómodo de la elegía, estudiábamos a Virgilio y Propercio para acabar en el suave llano del catolicismo impregnado de misericordia hacia nuestros semejantes. Fue Desiderio Erasmo quien marcó primero estos caminos, y el César Carlos, desde su providencial clarividencia, comprendió en seguida el alcance, significado e intención de las nuevas ideas. Protegió al de Rotterdam contra sus enemigos (que también los tenía, sobre todo en las órdenes monásticas), y llegó a convertirlo en el teólogo más influyente del siglo. Su diatriba contra Lutero, *De libero arbitrio*, se convirtió en libro de veneración para cuantos anhelábamos consolidar aquel nuevo paradigma, un cristianismo interior donde predominaban las virtudes de la sencillez, humildad, caridad, amor y, en definitiva, la vuelta al espíritu evangélico. Erasmo resumía su pensamiento en una frase que aún me impresiona: *cum elegantia litterarum pietatis christianae sinceritatem copulare*. Era la esencia que buscábamos, el fondo de toda verdad, la íntima vinculación entre la fe y la poesía. Ni que decir tiene que yo, por mis especiales circunstancias, quise creer y de hecho creí desde el primer momento en la filosofía de aquel hombre discreto, ejemplo y asombro de su época, que predicaba la igualdad de los seres humanos, la misericordia, la unión fraterna en el cuerpo místico y el cultivo riguroso de las cualidades del alma frente a la pudrición del mundo, sus vanidades e injusticias. Lástima que Desiderio Erasmo nunca visitase nuestra tierra, que incluso se negara a hacerlo tras pronunciar aquella triste sentencia de «Non plácet Hispania». Según he sabido luego (pues con el paso del tiempo llega uno a explicarse muchas cosas), aquel recelo de Erasmo provenía de su amistad con otro hombre admirable, Juan Luis Vives, judío converso que sin duda informó al de Rotterdam sobre la intransigencia con que de los muros de España hacia adentro se trataba a muchos hijos de Dios. El padre de Juan Luis Vives terminó en la hoguera, y el cadáver de su madre, fallecida durante la epidemia de peste que asoló Valencia en 1508, fue desenterrado y entregado a las llamas muchos años después. Los bienes de la familia fueron incautados y tres de sus hermanas se vieron condenadas a vivir en la más penosa miseria. Actos tan siniestros determinaron, con casi absoluta seguridad, que Juan Luis Vives decidiese abandonar España. Estudió en la Sorbona y posteriormente se trasladó a Flandes, donde conoció y estableció gran amiganza con Erasmo. Seguro que hablarían de muchas cosas, de Dios y de los hombres, del poder y sus arbitrios, del alma y sus potencias y virtudes. Seguro que el de Rotterdam comprobó que Juan Luis Vives, a pesar de todos sus padecimientos, era un converso sincero, pues nunca dejó de preconizar el amor entre los hombres, la concordia y la pacificación, maravillándose, como de-

cía en una carta enviada al arzobispo Manrique, de que
«sea tan ancha la permisión dada al juez, que no carece
de pasiones humanas, o al acusador, a quien hartas veces
impelen la calumnia, el odio encubierto, la esperanza in-
confesable o alguna otra inclinación aviesa». Su cristianismo fraternalista no admitía que Dios pudiese entender de
linajes hasta el punto de discriminar a unos de otros, y por
eso nunca regresó a España.

Fueron buenos tiempos, sí, así los recuerdo hoy.
Éramos muy jóvenes y aún muy inocentes. Contemplába-
mos el mundo desde la sola perspectiva de los grandes
ideales y todo nos parecía evocador, magnífico, colmado
de nobles esperanzas. Aún no habíamos aprendido que
el mundo está lleno de buenas ideas, pero no las suficien-
tes como para que los hombres vivan en paz; lleno está
de religiones, pero no bastan para que los hombres se
amen; lleno está de virtuosos, pero el mal campa a sus
anchas en esta tierra que una vez quiso ser de Dios y que,
para su desdicha, sigue y seguirá siendo de los hombres.
Los torpes hombres.

\* \* \* \*

El licenciado Carvajal era hombre moderado en sus
ambiciones. Minucioso, activo, eficiente en su trabajo de
administrador de los Fernández de Córdova, actuaba desde un silencio laborioso, sin alharacas ni fatuidades, sin
darse importancia. Sabía que un oficio como el suyo, don-

de cuentan más la lealtad y rectitud que la algazara de sonados éxitos, precisa de extrema cautela y discreción, sobre todo si se quiere ir ascendiendo y ganar fortuna al cobijo de los poderosos. Un hombre que maneja los números de otro debe ser callado por inclinación, mencionar las cifras en voz baja y no echar campanas al vuelo si cuadra un buen negocio ni agitarse enfurecido cuando soplan vientos de malaventura: es la forma de ganarse la confianza ajena y de prosperar en el cargo. Suplía su ponderación en lo concerniente al servicio de los Córdova con cierta tendencia a exagerar, al despropósito incluso, en cuanto afectaba a los asuntos de la política, la fe y el buen gobierno de la cívitas; aunque, naturalmente, nunca expresaba sus ideas radicales ante don Gonzalo. Despotricaba contra moriscos, judíos, buricandios y holgazanes, siempre puertas adentro de su despacho, cuando nadie podía oírlo salvo Gracián el meritorio, los escribientes o yo mismo. Para él todos los conversos eran unos traidores, de facto o en potencia, que debían acabar en la hoguera... y si por él hubiese sido, los Católicos Reyes habrían calcinado Granada y sembrado sus campos de sal para no dejar huella ni vida en el que fuese, según sus palabras, «anidadero infecto de la peor canalla que los siglos contemplaron». Por tal causa, cuando se enteró de que el noble don Hernando de Válor, converso descendiente de los últimos reyes nazaríes, apetecía relaciones con su hija doña Ana, le entró el morbo de la zozobra, que es un mareo angustioso en cuyo fondo de hiel se debaten y luchan intereses contra principios. Taciturno, inusualmente callado, rumiaba en su cabeza los pros y los contras de aquella inclinación del noble morisco respecto a su heredera. Por un lado, y ya se dijo, abominaba de los conversos y muy poco se fia-

114

ba de ellos aunque llevasen nombre cristiano y hubieran recibido bautismo de las mismísimas manos de un cardenal; por otro, don Hernando de Válor pertenecía a la nobleza, contaba con el favor de los gobernantes del viejo reino y sus posesiones eran considerables en el valle de Lecrín, Archidona, la costa y las Alpujarras... un patrimonio en absoluto desdeñable que unido al de Carvajal, mucho más modesto, convertiría a su familia en una de las más ricas e influyentes de Granada.

Nada dijo, y mucho menos el licenciado durante al menos cuatro semanas. Pensó y repensó en el negocio hasta llegar al límite de extenuación en las ideas, una calleja sin salida en la que sólo quedaba, como último remedio, pedir consejo a alguien capacitado para darlo. Eso hizo Carvajal, al fin siempre prudente. Pidió audiencia al arzobispo y pocos días después fue recibido por don Pedro Guerrero. Pasaron la tarde juntos el dignatario de la Iglesia y el administrador de los Córdova, tomaron dulces de anís, limonada con canela y un aguachirle italiano llamado *tassodiluna* que había puesto de moda la señora Marietta Spínola, casada con un banquero genovés asentado en plaza desde hacía varios lustros. Dos consejos se llevó de la tertulia el licenciado Carvajal. El primero, que se dejase de dengues y escrúpulos de conciencia, que arrojase por la borda como lastre inútil sus prejuicios desfasados y aceptara, si llegaba la ocasión, a don Hernando de Válor como legítimo yerno. «Dios no mira el linaje, ni la color de sus hijos», dijo don Pedro Guerrero, «sino el fondo de su alma, la raíz de sus sentimientos y el temple de su fe». El segundo consejo tuvo que ver conmigo, pues propuso el arzobispo que a fin de abrillantar el espíritu ya de por sí acrisolado de doña Ana, haciéndola más merecedora aún del afecto de persona tan relevante como don Hernando, fuese instruida en las artes del latín, la gramática y la música por algún perito en dichas materias. El arzobispo, que ante todo era hombre práctico, sugirió a Carvajal que yo mismo, Juan Latino, esclavo de sus señores y conocido en la ciudad por el esmero con que trataba a mis alumnos y el buen aprovechamiento que ellos obtenían, me ocupase del encargo. A Carvajal le pareció muy bien la iniciativa. Tengo para mí que, como último argumento, pensó que se ahorraría algunos maravedíes si yo aceptaba ser preceptor de su hija, pues a fin de cuentas servíamos a los mismos amos, bajo el mismo techo, y de la confianza suelen sacarse buenos tratos. Regresó Carvajal al palacio de los Córdova, habló con don Gonzalo, expuso su conversación con el arzobispo (sólo en lo concerniente a la educación de doña Ana, ya habría tiempo de informar sobre los planes de boda), y entre los dos decidieron que las cosas se harían tal y como deseaba don Pedro Guerrero. No me consultaron ni falta que les hacía. Yo era un esclavo y decidieron por mí. Y por mí y por ellos empezaron las discordias... aunque litigios de amor son rosas de tallo espino, pero rosas son.

*   *   *   *

Al poco tiempo de haber empezado con las clases, ya hablábamos doña Ana y yo de cuestiones que poco o nada tenían que ver con el latín y la gramática; quizás, eso sí, con cierta casuística moral que a ella le preocupaba. Fue de esta manera que empezamos a conversar sobre el amor.

—Maestro Juan Latino, ¿Crees que una joven debe obedecer siempre a su padre, siempre, hasta el punto de casarse con un hombre al que no ama?

Donde hubo cabellos claros, radiantes de inocencia, hoy peina mi esposa dulces canas. Su tez pálida y suave como un campo de azucenas mecido por alegres sueños, está ahora surcada por arrugas venerables que le confieren aspecto de dama cuya hermosura ha escapado humildemente hacia el cristal de su espíritu. Y sus ojos, siempre sus ojos negros, vivos de amor, de deseo por la vida y transparentes anhelos, continúan mirándome con idéntica gentileza y ansiedad en el desvelamiento. Mas recuerdo ahora a aquella niña colmada de sencillez, exquisita de ademanes y bella como una sonrisa de aguas ocultas que me observaba sobrecogida, desde una inmensa curiosidad ante mi rotunda negrez, aturdida por mis saberes y el ritmo animoso de mi voz y el deleite con que le hablaba. Aturdida la recuerdo, cautiva de embeleso y confusión, cuando una tarde, mostrándole la forma de tañer una pieza musical en la vihuela, me puse a sus espaldas y mientras ella dejaba que sus dedos resbalasen por el cordado, sin fuerza ni ánimo para seguir musicando, hundí mi rostro en su nuca y aspiré devotamente el aroma de sus cabellos. Permanecimos así largos instantes, temblorosos ambos de apetencia, de un amor que esperaba a ser nombrado para estallar con la fuerza incontenible de las pasiones. Empezó a anochecer y manteníamos la misma postura, silenciosos, en una muda complicidad que nos hizo comprender lo que ya sabíamos: el tiempo pasado había dejado de sernos incógnito, ya no existía con el uno sin el otro, y el futuro aguardaba y en él estábamos los dos, unidos. Deslicé mi mano por su espalda y dejé que reposase en la sedosa, íntima calidez del bolsillo de su vestido. Recibió la caricia estremeciéndose, y no dejó que la mantuviese más que unos momentos eternizados por la urgencia insegura del amor. Se volvió hacia mí y dijo:

—Es la hora, maestro Juan. Debo marcharme.

Al día siguiente traía la misma vestimenta, pero había hecho que una de sus azafatas cosiera los bolsillos de la prenda. Me miró con tanta ternura que comprendí sin más esfuerzo: los bolsillos estaban cosidos para ella, no por mi causa sino por la suya. No quería desanimarme en el deseo sino contener el propio hasta que al fin y de manera explícita acordásemos lo que de todas formas era sabido entre los dos como un secreto al que no se puede renunciar: ya nos amábamos.

Nunca había salido de la mansión de los Carvajal mas que para ir a la iglesia, siempre en compañía de dueñas y criadas. Las primeras letras se las enseñó un aya vieja que antes de morir quiso hacer la caridad de instruirla; aparte de eso, sabía del mundo tanto como un ciervo que huye entre la nieve dejando tras de sí aliento furtivo y la huella primorosa de sus pisadas. Con astucia, lo reconozco, con mucha astucia, la sonsaqué hasta enterarme de que el compromiso con don Hernando de Válor no era aún firme, que el ilustre converso se encontraba en Archidona, resolviendo negocios que iban a retenerlo varios meses por aquellas tierras, y que el asunto matrimonial lo trataría a su vuelta con el licenciado y administrador de los Córdova. Sonsaqué con astucia hasta enterarme de que, en efecto, ella conocía a su futuro prometido; le parecía un hombre apuesto aunque demasiado entrado en años y de carácter hosco, melancólico, muy soberbio y siempre ocupado en cuestiones que ella no comprendía y que, con toda seguridad, nunca llegaría a comprender.

—Temo convertirme en viuda joven, maestro Juan —me confesó una tarde en la que apenas habíamos hablado de latín aunque sí mucho de las enrevesaduras del amor—. Y temo, sobre todo, ser una hermosa nada al lado de ese hombre célebre con quien mi padre y hermanos quieren casarme.

Yo no quería que ella repudiase a don Hernando por las posibles desventajas de su unión con él, sino que me amara. Que amara a Juan de Sessa, a Juan Latino, a Juan el negro... igual que el pobre maestro enamorado la amaba a ella. Deseaba con todas mis fuerzas que prefiriese la oscura música del latín y la seducción de la poesía, el alborozo interior de una palabra, al complejo laberinto de intereses, alianzas, estrategias militares, tácticas de diplomacia y negocios públicos y privados que eran base y armazón de la vida nobilaria y, en consecuencia, de la existencia de don Hernando. Anhelaba que ella, por propia voluntad y convencimiento, cambiase el brillo de los caudales y la arrogancia del poder por la dicha íntima del conocimiento, el pausado regocijo de conversar a una sola voz con los clásicos latinos y los poetas insignes que iluminaron el mundo con súbitas intuiciones sobre el bien, la belleza y el amor. Ese gozo no podía comprarse con todo el dinero de la tierra, ni conquistarlo ejércitos ni mandarlo brotar o extinguirse monarcas y emperadores. Esa ventura recóndita, interior, sin forma ni territorio al igual que el paraíso, era el más sólido refugio que hombre alguno pudiese construir sobre los cimientos del corazón. Lujo de poetas, sí. Lujo de un esclavo que leyendo a Sículo o escri-

119

biendo epigramas se sentía tan libre como un animal de monte, de los que hozan al sol y beben agua de los ríos y duermen en cálidas guaridas y comen cuando les apetece y, por ensalmo de poesía, dan gracias a Dios por haberlos hechos libres e indomables. Quería yo despertar en doña Ana esa inquietud por las formas de lo bello, esas ansias de albedrío y aquel afecto callado por el cuido minucioso de las prendas del espíritu. Y por eso, al día siguiente, temblando de emoción y con un punto de vergüenza haciéndome arder el rostro (y son ventajas de negro el que estas debilidades apenas se distingan), interrogué a doña Ana con astucia, lo admito: con mucha astucia.

—Sabe, querida Ana —(habíamos olvidado los tratamientos, nos hablábamos de igual a igual, como dos buenos amigos)—, que siendo el futuro matrimonio con don Hernando de tanto provecho para ti y para tu familia, por nada del mundo debes considerar romper el acuerdo al que llegaron tu padre y hermanos. Por nada del mundo, te digo, has de hacerlo... salvo un único caso... uno sólo que, de por sí, constituiría argumento suficiente para obrar a la contra.

Doña Ana tomó mis palabras como tabla salvadora en el pequeño naufragio de sus sentimientos.

—¿A qué te refieres?

—A ese único caso —contesté yo con medida suficiencia.

—Ya te he oído... oh, vamos: no pongas más misterio en esta tela de araña, que el embrollo en el que me encuentro ya es bastante grande.

Tomé asiento frente a ella. Después de mirarla y de comprobar que un revuelo de tímida congoja humedecía el azabache de sus ojos, propuse con impostando aplomo:

—Tan sólo... escúchame bien... en el caso de que otra persona... quiero decir, otro hombre, hubiese conquistado tu corazón... tan sólo bajo esa circunstancia, sería no solamente legítimo, sino honesto, romper los acuerdos previos al compromiso.

Doña Ana guardó silencio durante segundos que me parecieron largos y turbadores como misa de réquiem. Arropada en las ambarinas argucias del atardecer, reflexiva y serena, sus cabellos relucían como hebras que naciesen ya prendidas al albur de una pizca de tiempo vagaroso, una incógnita irremediable, un susurro del destino en mi ánimo desbordado por el temor y la esperanza.

—Me preguntas si amo a otro —dijo finalmente, con un laconismo propio del buen sentido que acostumbra a asistir a las mujeres en momentos similares al que hoy, después de tantos años, recuerdo con nostalgia y sin ninguna tristeza.

—No exactamente —respondí—. Sólo afirmo que si amaras a otro, iría en contra de la honestidad, y creo que de la ley de Dios, que matrimoniases con don Hernando. No deben la mujer ni el hombre fingir en sus sentimientos, mucho menos hacer que otro conciba ideas falsas acerca de los mismos. Quien se cree amado sin en realidad serlo, acaba por convertirse en parodia de amante, como esos actores bufos que suben al escenario y se pavonean y alardean de honores peregrinos y méritos fantásticos y son motivo de risa y, a menudo, del escarnio del público. De esta forma, la mujer que no ama puede respetar a su marido, serle fiel y vivir cristianamente a su lado. Pero si amase a otro... ah, entonces estaría engañándolo cada hora y cada minuto desde el fondo de su corazón, y eso, querida Ana...

121

—Definitivamente —me interrumpió—, quieres saber si amo a otro.

—Así es —no tuve más remedio que contestar.

—¿Y cómo se reconoce el amor? ¿Cómo puedo yo saber si estoy enamorada?

Me pareció que jugaba conmigo, que en realidad conocía el alcance de cada una de sus preguntas y que intentaba, por así decirlo, dar la vuelta a mi método de argumentación. Tuve que mostrarme ágil en la respuesta, dejarla sin salida y forzar sus palabras, aquellas palabras que tanto ansiaba escuchar.

—A eso no puedo responderte. Intentar describir el amor a quien no ama es lo mismo que esforzarse por enseñar a un ciego cómo son los colores de la tierra, del mar o del arcoiris.

—Entonces, sólo sabes que amas cuando estás amando.

—En efecto.

Doña Ana de Carvajal se puso en pie. Yo hice lo mismo. Nos miramos con fijeza, una intensidad que en otras circunstancias nos hubiese perturbado. Pero mantuvimos la caricia con que nuestros ojos, los suyos y los míos, ya unidos para siempre, regalaban a nuestro recién nacido amor... y ya está dicho: nuestro deseo.

—Yo sólo sé, Juan, que desde que nos conocemos no hago otra cosa que pensar en ti. Pienso en ti al despertar cada mañana y eres la última imagen que vaga por mi cabeza antes de quedarme dormida. Y no es sólo tu persona.

Hasta ahí quise llevarla. Un esclavo no puede declarar amor a la hija de un alto empleado de su amo. El mundo tiene su sentido, bueno o malo, su buen o mal orden, y el orden de las cosas me impedía dar un paso más allá sin que ella lo deseara con más viveza que yo.

—No es sólo tu persona —continuó—. Son tus palabras, tu voz, tu forma de hablar, la manera de expresar tus pensamientos... apenas he salido de casa, bien lo sabes, y a excepción del aya que me enseñó a leer siempre me han rodeado sirvientes zafios, amas ignorantes, personas incultas... y un padre y unos hermanos que sólo atienden a los negocios de la familia y que me tratan como si fuese una niña pequeña, sin voluntad ni razón. Tú, por el contrario, me descubres cada día la hermosura del mundo, y tus palabras evocan en mí una realidad tan distinta a la que conocía, y tan apetecible de ser vivida, que no puedo alejar de mí esa sugerencia. Dime: ¿eso es amar?

—Pregunta a tu corazón —respondí estremecido.

—Lo hago, maestro Juan. Dios sabe que lo hago. Mas no escucho palabras claras que yo pueda entender. A veces me veo como una polilla revolando en torno de tu luz; en otras ocasiones pienso en el futuro y si no estamos en él juntos, lo aborrezco.

—Pregunta —insistí—. Mírame y pregunta a tu corazón.

No tardó en llegarle la respuesta. Tengo por seguro que la sabía y que había estado entreteniéndome con sus dudas premeditadas.

—Si lo digo ahora, nunca me echaré atrás, aunque nadie nos comprenda y tú y yo nos convirtamos en los seres más infelices del mundo.

—Eso no va a suceder —dije. Y en un acto irresponsable y cargado de vanidad, como suelen ser las promesas de enamorado, añadí—: tienes la palabra de Juan Latino.

Como si Juan Latino fuese un grande señor, un rico comerciante, un opulento banquero, un capitán de ejércitos invencibles. Di a doña Ana la palabra de un esclavo y ella la tomó como si llevase por aval las firmas de los cuatro monarcas de la gran Etiopía y la rúbrica del Ave Fénix.

—Es amor, Juan Latino.

Entonces, con una celeridad que entremezclaba las ansias de la espera con la renuncia ante las dificultades del futuro, doña Ana de Carvajal y yo, Juan el negro, nos abrazamos.

\*    \*    \*    \*

Disimulamos durante varios meses. En la habitación donde impartía clases a doña Ana leíamos poemas de los augústeos Cornelio Galo, Tibulo y Lígdamo, y epigramas de Sulpina coloridos por una intención amorosa plena de ingenio y delicadeza. Leíamos a media voz, yo entonando cada verso como si confesase íntimas emociones, y ella respondiendo en un bisbiseo de aceptación. Si alguien, criado o miembro de la familia, entraba en la estancia, alzaba yo el tono de mis palabras, y enfatizando como *magister* ante cien discípulos togados declamaba con rigor, solemnemente, seguro de que no entenderían una palabra de mi discurso y de que aquellos latines sonarían en los oídos del intruso con la apabullante ritualidad de una prédica de sacerdote en ceremonia muy sagrada. Reía después ella... siempre alegre la recuerdo... reía cómplice en la pequeña burla y continuábamos leyendo uno para el otro, obsequiándonos con nuestras voces enamoradas y con la ilusión del secreto compartido. Juvenal, Columela, las bucólicas de Calpurnio Sículo fueron entre otros los intérpretes de las palabras de amor que yo me cuidaba en decir y que ella deseaba escuchar. Y así pasó el tiempo hasta que empezaron a llegar noticias sobre el inminente regreso de don Hernando de Válor. Una mañana, con cierta pesadumbre y excitada por las nuevas que como casi siempre había escuchado en boca de criados y mandaderos, doña Ana me propuso con urgencia:

—Tenemos que hacer algo, Juan. Es el momento de enfrentarnos al porvenir que temíamos.

Era cierto. Ese futuro era el hoy y nos exigía actuar.

—No volveremos a vernos hasta las próximas lecciones de música, dentro de cuatro días —dije a doña Ana—. Concédeme ese tiempo para reflexionar.

No necesité dos días sino una noche de insomnio para decidir cual era la mejor forma de proceder, la más sensata, cómo y de qué manera doña Ana y yo obtendríamos licencia para casarnos. Por una parte, resultaba imposible que yo pidiese tal favor a don Gonzalo. Me habría respondido, no sin razón, que un esclavo no puede contraer nupcias con mujer libre, mucho menos tratándose de la hija del licenciado Carvajal, hombre de fortuna que, para más abundamiento, tenía casi apalabrado el matrimonio de doña Ana. Eso sin hacer referencia a mi negritud, que si bien era aceptada por todo el mundo en atención a la alcurnia de mi dueño, resultaba obstáculo insalvable a la hora de matrimoniar con una hembra blanca, bella, de acomodada posición y buena cristiana. De otro lado, pedir a Carvajal la mano de su hija habría sido como entrar de noche en huerto ajeno y guardado por perros furiosos. Carvajal me despediría sin contemplaciones e inmediatamente iría a quejarse a don Gonzalo por mi atrevimiento y, lo que era más grave, por interponerme en sus planes respecto al compromiso con don Hernando. Estaba, pues, en una bifurcación de caminos, ninguno de los cuales llevaba a sitio alguno. Pero no aprendí yo desde bien joven las artes de la cautela, y fui holgadamente instruido por aquel desdichado clérigo, García Biedma, en la forma de actuar de los hombres poderosos, para dejarme vencer ante dificultades que a otro en mi lugar le hubiesen parecido insuperables. Fue noche de no cerrar los ojos, de pensar y repensar, y ya de amanecida, exhausto por tanta cavilación (y porque me dolían los huesos de dar vueltas en la cama), acordé conmigo mismo la táctica a seguir. No me pareció descabellada aunque sí próxima al riesgo. Mas no había otra solución: aquello o perder para siempre a doña Ana. No, no había otra solución.

Días más tarde calmé las inquietudes de doña Ana de Carvajal, a quien su padre ya había comunicado que en el término de dos semanas formalizaría su compromiso con don Hernando de Válor.

—Ten confianza en mí —le dije.

—Confío. Siempre confiaré si me prometes que nunca nos separaremos.

—Has de hacer cuanto te diga, aunque resulte doloroso y, de su consecuencia, tu padre y hermanos se disgusten durante una larga temporada.

—Estoy dispuesta desde hace mucho, Juan. Cuando ellos lo sepan... cuando sepan que te amo y que tú me amas, será una especie de fin del mundo. Tengo hecha la idea desde que nos conocemos, de modo que cuanto antes demos ese paso, mejor para todos.

—Esto es lo que espero de ti —dije—: hoy mismo, en cuanto acabe la hora de la lección, ve al despacho de tu padre y cuéntale toda la verdad. Hazlo como si fuese cosa tuya, como si yo no estuviera enterado de la iniciativa. Quizás te parezca un signo de debilidad, como si quisiera yo escurrir el bulto...

—Continúa —me interrumpió —. He prometido confiar en ti.

—No hay otra salida, Ana, tenlo por seguro. Mientras hablas con tu padre, yo haré lo propio con don Gonzalo. Si ambos reaccionan como pienso, todo acabará según tú y yo queremos.

—Estaremos juntos para siempre —pidió ella.

—Para siempre, siendo yo hombre libre, casados y con todas las bendiciones de la Iglesia echadas sobre nuestras cabezas. Y ahora, por el amor que me tienes y que yo te tengo, toma recado de escribir que voy a dictarte una carta.

\* \* \* \*

—No era mi intención, señor, cómo había de serla. No era en absoluto mi intención —dije aquella tarde a don Gonzalo Fernández de Córdova, tercer duque de Sessa y quinto de Cabra, quien me observaba circunspecto, senta-

127

do tras su escritorio en la sala más noble del palacio. Vi en su semblante las señas inequívocas de una honda pugna entre la ecuanimidad y la ira, entre ser justo o arbitrario, entre dejarse llevar por la cólera o escucharme e intentar comprenderme. Al fin me dejó hablar, y bastó con eso. Los poderosos agradecen que se les otorgue el papel de jueces, y muy bien que lo interpretan aunque para ello tengan que oír con atención lo que otros deben contarles, cosa a la que, por cierto, no están acostumbrados.

—Nada más lejos de mi ánimo, señor mío, os lo juro, os doy mi palabra de honor, ese honor que es vuestro honor y que jamás me atrevería a invocar mendazmente de la misma forma que nunca me atrevería a engañaros, a trapacear o venir a vuestra presencia con pueriles excusas, alegatos falaces o turbias componendas. Es la verdad sencilla, don Gonzalo, mi señor, la verdad desnuda. Surgió el amor entre nosotros, entre doña Ana y yo, de la manera más natural, igual que fluyen las aguas por su cauce o se derrite la nieve bajo el sol de primavera. Doña Ana, que es una mujer tan virtuosa como cabe esperar, que nunca se ha permitido ni hubiese consentido la menor licencia respecto a su persona, y vos sabéis a lo que me refiero, me confesó hace unos meses que estaba enamorada de mí. Yo no tuve más alternativa, porque no sé mentir, que declarar mi correspondencia en esos sentimientos que no por inoportunos dejan de ser honestos. Sin embargo, y teniendo en cuenta la posición de ella y la mía, y el posible compromiso que pronto la unirá a don Hernando de Válor, le aconsejé extrema discreción. Acordamos no volver a hablar del espinoso tema, actuar como si nada hubiésemos dicho y nada revelado uno al otro, y sufrir en silencio y con resignación hasta que esa llama de enamoramiento se extinguiera con la misma espontaneidad con que había nacido. Mi buen señor: quizás la prudencia hubiese aconsejado que dejase de ver a doña Ana, buscando un sustituto para mis clases. Pero, ¿qué explicación habría dado a Carvajal y a vos mismo? ¿Qué pretexto hubiese aducido para dejar de cumplir con mis obligaciones magisteriales y con la palabra que di al licenciado? Ya os lo dije antes, señor, y vos debéis saberlo porque me conocéis desde que éramos niños: no sé mentir. Os habría explicado la situación con las mismas palabras que ahora escucháis. Preferí, pues, recurrir a la cautela, que aunque no está considerada como virtud católica debería serlo. Silencio y dejar que todo fuera olvidándose poco a poco, esa fue mi decisión. La creí sensata, y cierto es que durante los últimos tiempos ha dado buen resultado. Pero... ah, señor don Gonzalo, mi señor... ¿quién conoce lo que se oculta en el corazón de las mujeres? Débiles por naturaleza, inclinadas a la ensoñación, a magnificar los sentimientos mundanos y a recrearse con cierta morbosidad en el tormento de amores imposibles, reaccionan con maneras muy extrañas, impredecibles diría yo, tal como doña Ana, a quien Dios bendiga, ha reaccionado. No hace ni dos horas que una de sus criadas, una tal Gaspara que es vieja, gorda y medio calva, ha traído esta carta, escrita de puño y letra por su ama, que os leo seguidamente: «Querido maestro Juan Latino. No puedo soportarlo por más tiempo. Os juro mil veces que he intentado sofocar este amor que me consume y que camino lleva de perturbarme. Os amo, Juan. Os amo y no hay nada ni nadie en este mundo que pueda evitarlo. He tomado, pues, la única decisión acorde con los dictámenes de mi espíritu que os idolatra. En cuanto acabe de redactar esta misiva iré a entrevistarme con mi pa-

129

dre y le contaré toda la verdad, pidiéndole permiso para comprometerme con vos...».

—Qué insensatez —exclamó don Gonzalo.

Yo asentí.

—Siguen algunas frases de carácter muy íntimo. Os ruego me permitáis que las omita en atención al pudor, pues son palabras de mujer enamorada que ningún dato nuevo aportan al caso. Como podéis suponer, nada más recibir la carta he corrido hacia la mansión del licenciado con intenciones claras y firmes de evitar a toda costa que doña Ana cumpliese su propósito. Mas ya era tarde. En la misma puerta de la residencia, Gaspara, la criada de ruines cabellos y semblante zafio, me ha contado lo sucedido: se escuchó un gran alboroto, discusiones agrias, y de resultas de ello anda el licenciado despotricando de mí, al igual que sus dos hijos. Doña Ana llora en sus habitaciones.

Don Gonzalo enarcó las cejas tras fijar su mirada en mi persona. Distinguí aquel aura de altivez, de noble distanciamiento respecto a las insignificancias de la vida que era seña distintiva de los Fernández de Córdova. La misma expresión que aprendí a reconocer desde mi infancia en el semblante de don Luis Fernández de Córdova. Una mezcla de altanería, fastidio y compasión. Yo era su esclavo, por más que nos hubiésemos criado juntos y él me hubiese avalado ante la sociedad granadina para ejercer mi pericia en las letras. Esclavo era, sí, y Carvajal su empleado, y don Hernando, a la postre, un converso con poca autoridad y dueño de una fortuna no demasiado grande si se la comparaba con el ingente patrimonio de los Córdova. Personas menores y enredos menores, en eso pensaba, estoy convencido. Lo único que le preocupaba de todo aquel asunto era que su prestigio y buen nombre quedasen intactos.

—Qué más te ha contado la criada.

—Ya podéis imaginarlo, señor...

—No, no. Yo no imagino nada. Me interesan los hechos, no las suposiciones. Cuéntamelo todo y no te vayas por las ramas, Juan, que nos conocemos. Y no me digas que las palabras de la vieja criada son habladurías y chismes porque tú y yo sabemos que los sirvientes son los oídos de una casa, y saben más de lo que sucede de puertas para adentro que los muros de cualquier palacio. Habla pues y no omitas detalle.

—Se queja el licenciado —respondí con fingida aflicción—, de que un esclavo guineo vaya a interponerse en sus planes de casar a doña Ana con el de Válor. Dice que un hombre sin fortuna ni propiedades y que, por no tener, no tiene siquiera dominio sobre su propia persona, ha llevado la infelicidad a su casa; que no soy digno de desatar los chapines de su hija ni de respirar su mismo aire...

—Pero sí de instruirla en el latín, en el arte de tañer la vihuela y en las complicaciones de la gramática —dijo don Gonzalo con una rabia contenida que me hizo evocar los súbitos y arbitrarios enojos de la anciana doña María Manrique.

—Que comparado conmigo, don Hernando de Válor es un altísimo caballero, un hombre de honor, leal a sus amigos y fiel en el cumplimiento de sus obligaciones.

Don Gonzalo exclamó:

—Muy pronto ha olvidado Carvajal sus aprensiones y recelos para con los conversos, y muy pronto también tus méritos personales y, sobre todo, en qué casa sirves y quién es tu dueño y responde por tus actos.

131

Ya está el duque donde yo quería, pensé. Ya ceden las dificultades porque la voluntad de don Gonzalo hoy por hoy, en Granada, es un mandamiento tan de guardar como cualquiera de los que Nuestro Señor entregó a Moisés en las alturas de aquel monte sagrado que la Biblia recuerda con el nombre de Sinaí.

—Ve a descansar, Juan, pues te supongo muy abatido por el incidente. Mañana, bien temprano, en cuanto los sirvientes enciendan el fuego, vuelve a mi escritorio. Carvajal, tú y yo conversaremos sobre esta desavenencia.

Agradecí a don Gonzalo su interés y fui a mi habitación del último piso en un vuelo raudo de felices promesas. Esa noche dormí profundamente, con la placidez de un niño que nada sabe de las aflicciones del mundo, con la conciencia tranquila a pesar de las pequeñas mentiras y de la sucinta pero eficaz maquinación... como un niño, recuerdo, dormí aquella noche.

\* \* \* \*

Bramaba, maldecía, bufaba y se desesperaba el licenciado Carvajal a mi presencia, en la saleta que daba paso al escritorio de don Gonzalo y donde ambos esperábamos que nos recibiese.

—Cómo te has atrevido, guineo del demonio. Cómo se os ha podido pasar por la cabeza a la boba de mi hija y a ti que consentiría yo en este despropósito. Cuándo se ha

132

visto, Señor mi Dios, cuándo, que un esclavo negro ande en amoríos con una dama de decorosa posición, y encima comprometida, prácticamente comprometida en matrimonio con un noble de la talla de don Hernando de Válor. Qué tiempos estos, que estúpida, irresponsable juventud...

—Señor licenciado —intenté disculparme—, os ruego que tengáis en cuenta que los sentimientos de doña Ana y también los míos son absolutamente honestos...

—Palabras, excusas, memeces —gritó Carvajal—. ¿Quién habla de sentimientos? ¿Eso es todo cuanto puedes alegar? Sentimientos. Bonita justificación. Sentimientos. Yo hablo de honor, pedazo de cretino. Hablo de la palabra que di a un caballero de nobilísima ascendencia y que por tu culpa está a punto de incumplirse. ¿Cómo voy a darla en matrimonio sabiendo que ama a otro? A ti en concreto, Dios de los cielos. Sería tanto como vender lino por seda, y encima me colocarías en el lugar de una alcahueta. ¿No lo comprendes, necio?

Yo estaba sentado en un escabel de tres patas mientras Carvajal recorría la habitación de un extremo a otro, como fiera enjaulada, sin dejar de lamentarse.

—Qué mal he hecho yo, Dios de mi alma, qué delito he cometido, qué falta, qué pecado, para tener que pasar por esta vergüenza. Este oprobio. Qué voy a decir a don Hernando, qué pretexto inventaré... qué mentira, pues no quiero, ni por asomo, que se considere afrentado. Tendré que excusarme con alguna disculpa de fuerza mayor. Una súbita vocación religiosa por ejemplo. Ah, negro mal nacido, ingrato, no pienses ni por un momento que voy a consentir en que te lleves a mi hija. Ni aún estando loco accedería. En un convento, eso es... entrará en un convento de clausura y aquí paz y allá gloria. Mañana mismo hablaré con mi prima Fulgencia de Godina, que hace años tomó los hábitos en la orden de las Jerónimas. Eso haré, sí. El día en que don Hernando regrese a Granada ya estará mi hija bajo la tutela del cenobio. No hay nada que hacer, le diré. No se puede ir en contra de la voluntad de Dios, le diré. Ha sido algo imprevisto, convulso y fuera de todo control, como suele acontecer con las vocaciones repentinas. Pero tú... ah, maldito... tú no escaparás de ésta fácilmente. Pediré resarcimiento a tu amo. Me importa poco que seas bachiller y docto en latines y demás zarandajas, y menos aún que tengas amigos influyentes en esta ciudad. Exigiré un castigo adecuado a tu infracción. Castigo de esclavo, quiero decir, porque esclavo eres, Juan el negro. Ya te veo en la picota no menos de cinco días, con las espaldas desolladas a latigazos. Así te veo, pérfido, taimado, manipulador... eso eres: un hombre sin conciencia que no ha tenido reparos en engatusar a una niña ignorante y simple de criterio...

Por fortuna don Gonzalo interrumpió los delirios e insensateces de su administrador. Abrió la puerta del escritorio y nos invitó a pasar. Lo hizo primero el licenciado. Entró furioso y olvidando cualquier saludo, lo que era chocante en él, siempre atento a la presencia de don Gonzalo.

—Siéntate aquí Juan, a mi izquierda —dijo don Gonzalo con grave tono, aquella voz imperativa de los Fernández de Córdova que inspiraba el mayor de los respetos—. Vos, señor administrador, tomad asiento a mi derecha. Y ahora, con calma y mucho sosiego, contadme el pleito que os enfrenta desde ayer.

—Señor —dijo el licenciado— por ser la parte ofendida me considero con derecho a exponer la cuestión en primer lugar.

134

Don Gonzalo accedió con un movimiento de cabeza. Permanecía en pie, con las manos unidas tras la espalda, erguido el mentón, manteniendo la actitud de un juez supremo y con potestad para dictar sentencia inapelable cuando le viniese en gana. Perfecta actitud de poder era la suya, lo recuerdo. Intachable.

—Es el caso —continuó Carvajal—, que vuestro esclavo Juan, a quien algunos conocen por el ilustre apellido de Sessa, otros por Juan Latino y otros por Juan el negro, ha ganado el corazón de mi hija Ana valiéndose no sé de qué mañas, ardides o encantamientos propios de la gente de su raza. Os puedo asegurar que ella siempre ha sido obediente, sumisa y por completo respetuosa para con mis deseos; ergo, y ello no admite discusión, su conciencia se ha visto perturbada por las intromisiones de este individuo, para el cual os pido un escarmiento ejemplar. Por otra parte, reparad en que el matrimonio de mi hija con don Hernando de Válor era cuestión casi pactada. ¿En qué posición quedo yo ahora? ¿Qué disculpas no he pedir y qué humillaciones no habré de pasar ante tan digno caballero? Este negro ha causado la ruina moral y un quebranto económico considerable a mi familia. Por todo ello, con el mayor de los respetos pero también con la firmeza que asiste a un padre ultrajado, pido reparamiento.

—¿Habéis terminado, señor administrador? —preguntó don Gonzalo.

—Así es.

—Y tú, Juan: ¿qué tienes que decir al respecto?

—Muy poco, señor —respondí—. Tan sólo que si el espíritu humano estuviese hecho únicamente de razón y voluntad, no se producirían situaciones como la que hoy se discute. Pero quiso Dios, a mayor gloria suya, otorgarnos los sentimientos...

—De nuevo con esa murga —se quejó el licenciado.

—Dejadle hablar —ordenó don Gonzalo.

—Soy culpable de haber amado, es cierto —continué—. Vuestra hija y yo, Carvajal, somos culpables de amarnos. Ese es nuestro delito. Con él no hemos pecado contra la ley de Dios ni contra las leyes de los hombres. Si os sentís ofendido, os pido mil perdones, mas no veo qué puedo hacer para satisfaceros.

—Recibir cien bastonazos, negro desagradecido —clamó el licenciado.

—Callad ambos —dijo don Gonzalo. Obedecimos inmediatamente porque su voluntad era la única que contaba en aquella reunión, y su palabra la última que tendría potestad para resolver el litigio.

Don Gonzalo se dirigió a Carvajal en estos términos:

—Decidme, señor administrador: ¿A quién servís?

—A vos, desde luego —respondió el licenciado.

—También Juan me sirve, y ayer tarde se sinceró conmigo en todo cuanto concierne a este asunto. ¿Habéis hecho vos lo mismo, desde el primer día?

—No os comprendo, señor —dijo Carvajal, inquieto.

—No me consultásteis el proyecto de unión entre vuestra hija y don Hernando de Válor... lo que viene a ser igual: entre vuestra familia y la de ese converso con quien, por cierto, no guardo muy buenas relaciones.

—Don Pedro Guerrero, el arzobispo, me recomendó mucha prudencia —se excusó Carvajal.

—¿Servís entonces al arzobispo? —preguntó don Gonzalo.

—No.

—¿A quién servís? —insistió don Gonzalo con una altivez inquisitoria que hizo contestar sombríamente a Carvajal:

—A vos.

—En consecuencia, era vuestro deber informarme sobre aquellos planes de boda. De haberlo hecho, y de haber dado yo mi anuencia, no estaríamos ahora dilucidando esta cuestión, sino otra muy distinta: qué castigo dar a Juan de Sessa. Pero he aquí que me veo obligado a ser justo, y mi sentido de la justicia me dice que Juan ha sido cauto y sincero desde un principio, y vos no. Y el deber que tengo para con mis apellidos y para con toda mi familia favorece y dicta esta sentencia: desde hoy, Juan de Sessa, conocido en Granada como Juan Latino, tiene mi autorización, y espero que la vuestra, para cortejar a doña Ana con fines matrimoniales.

—Pero eso no puede ser —exclamó Carvajal, confuso, frotándose los ojos como si quisiera salir de un mal sueño.

—Puede ser y ha de ser —dijo don Gonzalo—. Escuchadme. Mi tío y abuelo, don Gonzalo Fernández de Córdova, Gran Capitán de las Españas, conquistó tantas tierras para los Católicos Reyes que un viajero infatigable tardaría muchos años en recorrerlas al galope del mejor alazán. Cuando el rey Fernando quiso pedirle cuentas sobre la administración del ejército y el reparto de los beneficios de la guerra, echó pie adelante y no cedió un palmo. Ni ante el rey cedió. Ese fue mi abuelo. Mi padre, su primo hermano, don Luis Fernández de Córdova, recorrió Andalucía en campañas contra la morisma rebelde, fue señor de Montilla, duque de Sessa y de Cabra, y participó

137

en la toma de Granada con cuatrocientos infantes y ciento veinte jinetes que estaban a su mando. El día en que Boabdil entregó a los Católicos Reyes las llaves de la ciudad, subió a la Alhambra en compañía del cardenal Mendoza, el conde de Tendilla y otros significados caballeros, quienes tremolaron los pendones reales y el estandarte con el signo de la cruz desde la torre de la Vela. Y nunca mi buen padre, durante toda su vida, recibió órdenes de nadie abajo de Isabel la de Castilla, Fernando el de Aragón y el César Carlos. De nadie más. Mi abuela doña María Manrique, que ya goza de la gloria eterna, ha sido la viuda más llorada de España, y mi madre, doña Elvira, a quien el Todopoderoso conserve muchos años, es la dama más venerada de todos los reinos cristianos, entre otros motivos porque antes que esposa de mi padre fue hija de don Gonzalo Fernández de Córdova. Aunque todo eso ya lo sabéis. Lo sabes tú, Juan de Sessa, y lo sabéis vos, licenciado Carvajal.

Miró al licenciado... con un mirar que habría sobrecogido al mismísimo demonio que rondase por aquella habitación.

—Y sabiéndolo, conociendo cual es mi estirpe, pactáis sin ton ni son ni consultarme siquiera un matrimonio que no sé si conviene a los intereses de mi casa... mi casa, señor administrador, la misma que os llena la despensa y os colma de honra en esta ciudad y os ha convertido en un hombre influyente que pulula con más gloria que mérito, según veo, por entre las esferas distinguidas del poder.

—Señor, de haber imaginado siquiera que mi trato con don Hernando no era de vuestro gusto, no habría comprometido mi palabra, la cual me veo en la obligación de desdecir, de todas maneras.

No cedía Carvajal. El enfado había dado paso a la turbación, pero una idea quedó bien clara en su cabeza.

—Mas de una cosa no se deduce inmediatamente la otra. Continuaré siendo vuestro leal servidor, si es que os place, y mi hija no contraerá nupcias con don Hernando. Pero consentid en que se haga la voluntad de un padre herido en su orgullo. Este negro no se casará con mi hija.

Por primera y única vez en la vida fui testigo de la furia de don Gonzalo. Se le enrojecieron las mejillas, se alteró la impavidez de su rostro, descompuso la figura y empezó a gesticular al tiempo que gritaba:

—Este negro es Juan de Sessa y lleva junto a su nombre el de mi ducado, señor administrador. Este negro ha crecido junto a mí, desde que éramos niños allá en Baena. Y este negro, gracias a la generosidad de los Córdova, es ahora bachiller, maestro en lengua latina, preceptor de las mejores familias de la ciudad y destacado hombre de letras. *Rara avis in terra* es este negro. Goza de la amistad de cuantos en Granada juntan a su apellido un título o cargo de relevancia, y es la persona más lúcida, sensata y obediente que conozco. Y por supuesto: su alma está mucho más limpia que la de ese converso, no sé si sincero, con el que pretendíais casar a vuestra hija. Oídme bien, Carvajal, y no perdáis palabra: la gloria de los Fernández de Córdova es tanta, y tan reconocida, que el mejor de sus esclavos vale más que el cabeza de familia de los de Válor. Mucho más.

Hubo un silencio largo, tenso como el cordaje de un arquero esperando a entrar en batalla. Carvajal humilló la frente, pero continuaba sin asentir. Don Gonzalo, poco a poco, volvió a la dignidad de compostura, algo azorado quizás por el ataque de ira. Nunca un noble debe verse en la obligación de hablar a gritos para hacerse obedecer. Pero había sucedido.

Finalmente, con voz quebrada y tono de súplica, el licenciado dijo:

—Ese es uno de los inconvenientes, señor. Juan de Sessa, a pesar de todos sus méritos, los cuales reconozco, sigue siendo un esclavo.

Me pareció ver en los labios de don Gonzalo una mueca semejante a la sonrisa. Una sonrisa de venganza.

—No por mucho tiempo —dijo—. Vos mismo, en cuanto acabe esta reunión que ya se prolonga demasiado y que me causa disgusto, redactaréis el acta de manumisión de Juan de Sessa. Anotad en la misma que aparte de libertad le doy dote de seis mil maravedíes a fin de que pueda establecerse por su cuenta, ganar el pan honradamente y contraer matrimonio. Contraer matrimonio digo, señor administrador, con quien le plazca. ¿Quedáis ambos satisfechos con el acuerdo?

Carvajal se levantó. Sus piernas temblaban y el asombro convertía su expresión en descarnada imagen de aturdimiento e incertidumbres. Yo no pude hacer otra cosa, recuerdo... lo recuerdo como si viviese otra vez el instante... no pude hacer otra cosa que hincar las rodillas en el suelo y besar la mano de mi señor. Dejé allí muchas lágrimas.

\*   \*   \*   \*

Ese día gané la libertad y el derecho al matrimonio con doña Ana. Y ese día empezaron enemistades que mucho tiempo después, ya extinguido el sueño de la Granada imperial, muerto y enterrado el emperador Carlos, en vida y reino de su hijo Felipe, me harían daño. Demasiado daño.

Corren las noticias por Granada como un hálito de tibios rumores que esperan sobre las crestas del viento para echarse a volar. Aquella misma tarde recibo la visita de algunos amigos, casi todos del círculo de la Cuadra Dorada y de la casa de los Granada Venegas en la calle de Cárcel. Todos me felicitan, me abrazan, estrechan mi mano... algunos, como Jacinto Delavalle, lloran de alegría como yo lloré de gozo y gratitud ante mi señor don Gonzalo, el cual, por cierto, se ha encerrado en sus habitaciones y no parece estar de buen humor. Es la melancolía, la pena por perderme de su lado. No necesita más servidores el duque de Sessa, ni más esclavos, ni soldados, intendentes, contables y capataces. Cientos de personas trabajan para él y uno de más o de menos apenas ha de notarse. Pero es a mí, a su condiscípulo, al bachiller que tomó el cargo bajo su protección, a quien pierde. Tampoco los seis mil maravedíes de la dote significan nada. Para el caudal de su fortuna ese dinero es como gota de miel en una colmena. Para mí lo supone todo: tener casa propia, fundar mi propia academia donde impartiré clases de latín a los alumnos hoy dispersos por toda la ciudad y a otros muchos que de seguro han de acudir al llamado de las letras, tan bien miradas en estos tiempos, tan provechosas. Y lo más importante: seis mil maravedíes no me convierten en hombre rico, pero sí lo bastante acomodado para mantener con dignidad a la que ha de ser mi esposa, doña Ana.

Corren las noticias, vuelan rumores, hasta las hojas de los árboles se enteran de que Juan Latino ya es un hombre libre y va a casarse con doña Ana de Carvajal. Y llega la nueva hasta el valle de Lecrín, donde pasa unos días de descanso don Hernando de Válor antes de regresar a Granada. Lo acompañan algunos nobles señores, casi todos moriscos, gente de números ducha en negocios y gente de armas preparada para combatir donde su amo les diga y a favor o en contra de quien se les ordene. Entre su séquito hay un joven de formas rechonchas, algo feminoides, de voz aguda, viva mirada y prontísimo ingenio. Es León Roque de Santiago, poeta neolatino como yo, amante de la música, los placeres de la mesa y esos otros regocijos galantes para los que casi siempre busca la compañía de jóvenes moriscas sin tutela (de las cuales y por desgracia hay cada vez más en el reino), y algunas egipcianas errabundas que nunca ponen un no en su boca si la bolsa tintinea y la comida es sabrosa y el lecho está caliente. Pronto tendré noticias de él, de León Roque de Santiago, aunque pasarán décadas antes de que su odio, esa tarde jurado sin apenas conocerme, vuelque veneno carnívoro sobre quien yo amo.

—Así son los cristianos viejos, y nunca han de cambiar —dice en voz alta, muy irritado, don Hernando—. Su palabra vale igual que la predicción de una bruja sarnosa, una de esas a las que tanto aborrecen y que tanta satisfacción encuentran en mandar a la hoguera.

No es que le importe haber perdido a doña Ana. Apenas la conocía y, desde luego, no estaba enamorado de ella. Le encoleriza que Carvajal haya faltado a su palabra y que los cristianos antañones, como él los llama, no confíen en él.

—No busquen sus señorías más explicación, porque sólo hay una —continúa don Hernando—. Temen los castellanos un matrimonio que, siquiera de lejos, me relacione con uno de sus más poderosos adalides, el señor duque de Sessa. He ahí la razón de esta infamia. Nos quieren buenos cristianos y buenos siervos de la Madre Iglesia, pero lejos de ellos, bien lejos, sin mezcladuras ni familiaridades. Si por su gusto fuera, ya habríamos pasado todos los conversos por la pira crematoria. Es injusto, amigos míos. Es cruel.

León Roque de Santiago es cristiano viejo, pero admira al noble don Hernando de Válor, y ciertamente hay en la persona del morisco algo cautivador. Alto, fibroso, dotado de soberana fuerza de cuerpo y espíritu, su porte tiene la elegancia aristocrática que cabe esperar en un descendiente directo de los reyes nazaríes. Hábil con las armas y las palabras, generoso con los suyos, buen negociador e infatigable viajero, tiene la virtud de ganar amigos y adeptos por donde pasa. Es un caudillo nato. Y tiene razón: los cristianos viejos no se fían de él, y más le temen que le aprecian.

León Roque de Santiago, por la noche, después de haber bebido el vino de la amistad y de haber recitado alguna de sus composiciones poéticas, promete a don Hernando tomar venganza en mi persona, ridiculizarme, reírse de mí y causarme cuantos enojos y disgustos pueda. Queda hecho el trato aunque don Hernando se olvidará pronto del asunto. Menos le importo yo que doña Ana, y apenas piensa ya en mí. Don Hernando de Válor tiene cosas mucho más urgentes sobre las que reflexionar.

\* \* \* \*

Doña Ana me reprende con ternura porque escribo hasta el amanecer, a la luz según ella perniciosa de un candelabro de cuatro velas que apenas ilumina el papel donde trazo con letra no demasiado firme (no he de engañarme: letra de viejo), esta biografía sin título que algún día será leída por mis herederos. La escribo en tiempo pasado y presente porque lo mismo da una cosa que otra: los recuerdos se funden como el metal en la fragua de las evocaciones, y a menudo confundo lo traído a la memoria con lo que alguna vez sentí. Debe ser por la vejez, pienso.

Insiste doña Ana en que la falta de luz acabará por dañarme la vista, ya de por sí fatigada después de muchos años de leer y escribir tanto en los pliegos amarillos de la poesía como en los pizarrones de las aulas. Lo que ella no sabe es que, desde hace tiempo, el mundo y cada uno de sus objetos e imágenes se va borrando ante mis ojos como si una niebla perpetua y cada vez más densa los velara. Hace meses consulté en secreto con mi amigo Esteban Cedroso, médico del Hospicio Real. Me advirtió seriamente que mis pupilas están muy desgastadas; bajo su húmeda fluctuancia crecen un a modo de cristales opacos que tarde o temprano me llevarán a la ceguera.

—No hay remedio, maestro Juan —me dijo—. Conforme vayáis cumpliendo años, peor será vuestra vista. Acabaréis ciego si es que antes...

—Si es que antes no muero. ¿Eso queríais decir?

Esteban Cedroso asintió con pesadumbre, aunque a mí la noticia no me dijo nada nuevo. Lo sospechaba y estoy resignado a ambas cosas: a la ceguera y a la muerte. Pero antes debo acabar la redacción de estas memorias. No es que crea, ah vanidades, que han de servir de mucho a quien tenga ocasión y ganas de leerlas, pero un oscuro rumor que nace al fondo de mi aliento, como gotas minerales que colman una laguna subterránea y callada, me anima a seguir escribiendo. No son estas páginas para mi esposa, ni para mis amigos, ni tan siquiera para mis hijos. Ellos no las comprenderían y lo más seguro es que, de encontrarlas tras mi muerte, acabasen ardiendo en plena calle junto a legajos, manuscritos, notas didácticas y otros útiles de mi oficio que para nada han de servirles más que para llenar huecos húmedos en nuestra vieja casa de la calle de la Cárcel. Por otra parte, no quiero hablar de mis hijos en estas memorias. No quiero hacerlo. Doña Ana y yo hemos tenido prolija descendencia, niños y niñas de los que, *laus Deo*, nos viven siete. Unos son blancos de tez, esclarecidos igual que su madre; otros morenos de honda raíz, como si bajo su piel y sus miradas brillantes de misterio latiese un pálpito arcano que los une por vínculos remotos con la vieja madre Etiopía; y uno de ellos, tan sólo uno, nos salió negro y tan negro como yo. Juan le pusimos de nombre y por Juan de Sessa han de conocerlo dentro de muchos años, cuando de mí no quede ni el recuerdo y el eco y la gloria y también las miserias de estos días se hayan extinguido. Mas todos ellos, todos mis hijos, los lúcidos de piel y los morenos y el negrísimo Juan, han de mezclarse con otra gente, lo sé, bien lo sé... con otras mujeres y otros hombres que llevarán en su rostro y en la color de sus cabellos y piel la marca de todas las razas que por esta tierra de Dios han pululado durante siglos. Mestizos, descendientes de mulatos, mezcla y remezcla de altivos castellanos, sabios hebreos, valerosos moriscos y elegantes egip-cianos juntarán su sangre con la mía, con la de mis hijos, y toda memoria y toda diferencia quedará disuel-

145

ta como tímido reguero de canalón en las aguas obceca-
das de la lluvia. Por eso no escribo para ellos. Lo hago para
mí y para esa estirpe más afable e instruida, menos gue-
rrea-dora y mucho menos fanática que ha ocupar nuestra
tierra dentro de mucho tiempo, cuando las ideas frater-
nales de respeto, civilización y amor al Altísimo no sean
una quimera, un dulce engaño como hoy, sino una luminosa realidad. No quiero ser injusto, ni dármelas de visionario; quien me conoce sabe que, a la contra, siempre fui
hombre con las plantas de los pies bien afirmadas en el
suelo. Pero toda lógica y toda razón me indican que el futuro no puede ser tan sombrío como el hoy, y que en ese
futuro no pueden los hombres hacerse daño, tanto daño
como hoy se hacen. Acusadme de petulancia, sí, pero no
de caer en la desesperación. Los días venideros pertenecen a Dios y Él, en su sabiduría, no puede permitir que
los hombres odien y ofendan y hieran con tanto frenesí
como ahora es costumbre. Por eso no escribo para mis hijos. Escribo para quien quiera leerme cuando el mundo
sea de una vez por todas, en verdad irrefutable, el reino
de Dios en la tierra. Para eso, para ellos escribo.

\* \* \* \*

Pasa el tiempo como filtro de seda que convierte la
vida en recuerdos, la memoria en vísperas de olvido y el

porvenir en una franja de ceniza que enturbia los horizontes de un final inapelable y aceptado con mal ánimo. En un ensalmo de letanías y ritos, el tañido de difuntos nos anuncia cada pocos meses el óbito de alguien a quien conocíamos, alguien quizás amado. Pasa el tiempo. Como por arte de aquellas magias antiguas que se agazapan en el ténebre laberinto de los viejos callejones, patios y jardines de Granada, pasa el tiempo. Y tal como pasa el tiempo pasan los hombres. El César Carlos abdicó en la persona de su hijo don Felipe, y tras unos cuantos años de rezos, meditaciones y opíparas merendolas en Yuste, donde el anciano emperador limpiaba su alma y comía a dos carrillos, preso de ataques de gula que mucho dieron que hablar y absolver a sus confesores, murió como mueren todos, como todos moriremos: de vejez y de algún morbo de esos oportunistas que aprovechan la débil consistencia de los seniles para llevárselos a ultratumba. De la belleza radiante de doña Isabel de Portugal no quedó más que la fama, los penumbrosos recuerdos de la gente ya muy rancia que un día la vio llegar por la puerta de Elvira con níveos adornos perlados y vestida como diosa de algún culto milenario, con finas telas de Flandes y un chal rosa de aurora que cubría el pasmoso blancor de sus hombros. Murió el César, murió doña Isabel y otros muchos han muerto. Don Felipe, a quien Dios guarde, es el nuevo emperador, cabeza y nao capitana de una estirpe de leyenda, casta de hijos valientes como el más bravo de los mercenarios y corsos que por tierra y mar piratean bajo su mando, de mujeres titánicas en el amor y resueltas igual que varones a la hora de luchar por lo que es suyo o consideran que, en dura ley, les pertenece. Hasta cincuenta y dos hijos, hembras y varones, se le contabilizan al César Carlos entre espurios y

147

legítimos. Cincuenta y dos héroes dispuestos a devorar el mapa mundi y hacerse con tierras y dominios y gobernar todo predio conocido por un derecho que Dios se guarda mucho de darles y que ellos se atribuyen con desparpajo imperial, como se hacen las cosas cuando uno tiene poder y armas para defenderlo. Unos sueñan con descubrir continentes perdidos en la mar atlántica, y regirlos a su arbitrio igual que el rey don Felipe gobierna en las nuevas Indias; otros, menos dados al encanto de fabulaciones pero igualmente ambiciosos, sueñan con invadir uno a uno los países del Oriente y expoliarlos hasta dejar en los huesos las riquezas de Catay, el esplendor nebuloso de Cambalic, los tesoros ocultos de la Persia incógnita, e incluso traerse a puñados el desierto de oro y plata donde tenía su sede el reino del Preste Juan, caballero muy cristiano y nunca visto por nadie, viajeros o cautivos, que continúa excitando la imaginación febril de quienes creen en estos desatinos, los cuales son fuego y brea donde hierve la aventura y se cuecen los garbanzos de la mitología.

Pero el monarca Felipe, celoso de su autoridad, su fama y su muy legítima ascendencia, no ve con buenos ojos estas empresas descabelladas e inútiles, hazañas que sólo sirven para llenar el tintero de poetastros con mala paga y vaciar los arcones de un Estado que trae oro y plata a espuertas de las Indias Occidentales. El imperio no es una aventura, una temeridad contingente en el piélago de la Historia, mantiene el nuevo rey según tengo oído de quienes, en alguna ocasión, han estado cerca de su persona. El imperio es un compromiso que ha recaído en España por atribución divina y hay que poner en la empresa tanto esfuerzo como severidad, rigor en las cuentas, buena administración y fe granítica. Sobre todo y antes de todo

148

mucha fe. El imperio hunde sus plantas en la riqueza del oro y en la fuerza militar de nuestros barcos, cañones, marineros y soldados. Pero necesita el imperio algo más que doblones y pólvora para formar un cuerpo único, un negocio que a todos ilusione y a todos tenga convencidos y, por tal causa, perdure en el tiempo igual que algo sagrado: por los siglos de los siglos. Necesitamos fe, religión, catolicismo acérrimo, de ese que están depurando cardenales y altísimos dignatarios de la Iglesia en el concilio de Trento: un afán en este mundo y unos cuantos mandamientos que llegan del cielo igual que llegaron en su día los que Moisés bajó a los israelitas del monte Sinaí... ese es el ideal de don Felipe, su público anhelo, y por él lucha con todas las fuerzas de su ánimo, de su voluntad inquebrantable, de sus ejércitos y de su gran aliada en esta empresa: la Iglesia Católica de Roma.

Consecuentemente, no hay lugar en el proyecto para lances de armas y otras fantasmagorías con las que aspiran a ganar gloria los muchos familiares de don Felipe. No hay razón para permitirlas ni motivo alguno que las aliente. De entre todos los hijos del César Carlos, sólo él, don Felipe, y su hermano don Juan de Austria, tienen ganado un lugar en la Historia que les de cobijo hasta que los siglos se cansen de repetir ambos nombres y loar sus méritos. Los otros, a resignarse... por más que la unión de las coronas española y portuguesa bajo el mando único, incuestionable de don Felipe, haya hecho el mundo tan grande, y tan anchas las aguas del océano, y tan posibles las más arriesgadas proezas, que cualquier soldado de fortuna con algo de oro en su bolsa no duda en reclutar unas cuantas docenas de mercenarios y lanzarse en viejas naves de crujiente maderamen a las más locos e inauditos lances guerreros que han contemplado los tiempos. Todos ellos, como es natural, abocados al fracaso.

Cómo no van a estar seducidos, embriagados del licor de la riqueza y el poder los hombres de armas, si este imperio agrandado con la anexión de Portugal convierte a la antigua Iberia en el más grande país que la era del hombre haya conocido. Bajo el dominio del emperador se encuentran seres de todas las razas y todos los continentes. Durante un mismo día llueve, nieva, truena, hay brisa benéfica, sol radiante, nieblas, claros, tormentas y calores de asfixia y miserere en los predios del emperador, que es una patria trenzada con el cáñamo irrompible de la fe y donde, según afirman geógrafos y hombres de ciencia, jamás, nunca, por más vueltas que de el mundo y mucho que corran las páginas del calendario, nunca, reiteran, se pone el sol. Tierras lejanas, ubérrimas, amplísimas, tanto que ni la imaginación más fervorosa podría concebir extensiones semejantes; Nuevo Mundo le llaman, y debe serlo. Nuevo Mundo de donde nos llegan por mar los dones y riquezas con que Dios regaló a esos pagos. Ya se dijo: oro y plata que sólo en un año, apolvarado o en moneda, se cuenta por muchos millones de ducados, eso sin hacer balance de lo que se tragan las tormentas o lo que, de vez en cuando, rapiñan los piratas; de Macau y otros reinos de Asia traen los portugueses sedas, estofas, porcelanas, lacas, té, pimienta, cobre y ámbar gris; de Nueva España cacao, paños de algodón y más oro y más plata; del Perú más oro y más plata y diamantes en bruto, carbunclos, perlas, salitre y canela; de Guinea esclavos negros que o mucho me equivoco o nunca van alcanzar cátedra de latinidad como la mía. Es injusto el mundo o son enrevesados los planes de Dios. Su santa voluntad siempre sea. De la

isla Española traen los navegantes madera, harina de man-
dioca, bananas, ñames, gallinas ponedoras, carneros, ca-
britos, índigo y azúcar; y de todas las partes de África y
América y Asia llegan esclavos, sirvientes, gente instruida
y gara-ñones por desasnar y acristianar, y con ellos más oro
y más plata y criaturas y alimentos desconocidos hasta hoy,
los cuales más azuzan la imaginación de los futuros conquistadores que calman el hambre de nuestros estómagos.
Llegan frutas, licores, marfil, cuero, paños, aguardientes,
tabaco, copal, maderas de palosanto y otras que las llaman
de palofierro, recias como un mandoble y trabajosas de
formear, aunque una vez rematadas duran por cuatro vidas. Tanto y tan sugestivo viene de ese Nuevo Mundo que
no hay día en que un hombre no hable con otro de las
empresas indianas, y ambos maquinan, y el pálpito de la
riqueza futura, esa quimera, emborracha sus corazones. En
vano insisten el emperador y sus funcionarios en que una
cosa son los sueños, esa fiebre de fortuna y oro (oro sobre
todo), y otra muy otra los números y las cuentas, la recta
administración, los planes y objetivos que deben cumplirse y el lento y firme asentarse de nuestra fe y nuestras armas en las siete esquinas del mundo. Es en vano. Hace
tiempo conocí al que considero mi mejor amigo, Jacinto
Delavalle. De él tengo dicho en estas páginas que es un
hombre íntegro amén de juicioso, dotado de una
practicidad y buen sentido para los asuntos del vivir que
lo convierten en experto consejero y leal asesor en materias enrevesadas, esos pleitos y atoraduras del espíritu donde a veces caemos los hombres de letras y que para él, según dice en toda ocasión, no son más que inconvenientes
del mucho divagar e imaginar y del poco reflexionar sobre esas tres o cuatro verdades esenciales que dan sentido

151

a cualquier vida, sea ésta la de un arriero, un doctor en leyes o alguno de esos aristócratas que embeben su poder igual que las hormigas se embriagan del jugo malicioso de ciertas flores. Pero no siempre fue así Jacinto Delavalle. Es más: si su instinto, entendederas y razones son hoy tan de andar por casa, tan de parda gramática y tan útiles, se debe el fenómeno al escarmiento y nada más. No exagero. Como gato escaldado, Jacinto Delavalle, capellán de la iglesia del Salvador, huye de diatribas filosóficas, complicaciones teológicas y debates poéticos porque allá en su juventud, en tiempos del César Carlos, se dejó cautivar por la sed de la aventura.

—Aventuras —dice mientras acomoda las manos entrelazados sobre el panzón que hace bulto bajo sus hábitos—. Aventuras, sueños, hipnotismo de poder y ansias de riqueza... todo monsergas, mi buen amigo y maestro. Fanfarrias que causan agotamiento, muchas ruinas, enfermedad, muertes prematuras y, sobre todo, retrasan intolerablemente la hora de comer.

Cayó Jacinto Delavalle, a la edad de veinticinco años, en las redes fantasiosas de un sueño conquistador. Recién tomados los hábitos, aburrido ante la idea de convertirse en cura de pueblo, de los de cocido una vez por semana y pez asado los viernes, prestó oídos a un capitán del ejército llamado Santos Porcel, hijo y nieto de soldados, militar desde la cuna que había servido en Nápoles bajo el mando del Gran Capitán, así como en Flandes, Lombardía y Cerdeña. Había en el saco de sus hazañas guerreras triunfos espectaculares y alguna digna derrota, amén de ciertas penurias de esas que nunca se olvidan, como el arcabuzazo que le arrancó la mano izquierda en aquella carnicería entre turcos y cristianos hoy recordada con el heroico título de *la defensa de Famagosta*; o el cautiverio que padeció durante un año y nueve meses en las prisiones del Sultán de Constantinopla, hasta que llegó el rescate de veinte mil maravedíes que de muy mal grado pagó la corona de Castilla, dueña y única propietaria de la nave en que fue apresado mientras surcaba las aguas del Adriático, dando escolta a un buque veneciano con carga de seda y plata que pudo escapar de los turcos gracias a una espesa niebla levantada en el último momento y casi por milagro. Claro que la nao del Dux era la única que llevaba a bordo sacerdote con encomienda de capellanía. Por eso Dios los libró del abordaje, y por ese motivo Santos Porcel buscaba algún voluntario con ganas de correr mundo y mares y que tuviese las órdenes sagradas debidamente recibidas. Su empresa: viajar al reino de Tripolitania y exigir al gobernador de aquella sultanía el pago de las tasas y censos que llevaba un lustro y siete meses sin hacer efectivos a la corona, además de una recarga de once mil ducados por la escandalosa morosidad. Primero envió cartas, luego mensajeros y más tarde un ultimátum. Ni de las cartas ni tampoco de los mensajeros se volvió a tener noticias, aunque la última apelación sí mereció respuesta. Se quejaba el gobernante de aquel territorio, Sulaymán Al-Musta'in, de que ya eran muchos, excesivos, los impuestos y graváme-nes que pagaba su país al soberano de la Dorada Puerta, y que la obligación de rendir censos a la corona española fue aceptada bajo presiones de armas, tras una incursión brevísima de navegantes cántabros y mercenarios portugueses con que fue castigado su reino, años atrás, por la captura de algunos barcos especieros que viajaban rumbo a Sicilia. En definitiva: ni pagaba ni reconocía la deuda Sulaymán Al-Musta'in. Santos Porcel, con sangre fría en las venas y la cabeza ardiéndole de ambición, obtuvo el plácet real para invadir Tripolitania, cobrar en nombre de la corona de España las cantidades vencidas y no pagadas, meter en cintura al moro rebelde, saquear todo lo que pudiese y volver en cuanto le fuera posible, trayendo a su gente sana y salva y en gracia de Dios. Viajó por Sevilla, Málaga y Granada Santos Porcel con intenciones de levantar la recluta. Prometía poca paga, mucho esfuerzo, los peligros que imaginarse quisieran y el convencimiento de que regresarían unos cuantos menos de los que iban a partir. En compensación, auguraba las delicias de un botín de leyenda: oro y plata en cantidades bíblicas, refinadas telas de oriente, maderas preciosas, alfombras y tejidos bordados con hilo áureo y pletóricos de esmeraldas, rubíes y perlas engarzadas unas a otras como lluvia de cristal celeste. Eso por no hablar de la belleza salvaje y enigmática de las cortesanas libias, del esplendor y frescura de los palacios que conquistarían y donde podrían holgar como auténticos semidioses en un placentero Olimpo, del dulce sabor del vino de aquellas tierras, que embriaga muy lentamente y, según dicen, potencia la virilidad hasta convertir al tímido en fornicador brioso y al tosco garañón en delicado amante que aprende de natural, por embrujo de esos vahos aromáticos que siguen a la bebida como sombra a su gacela, a comportarse en el lecho con las formas exquisitas y sabias manipulaciones de los traviesos galanes que van por ahí hechizando hembras con igual desenvoltura con que uno se lava las manos o mete un grato mordisco a la fruta más apetitosa del jardín de sus deseos.

Ochenta veteranos con armas y bagajes bien dispuestos, treinta y dos navegantes de oficio, once expertos artilleros, seis grumetes, dos oficiales de la marina, un capitán achacoso y rezador que tenía la ventaja de no emborracharse casi nunca, y un cura (mi amigo Delavalle), reclutó Santos Porcel en menos de tres semanas. La madrugada de un siete de abril tan remoto como vagos son ahora sus recuerdos, partió la nave guerrera desde el puerto de Mazarrón con rumbo a Tripolitania. Dos años y once meses después regresaron nueve hombres comidos por la insanía, flacos de dar lástima, febriles en la turbia ensoñación de un desastre que se había convertido, nada más empezar su aventura, en horrenda pesadilla. Entre ellos, Jacinto Delavalle rezaba y agradecía al buen Dios que lo hubiese librado de la muerte y prometía en el santuario de su conciencia no tentar, en jamás de los jamases, la rueda siempre alocada de la temible fortuna. Santos Porcel rumiaba amargamente el sabor de la derrota, el absoluto fracaso de la embajada guerrera, y entre queja y lamento hacía cuentas sobre el estado ruinoso en que quedó su caudal tras los gastos exorbitantes del viaje y los nulos beneficios de la imposible conquista. Me contó Jacinto Delavalle que a poco de entrar en aguas de hondo calado, una tormenta desvió el rumbo del buque, llevándolos a bandazos, en implacable deriva, a las costas agarenas de Tunicia. Lejos de la capital, que en aquella época era tributaria de la corona española, con el barco encallado en un fondo arenoso de donde nunca podrían removerlo, decidió Santos Porcel seguir el viaje por tierra, llegar a Tripolitania, sacarle los cuartos a Sulaymán Al-Musta'in aunque fuese a tiro limpio y añadir a los bienes conquistados una embarcación para regresar a España. Desmontaron los seis cañones de crujía con que la nave iba armada y los pusieron a lomos de dos mulas y cuatro borricos que compraron a precio de alazán de pura raza a unos lugareños medio asilvestrados, pobres como ratas y muy ignorantes, quienes sólo habían aprendido en este mundo el arte de contar monedas y pesar el oro. Iniciaron el largo camino y al principio todo les fue saliendo, más o menos, como Santos Porcel tenía previsto. Tras veintiuna jornadas de marcha empezó el agua a escasearles. Tuvieron que racionarla igual que los comestibles. Una mula murió alambrada por haberse tragado una piedra que el necio bruto confundió con la raíz de a saber qué planta. La enterraron junto al cañón que hasta entonces había transportado. Cuatro o cinco marineros cogieron fiebre y hubo que llevarlos en improvisadas camillas. Otro se volvió loco y fue necesario amarrarlo con sogas gruesas y conducirlo a tirones de un cordel que llevaba atado al cuello. Así las cosas, el desánimo empezó a rondar por los corazones de la tropa y marinería. Jacinto Delavalle, en su condición de clérigo al servicio de aquella nefasta industria, decía misas al alba, confesaba a los enfermos de pecados que aún no habían tenido tiempo de cometer y exhortaba a la milicia a perseverar, a seguir siempre adelante, un paso detrás de otro sobre tierras yermas, abrasadas por el sol y tan inhóspitas como la sala de espera del purgatorio. Pasaron más días y semanas, cruzaron un desierto, unas montañas pelonas donde sólo crecían matojos y hierbuchas hediondas, un valle menos abrupto en el que, de vez en cuando, encontraban charcas verdosas donde saciar la sed... así hasta que una mañana, recién salido el sol vengativo de aquel mal reino, fueron atacados por seiscientos hombres de a caballo y más de dos mil a pie que Sulaymán Al-Musta'in había ido juntando mientras ellos, los invasores, se consumían en larga y absurda caminata. La batalla no duró más de media hora, o sea: que no llegó a ser batalla siquiera, sino escaramuza sangrienta. De los ciento cuarenta y cuatro hombres de la expedición, como antes quedó dicho, sobrevivieron nueve... los mismos nueve que marcharon cautivos a Trípoli y fueron metidos presos en las mazmorras de Sulaymán Al-Musta'in en espera de que alguna orden cristiana o la propia corona española pagasen el rescate. Santos Porcel, para salvar la vida, se hizo pasar por ayudante de artillero. Como en sus prisiones de Constantinopla había aprendido el idioma turco, señaló a nuestros captores que el jefe de la expedición era aquel viejo piadoso, el capitán Sarmiento, a quien sus hombres llamaban Sarmiento el sobrio porque era más difícil emborracharlo que apartar una burra de la fuente cuando la sed aprieta en su gañote. Dicha estratagema libró a Santos Porcel de la segura venganza de Sulaymán Al-Musta'in. El avaricioso gobernador de Tripolitania mandó desenterrar los restos mortales de Sarmiento y entregó a los verdugos su cuerpo ya estragado por los estigmas de la pudrición. Le cortaron el cuello, los brazos y las piernas, y mientras la cabeza del inocente Sarmiento permanecía clavada en una estaca puntiaguda, allá en la torre más alta de la ciudad, su cadáver fue quemado y las cenizas esparcidas por el aura malévola del desierto. «Así acaban quienes desafían al Sultán y no temen la cólera de Dios», escribieron sobre la frente y mejillas de Sarmiento en pulcros caracteres cúficos. Jacinto Delavalle sacó otra lección de la aventura: así acaban quienes van adonde nadie les ha llamado y buscan fuera de su alma ese raro alimento que nutre con ilusión el gusto por la vida.

Más de dos años tuvieron que esperar los cautivos antes de que una nave genovesa llegara a Trípoli con el

157

rescate, nuevamente pagado por la corona de España...
aunque en esta ocasión hicieron firmar a los desdichados
presos, uno por uno, un documento mediante el cual se
comprometían al pago solidario de los ciento doce mil
maravedíes que costaba la operación, entre el monto del
rescate, fletar una nave y pagar el servicio a los genoveses.
Fue la ruina de todos, excepto de Jacinto Delavalle, quien
a su regreso, postrado a las plantas del arzobispo, lloró su
desdicha y pidió mil perdones y se acusó de soberbia y desesperanza, y así, humillándose, penitenciado, consiguió
que la Iglesia pagase su parte en el catastrófico negocio.
Ocho semanas después ya era párroco de Dúrcal, uno de
esos párrocos de pueblo que tienen casa humilde, mula
terca, sobrina hacendosa y feligreses que van llenándole
la panza con tocino añejo, sopas de ajo y huevos de gallina pinta. Desde ese día pidió al Altísimo ser un hombre
bueno entre los demás hombres y nada más, y si alguna
vez alguien le recordaba sus andanzas militares y posterior
cautiverio, respondía encogiendo los hombros:

—Ah, hijo mío, aprende bien esta lección, que has
de agradecérmelo: zapatero a tus zapatos.

Daba media vuelta y volvía a su casucha, aneja a la
iglesia, murmurando por lo bajo difusas imprecaciones
contra su atolondramiento juvenil, haciendo cuentas de
si faltaba mucho o poco para la hora de la cena e imagi-
nando qué guiso le habría preparado su sobrina.

\* \* \* \*

158

Era otro tiempo y el mundo nos parecía algo nuevo, vergel apenas hollado, una grata llanura custodiada por las armas benévolas del emperador donde corrían por parejo las ideas, la fe, la poesía y las buenas voluntades; una premonición del paraíso.

Ahora todo ha cambiado. Ya nadie menciona el ideal humanístico, y los libros de Erasmo, de Juan Luis Vives e incluso de Elio Antonio de Nebrija escasean hasta en los despachos universitarios. Interesarse por ellos puede resultar sospechoso y acarrear pendencias con el Santo Oficio, encontronazos con la fe ciega y pura de los que nadie ha salido jamás bien parado. Tener libros, muchos o pocos, es ya de por sí motivo de desconfianza, recelo que puede acabar taimadamente en denuncias y procesos y, alguna vez que otra, en la hoguera. Eran otros tiempos aquellos, y estos no se les asemejan. Parece como si, de súbito, nos hubiésemos dado cuenta de que somos vulnerables tanto a las ideas como a las armas enemigas del imperio. Los turcos navegan a todo trapo por el Mediterráneo y sangran a la corona con piraterías y rescates abusivos; los luteranos se crecen más allá de los campos de Francia y, que se sepa, han infligido al emperador algunas serias derrotas. Estas nuevas ensombrecen nuestra vida cotidiana, el poder se repliega sobre sí mismo, se hace fuerte en el caparazón de la absoluta intransigencia... el lazo espiritual que nos unía con Roma se ha convertido en puente de hierro por el que sólo transitan diplomáticos altivos y un tropel de clérigos iluminados, canes de Dios que deambulan con tres o cuatro ideas fijas en la cabeza y anhelos de chamusquina y exterminio rumoreando en su corazón pedregoso. Hasta en los círculos donde antes se hablaba de la poética como senda de conocer, y de la unión en absoluto artificiosa de la poesía y el alma, ahora la gente calla y remonta sus versos hacia campos menos delicados y más seguros. Poco a poco, sin estridencias, con la segura pisada de un buey que no sabe caminar hacia atrás, va imponiéndose el nuevo sentido de la perfección estética, un ideal que resume sus honduras en la doctrina de Trento, la recuperación de Aristóteles y la exacta comunión entre lo que necesita el poder y lo que escriben los poetas afectos al mismo, pues otros no hay, y si los hubiera muy malas las tendrían con gobernantes e inquisidores. Hasta en la Cuadra Dorada, ante personas ilustres como Baraona de Soto o Acuña, he visto y oído cómo algún poeta recién llegado de Toledo sostenía la imposibilidad de definir si la épica debe escribirse o no en verso, porque «Aristoteles no lo determina». En la antigua sala que ocupa el último piso de la mansión de los Granada Venegas, bajo la atmósfera argentina que reluce leve con los últimos brillos del atardecer, se escuchan hoy voces que tiemblan y vibran en la emoción ultraortodoxa de la elegía, un latín que se retuerce y recobija en sones de pulcra tonancia, escrito a mayor gloria del emperador y de la Iglesia. Y no hay más. Yo... como siempre he hecho, continúo mi camino, cedo al viento de la época como junco en el vendaval y pongo mi pluma y letras bajo la protección de los grandes señores que hoy por hoy gobiernan esta Granada que cada día se va pareciendo más a una cripta donde noblemente, en austera soledad, se deshacen los restos de pasadas glorias. Como diría Jacinto Delavalle, sigo a lo mío. Doy clases de latín y gramática en el colegio catedralicio, en la universidad y en San Miguel (donde casi todos los alumnos son moriscos), y recibo aparte, en mi estudio de la plaza de la universidad, a muchos alumnos que costean su aprendizaje de propia bolsa, ilusionados por convertirse en hombres doctos, letrados, individuos que caminen con la estima del saber acompañándolos por esta tierra que según observo, lamentablemente, se precipita al vacío de la ignorancia con una temeridad que en ocasiones me hace sentir tristeza. Hace años que obtuve el grado de licenciatura ante un tribunal donde nuevamente vi las caras del conde de Tendilla, del arzobispo y de muchos otros caballeros. Poco después, y por el afecto que me tiene más que demostrado don Pedro Guerrero, obtuve la cátedra de gramática, compitiendo con el licenciado Villanueva y el clérigo Venegas, de Toledo. Ninguno me guarda rencor y ambos me felicitaron cuando, en buena lid, se reconocieron mis méritos un peldaño superiores a los suyos. Es bueno no tener enemigos. También infrecuente. Hoy todos desconfían del vecino y eso daña el sosiego que toda ciudad y cada uno de sus habitantes necesitan para vivir. Infrecuente es que alguien no te mire mal en esta Granada de sospechas y delaciones. Algunos amigos de la Cuadra Dorada me han advertido seriamente acerca de León Roque de Santiago, pero ni yo lo consideraba adversario ni creía que él me tuviese por tal. Más bien tomaba sus puyas, vejaciones y chanzas como una pataleta de joven malcriado, uno de esos caprichos que si no pasan con el tiempo se convierten en obsesión aflictiva.

—Cuidaos de él, maestro Juan Latino —me dijo hace ya mucho Baraona de Soto—. No va con buenas intenciones León Roque de Santiago. No sé qué pensar, os lo aseguro.

Jacinto Delavalle, que en ese momento nos acompañaba, respondió por mí con su facundia de siempre:

161

—Difícil veo que esto inquiete a nuestro amigo. Él nunca piensa en León Roque de Santiago ni en personas que, de lejos, se le parezcan.

Era cierto. Casi nunca pensaba yo en aquel poeta más bien mediocre aunque ingenioso. *Corbo simillina negro*, me llamó en cierta ocasión, y la verdad es que no se había estrujado la morra hasta dar con la metáfora. En algún aparte, discreto, vertía injurias y desdenes de mayor calado: protegido me llamaba... protegido de don Pedro Guerrero, del duque de Sessa, del presidente de la Chancillería. Según sus palabras, «imposible hubiera sido a un negro más negro que los colmillos de Belcebú, y además nacido con grilletes, llegar tan alto de no ser porque su astucia y artes de maleficio tienen cautivados a unos pocos pero poderosos señores». «Mono amaestrado», me llamaba, «ampenzí que echó a hablar imitando a sus amos y que continúa el avieso remedo, así pronuncia los latines, de memorieta y sin gracia porque lo suyo es saltar de árbol en árbol o acarrear estiércol». Incluso en cierta ocasión, dando muchas vueltas retóricas a la infamia porque sus palabras caían de lleno en lo calumnioso e involucraban a personas muy relevantes (quienes lo habrían fulminado sin miramientos), propaló el chisme nauseabundo de que en realidad yo era hijo de don Luis Fernández de Córdova y de una esclava negra a la que conoció en Montilla, siendo mi nacimiento fruto de un apasionado e ilegítimo amorío. Yo, Juan de Sessa, Juan Latino, bastardo de don Luis... hermanastro de don Gonzalo... tiene razón Jacinto Delavalle cuando afirma que, en juntándose la maledicencia con la estupidez, no hay cabeza que se salve ni honra que sobreviva en la lengua emponzoñada de los envidiosos.

Algunos reían estas gracias, aunque todos las tomaban como lo que eran: invectivas furiosas de quien no tenía nada mejor que hacer ni otra cosa en qué entretenerse ni ocupación de más provecho. Extravagancias de poeta, locuras de poeta, manías y fobias y caprichos de poeta. Peores cosas se dijeron Acuña y Pedraza en una contienda poética donde se dilucidaba si el verso «corrientes, puras, cristalinas aguas», de Garcilaso, era un portento de ritmo o una chapuza plagiaria de algún perdido soneto italiano. Peores cosas, recuerdo, peores insultos; aunque este negocio de insultar sin medida y con toda la agudeza posible era tomado con caballeroso desapego, de manera que el agraviado quedaba en la obligación de responder con mayor chispa aún, mas tenía prohibido por la costumbre y las buenas maneras sentir algo semejante a la cólera o la irritación.

Estaba en lo cierto Jacinto Delavalle: yo no pensaba en aquellas contiendas absurdas y casi nunca pensé en León Roque de Santiago. Conocía su amistad con don Hernando de Válor, el antiguo pretendiente de mi esposa, y en consecuencia no me extrañó la inquina con que se dirigía a mí. Pero olvidaba pronto, muy pronto, a quienes mordían mis tobillos, virtud ésta que aprendí en casa de los Córdova y que me fue de provecho pues, como es sabido, hasta el final de su viaje nunca llega el que hace caso de los perros que le ladren. Pensaba en mis alumnos, en las clases de gramática, en la didáctica del latín... en eso pensaba. Yo no era poeta de oficio aunque me diese maña con la versificación latina. Era profesor, maestro en letras, y para ese trabajo vivía y ese arte sustentaba a mi familia. A los otros, a los furiosos poetas y en especial a León Roque de Santiago, dediqué una tarde, en la Cuadra Dorada, el siguiente epigrama:

*Laudat, amat, cantat nostros mea Garnata libellos*
*meque sinus omnis, me manus omnis habet.*
*Ecce rubet quidam, pallet, stupet, oscïtat, odit;*
*hoc volo: nunc nobis carmïna nostra placent.*

Muchos meses guardó silencio León Roque de Santiago, y yo olvidé la respuesta que me había prometido y que, por cierto, nunca llegó a declamar en público. Jacinto Delavalle, que en aquel tiempo casi siempre me acompañaba porque sus obligaciones en la iglesia del Salvador se resumían en decir misa de ocho y merendar puntualmente a las seis de la tarde, me dijo una mañana en que paseábamos por la plaza de la Chancillería:

—Este León Roque de Santiago, o es un necio a un alienado; hace falta ser estúpido para no apreciaros y loco de remate para ir insultando por ahí, de *sotto voce*, a personas de alcurnia y poderío como vuestro antiguo amo, don Gonzalo, a don Pedro Guerrero y don Pedro de Deza. Todo porque, según él, medráis a su costa.

—Es aún joven nuestro poeta satírico, y poco ducho en las técnicas de la cautela y la diplomacia —respondí.

—Pues que se ande con cuidado... con mucho cuidado el rimador. No están los tiempos para juguetear con la honra y buen nombre de personas influyentes, esas que a decir de su mala lengua os amparan y os han hecho ascender en nuestra ciudad.

—No hagáis caso a despropósitos, amigo Delavalle —disculpé a León Roque de Santiago—. Una cosa es lo que se dice de puertas adentro, ante un público dispuesto a reír gracias y rimas, y otra lo que en verdad se piensa y se siente. Por mucha antipatía que guarde en su corazón León Roque de Santiago hacia mí, no es persona lerda ni

164

obtusa. Un mínimo de raciocinio y ecuanimidad han de indicarle que por muchos amigos que yo tenga y muchos favores que haya recibido, de los cuales sólo doy gracias a Dios, nadie en este mundo podría haberme enseñado de balde, graciosamente, las complicaciones del latín y de la gramática, ni a desentrañar la breña del arte de musicar, que es mucho más espesa de lo que parece.

—Sin duda, vuestro epigrama *laudat, amat, cantat...* cerró su boca con lapidaria contundencia. Al menos por un tiempo.

Me detuve un instante y puse la mano izquierda sobre el hombro de mi buen amigo.

—Hay algo que quiero confesaros.

—Os escucho.

—La composición a la que os referís no ha nacido de mi pluma.

Jacinto Delavalle sonrió, malévolo.

—Ni falta que hace.

—Volví a repetirla, horas después, en el colegio catedralicio, y en la universidad, y tan sólo una persona, en privado, como quien comenta un asunto de la mayor delicadeza, me hizo la observación de que conocía las fuentes donde, por así decirlo, yo había bebido.

—¿Quién es el erudito? —preguntó Jacinto Delavalle.

—Mi estimado Luis Pedro Ibáñez, el mejor alumno que sin duda he tenido a lo largo de muchos años de docencia.

—Alguna vez me habéis hablado de él.

—En efecto. No hay mayor satisfacción para quien se dedica a la enseñanza que encontrar discípulos con el temple y las ganas de conocer y el entusiasmo de Ibáñez. Como es lógico, tuve que explicarle las circunstancias en que copié línea por línea a Marcial, pues no es otro el autor del epigrama salvo en lo que refiere a la voz *Garnata,* que sustituí por Roma. Afortunadamente, no eran muy duchos en métrica latina los contertulios. En tal caso se habrían dado cuenta del fraude.

—Ni en métrica ni en poesía ni en disciplina que exija estudio y trabajo denodado —exclamó Jacinto Delavalle—. En aquella reunión no había más que pavos reales desplegando su cola de muchos colores sobre el magnífico espejo de la nada. Pero decidme, ya que habéis despertado mi curiosidad: ¿qué explicación disteis a ese Ibáñez con el que tanto afecto os une?

—Fue algo incómodo, buen amigo —respondí—. No vergonzoso pero bastante turbador. Le dije la verdad, llanamente: que las palabras de León Roque de Santiago, por una vez, habían conseguido herirme. La indignación, por otra parte bien acallada y mejor disimulada, me ofuscaba el entendimiento, impidiéndome articular una respuesta lúcida. Por tal causa recurrí a la estratagema de recitar a un clásico que, estaba seguro, los presentes no conocían.

—Bien hecho —dijo Delavalle—. Cuando a uno se le acaban los dardos, la prudencia aconseja tomar piedras, aunque sean prestadas del vecino.

Reímos ambos la ocurrencia. Continuamos nuestro lento paseo en dirección al palacio de los Córdova.

—De cualquier manera, estoy pensando en dejar las reuniones de la Cuadra Dorada. Al menos por un tiempo.

—¿Cuál es la causa? —preguntó Jacinto Delavalle, sorprendido.

—No están los tiempos para futiles entretenimientos, para estos juegos poéticos que a la postre, y siempre que no intervengan poetas de altura como el diplomático Hurtado de Mendoza, Baraona, Espinosa y algún otro, no son más que justas gratuitas entre gente almibarada. Estad seguro de que en pocos meses, si Dios no lo remedia, va a verse Granada sacudida por acontecimientos muy graves que harán olvidar el embeleso de la poesía.

—Algo he escuchado —asintió Jacinto Delavalle con pesadumbre—. Andan los moriscos revoltosos estos días, y de un lado y otro llegan rumores inquietantes. Dios quiera que no nos encontremos en vísperas de nuevos enfrentamientos.

—Precisamente me dirijo a casa de los Córdova, donde hoy se celebra una reunión para hablar de estos asuntos. Don Gonzalo ha insistido en contar con mi presencia y yo, aunque me siento ajeno a los negocios de la política, no he podido negarme.

—Hacéis bien. Mejor dar un sí a un hombre poderoso que mil noes a cien titirimundis.

Continuamos caminando en silencio hasta llegar al cercano palacio de los Córdova. Delavalle estrechó mi mano.

—Tenedme informado, buen amigo, en la medida en que os sea posible.

Cauteloso a perpetuidad, respondí.

—Bien lo habéis dicho: en lo que posible sea.

\*   \*   \*   \*

167

Lo que hacía yo en aquella asamblea y lo que de mí podían querer los congregados resultaba una incógnita. Vestido con mi toga magisterial, silencioso e impostando aires de cavilación, ocupaba una luneta con forro de terciopelo verde que junto a otros sillones y poltronas habían dispuesto los criados, formando semicírculo en la sala de recibir autoridades de los Fernández de Córdova. A un lado y otro, destellos dorados de elegantes vestiduras, ornamentos y aliños, el suave espejeo de la seda y el discreto tintinear de insignias, medallones y horcajos me decían sin palabras que el poder del viejo reino estaba allí, a mi presencia, unido por causa común y dispuesto a tomar decisiones. Nada más llegar a casa de los Córdova, donde fui saludado con afecto por mis antiguos amos, percibí la severidad en los semblantes, una honda preocupación, el tono rumoroso de voces quedas, ese bisbiseo de sepulcro y funeral que anuncia graves deliberaciones. Me sentí sobrecogido y fuera de sitio, como pez que nada contra corriente y en aguas ajenas. No era aquel mi lugar, desde luego, aunque don Gonzalo tanto hubiera insistido en contar con mi presencia. A aquellas horas debería estar en el colegio de San Miguel, explicando a mis alumnos el demostrativo anafórico, el enfático y la coordinación causal o explicativa. Ese era mi territorio, el único donde me sentía feliz, cómodo igual que un patriarca anciano y bondadoso en las últimas habitaciones de su humilde residencia. No estaban hechos para mí los grandes asuntos del gobierno de la ciudad, evidentemente, sino las materias íntimas que precisan recogimiento para ser estudiadas y comprendidas. Sin embargo, a pesar de que llevaba mucho tiempo siendo hombre libre, los deseos de don Gonzalo continuaban ejerciendo en mi ánimo la potestad de lo imperativo.

Por eso acudí a la mansión de los Córdova sin pensármelo dos veces.

En una saleta de la primera planta, departiendo con sus azafatas, vi a doña Elvira. Estaba ya muy vieja, casi tanto como lo era su madre doña María en la época de los rezos furibundos al amanecer, acompañado del dominico Artús Mendieta. Época de muerte fue aquella, como la que se avecinaba. También pude ver, de lejos, al licenciado Carvajal. Camino de su despacho, con un montón de pliegos bajo el brazo, me saludó con un breve movimiento de cabeza. Apenas nos hablábamos, y si lo hacíamos era sobre cuestiones en las que nunca saliese a relucir el nombre de su hija, dando ambos por sobreentendido que aquel asunto aún lo irritaba. Iba a tener tiempo y oportunidad el licenciado de arrepentirse por su altivez e incomprensión; aunque no quiero ser injusto... no ahora. Me he propuesto escribir la verdad, y la verdad es que de haberme encontrado yo en su misma circunstancia habría padecido idéntico disgusto. No era lo mismo casar a doña Ana con un noble adinerado que con un negro guineo, por muy docto en latines que fuese, liberto y dueño de generosa dote. No, no era igual. Lo que sucede es que el destino, en ocasiones, ajusta con asombrosa precisión los ripios que quedan sueltos en cada pleito: acalla maldecires, humilla frentes y en el fondo nos recompensa, aun en contra de nuestra voluntad, por ese error de la naturaleza que nos permite cerrar los ojos ante el mundo cuando queremos, pero no los oídos. Pronto iba a enterarse el licenciado, y lo sentí por él y por cuanto sucedió después de aquel encuentro. Muy pronto sabría que de haber llevado adelante sus planes de casar a doña Ana con don Hernando de Válor, su hija hubiera sido tremendamente desdichada y el estigma de la traición habría caído sobre su completa familia. Así que, en palabras que tengo oídas por boca de Jacinto Delavalle, bien a gusto queda el enfermo en cama limpia y con sopa caliente.

La asamblea dio comienzo nada más tocar las once campanadas en la torre de la Vela. Un aire frío y pesado empantanaba la habitación como si todos los susurros y premoniciones que mantenían a cada cual distante, refugiado en sus pensamientos y sospechas, fueran a cumplirse y estuviésemos allí para ser testigos, simples fedatarios de la catástrofe que se avecinaba. Algunos criados sirvieron té caliente (la última novedad puesta de moda por los comerciantes y especieros portugueses), vasos de agua con pizcas de anís y dulces de hojaldre. Casi nadie tocó los confites, aunque todos, antes de hablar, aclararon su garganta con el agua o la infusión aromática. Y esos todos a los que me refiero (y nunca quisiera olvidar sus nombres), eran el poderoso don Íñigo López de Mendoza, marqués de Mondéjar y conde de Tendilla; el presidente de la Chancillería don Pedro de Deza; el arzobispo, don Pedro Guerrero, acompañado de dos prebendados de la Catedral, uno experto en letras orientales, Acuña Soler, y otro en Historia de la Iglesia, Ramiro Alvarado; el inquisidor Francisco Hita, vestido con sayal negro y la cruz del Santo Oficio flameando sobre su pecho; un tal Diego Rivas, capitán de la tropa del Marqués de Mondéjar, quien fue presentado como «hombre que conoce de primer oído la situación», por lo que deduje que debía estar al cargo de algún grupo de confidentes o rueda parecida; el Corregidor de la ciudad, don Juan Rodríguez Villafuerte, y varios de los Caballeros Veinticuatro. Yo, entre ellos, me sentía como temblona golondrina entre orgullosos cisnes.

El anfitrión del encuentro, don Gonzalo Fernández de Córdova, dio la palabra al Marqués de Mondéjar. Éste, antes de iniciar la conversación, miró a Diego Rivas en un claro signo de que sus palabras estarían refrendadas por las exhaustivas informaciones que el militar había ido acopiando en los últimos meses.

—Caballeros —dijo el de Mondéjar—. Todos sabemos que los moriscos del reino de Granada, en especial los helches del Albaycín y los monfíes de las Alpujarras, nunca han aceptado el dominio de la corona. Tampoco faltan rumores sobre la continuidad del culto mahometano de puertas adentro, en práctica de esa abominación que los viejos alfaquíes llaman *taqyya,* es decir: disimulo. En público los moriscos abrazan la cruz, mas en privado leen el Corán y rezan a Aláh y suplican a su Dios el regreso de las antiguas costumbres. Esto, con ser grave, no pasaría de problema secundario si no me hubiesen llegado noticias bien ciertas de que se prepara una nueva sublevación, la cual puede ser aún más calamitosa que la de mil cuatrocientos noventa y nueve, la que resultó sofocada gracias al Altísimo y a la habilidad del arzobispo Talavera y de mi abuelo, el primer marqués de Mondéjar. Mas albergo el temor, ya les digo que fundado, de que en breves fechas, y no pongo más de seis meses como plazo, se alcen los moriscos con una furibundia hasta hoy desconocida. Según mis informes...

Volvió el marqués de Mondéjar a mirar a Diego Rivas.

—...llevan casi dos años preparando con especial secreto esta asonada que tiene como fin restaurar la cultura y religión islámicas en el antiguo reino. A ninguno se nos escapa que desde hace tiempo existe un renacer de añejas costumbres entre los moriscos, sobre todo en lo que se refiere a la vestimenta de sus mujeres, las cuales lucen con orgullo provocador la almafala, amén del aborrecible hábito de hablar aljamía en tratos privados e incluso en sus negocios con cristianos. Sospecho, y creo que fundadamente, que ese bullir de tradiciones desfasadas no es más que una comedia, un toque de exotismo con el que desvían nuestra atención y ocultan sus verdaderos propósitos, su único objetivo: el regreso del Islam. Algunos de ellos, considerados personas honorables, estudiosos de la Historia y cristianos de buena fe, andan por ahí predicando la infamia de que, en realidad, Islam y Cristianismo son dos caras de la misma moneda, y que Jesús fue tan profeta como Mahoma y viceversa. El más peligroso de ellos, Alonso del Castillo, propala dichas herejías con mucha cautela, temiendo que lleguen a nuestro conocimiento, como si tales engañifas y adulteraciones pudieran ocultarse a la autoridad secular y a los aguzados oídos de la Iglesia. Algún día ajustaremos cuentas con él. Mas ya digo, señorías: todo cuanto sabíamos hasta hace poco eran insignificancias, pólvora en salvas, pequeños ardides para distraernos de la verdadera conspiración. Con tal sigilo lo han hecho, tan minuciosa y tenazmente han intrigado, que no hace ni una semana que llegaron a mi poder las pruebas concluyentes de la felonía que preparan.

—Antes de que prosigáis —interrumpió el arzobispo don Pedro Guerrero—, me gustaría saber algo que afecta a mi persona y al buen concepto que hasta hoy he tenido de Alonso del Castillo. ¿Alguna de esas pruebas lo acusa directamente, bien sea de traición o de contumaz herejía?

—No de momento —respondió el de Mondéjar algo disgustado—. Pero tened por seguro que un día u

172

otro, temprano o tarde, acabará en prisión por los delitos que habéis mencionado.

Suspiró el arzobispo y entornó la mirada con paciencia eclesial. En su ánimo proclive a la misericordia (estoy convencido de ello), decidió que se entrevistaría con Alonso del Castillo, quien muchas veces le había ayudado en la traducción de textos religiosos escritos en árabe clásico, griego y arameo; por otra parte, era un fervoroso propagandista y defensor, ante el escepticismo de Roma, de la autenticidad de algunas reliquias encontradas bajo suelo sagrado. Hablaría con él, lo llamaría al orden... si era preciso recurriría a las amenazas, pero no estaba el arzobispo dispuesto a prescindir de Alonso del Castillo y de los muchos servicios que le venía prestando.

—De cualquier forma —continuó el marqués de Mondéjar—, no estamos hoy reunidos para hablar de una persona, sino de asuntos públicos que a todos nos afectan. Cómo prevenir el cataclismo que se avecina es de lo que debemos ocuparnos.

—Sería oportuno organizar un solemne y multitudinario auto de fe —intervino el inquisidor Francisco Hita.

—Dejadme terminar, os lo ruego —exclamó ya irritado el marqués de Mondéjar—. Si no conocemos los pormenores, el sentido y alcance de la rebelión que se prepara, malamente nos será posible atajarla. Oíd pues, enteraos de lo que sucede, señorías, y yo luego escucharé de buena gana vuestras propuestas, incluyendo hogueras y autos de fe si es necesario.

Hizo una pausa que nadie se atrevió a interrumpir. Estaba claro que en aquella ocasión no cabía la costumbre, tan nuestra, de charlar y divagar sin llegar a parte alguna. Era necesario tomar decisiones muy serias y comprometidas, y hacerlo con rapidez.

—El asunto es más grave de lo que imagináis. No estamos hablando de unos cuantos herejes que se reúnen en secreto para llevar a cabo sus prácticas nefandas, sino de una guerra. Habéis oído bien. Una guerra que enfrentará de nuevo a las armas de Castilla con los musulmanes. Hace pocos días, como os contaba, interceptamos una carta que Daud aben Daud, cabecilla de los rebeldes, intentaba pasar a África. Por el contenido de la misma sabemos que no es la primera petición de ayuda que envían esos traidores, y que tanto el Sultán de Constantinopla como los reyes de Argel y Tunicia están sobreaviso y planean intervenir en la contienda, trayendo sus naves a nuestras costas e invadiéndonos como hicieran sus antepasados hace siglos.

—Los turcos… —exclamó para sí, impresionado, el Corregidor.

—Los turcos, en efecto —dijo don Gonzalo Fernández de Córdova—; y los agarenos de Norteáfrica, beréberes, piratas de Argel y cuantos quieran y puedan reu-nirse en comandita de ladrones para saquear nuestra tierra. Pero hay más noticias, y más inquietantes si cabe. Escuchemos lo que tiene que decir el señor marqués de Mondéjar.

—Mis hombres capturaron a Daud aben Daud a la altura de Vélez Benaudalla, cuando se dirigía al puerto de Motril con intenciones de enviar a África la condenada misiva. Por más que lo intentaron no pudieron hacerle hablar. Permaneció preso dos días en el castillo del marqués de los Vélez, donde recibió tormento para ver si se le aflojaba la lengua, cosa que, como digo, resultó inútil. Para mayor calamidad, quiso la mala fortuna que escapase de nuestras manos.

—¿Cómo es posible? Ese hombre debió ser trasladado a Granada y puesto bajo la custodia de la Chancillería —dijo don Pedro de Deza.

—Escapó, esa es la única realidad que ahora cuenta. Los soldados del marqués de los Vélez, dándolo por muerto tras el último interrogatorio, no tuvieron la precaución de encadenarlo. Lo dejaron en una mazmorra bien alta, sin enrejaduras en la angosta tronera que ventilaba la habitación. Esa noche, y no sé cómo pudo hacerlo, saltó cual cabrito Daud aben Daud, cayendo en la pequeña barranca que hay bajo la torre donde permanecía en custodia. Los guardianes creyeron que, sin duda, se habría espachurrado contra las filosas aristas de piedra que rodean la zanja. Pero no encontraron su cuerpo. Ni rastro de él. Suponemos que habrá buscado refugio en algún escondrijo de las Alpujarras, o bien en la costa, cerca de Motril o Salobreña. Pero lo que en verdad importa, señorías, es que del comportamiento del proscrito y de la vaguedad con que intentaba responder a algunas preguntas, hemos deducido que los rebeldes cuentan ya con un monarca al que seguir y obedecer.

—Un rey moro en Granada —dijo el arzobispo. Y se santiguó tres veces.

—Un país y dos reyes —sentenció don Gonzalo—. Eso significa la guerra.

El marqués de Mondéjar se dirigió entonces con voz grave, solemne, a su capitán Diego Rivas.

—Hablad, es vuestro turno.

Diego Rivas, ojeroso, con aspecto de no haber dormido en muchas horas y de sentir cercano el desaliento de una empresa que desbordaba sus fuerzas, tomó un sorbo de agua antes de dirigirse a los reunidos.

—Con vuestro permiso... eminentes eclesiásticos, señorías... mis informadores, que son gente de ley y de cuya palabra puede uno fiarse, me aseguran que el caudillo con rango de soberano, al que los rebeldes llaman desde hace pocos días Muley Muhammad Aben Humeya, no es otro que don Hernando de Válor, el converso, quien ha renegado de la fe y puesto sus armas, hombres y bagajes al servicio del Islam.

Hubo un silencio taciturno, de honda tristeza y aciago temor. Nadie parecía extrañado por la noticia y en realidad nadie lo estaba porque la deserción de don Hernando, llegado el momento propicio, era cosa esperada.

—Puede más la estirpe que la fe —sentenció el arzobispo—. Un alma de menos hay para Cristo.

—Un alma de menos y muchos hombres, caballos, pólvora, arcabuces y cañones para los sublevados —dijo el marqués de Mondéjar—. Desde hace días vamos tras la búsqueda de don Hernando, Aben Humeya o como quiera que se llame ahora, pero tal parece que la tierra se lo hubiese tragado. En algún escondite, a resguardo de nuestras pesquisas, prepara la guerra con el fanatismo de los que abrazan una causa que ha de llevarles, sin más opción, a la victoria total o a la muerte. Y es así como anda el gobierno de esta tierra, ilustres señores.

Hizo una pausa, como si nos invitase a todos a reflexionar. Después, ya más sereno aunque sin que aflojase la tensión de su rostro, fue solicitando la opinión de cada uno de los presentes. Don Pedro de Deza fue el primero en intervenir.

—De inmediato, y como medida cautelar, hay que poner en prisión a cuantos moriscos se hayan significado en los últimos tiempos por su rebeldía en lo que concierne a costumbres y opiniones. Esta misma noche, los alguaciles iniciarán el recaudo de levantiscos.

—Me parece una buena iniciativa —dijo don Gonzalo—. Pero no olvidemos que, desde el mismo momento en que se produzca, la sublevación se extenderá mucho más allá de los límites de Granada. Hay que poner en estado de alerta a las guarniciones y habitantes del antiguo reino, sobre todo en comarcas remotas como las Alpujarras, Baza y Archidona. Y ya veremos si las revueltas no llegan más lejos. Es necesario que unamos nuestras fuerzas a las del marqués de los Vélez y el duque de Arcos, cabeza de la Serranía donde, a buen seguro y si no enmendamos de plano la situación, los moriscos han de alzar sus estandartes de guerra. En aquellos lugares no habrá más refugio para los cristianos que las iglesias construidas sobre antiguas fortalezas y atalayas moras. Sería por tanto imprescindible, señor arzobispo, que mandaseis recado a los miembros de vuestra diócesis en tal sentido.

—Contad con ello —asintió don Pedro Guerrero—. Desde mañana sonarán las campanas en todo el viejo reino, advirtiendo a los buenos cristianos de la plaga que se aproxima. Y como estoy convencido de que la superioridad de nuestra fe siempre ha causado temor a la morisma, de hoy en quince días ha de celebrarse una misa solemne en el campo del Triunfo, ceremonia en la que se exhibirán devotamente, para consuelo de la población, ejemplo y aviso de fortaleza, las reliquias encontradas hasta la fecha en suelo de nuestra ciudad.

—Pero Roma aún no ha autorizado el culto de tales huesos y objetos, en tanto no se demuestre que son auténticos —objetó el inquisidor Francisco Hita.

—Vamos, caballeros —dijo don Gonzalo—. No es momento de disputas teológicas sino de adoptar medidas

177

eficaces. Si la cruz no es suficiente para contener el levantamiento de los moriscos, lo será la espada.

Hablaba don Gonzalo con una autoridad que, en el fondo, me enorgullecía. Nunca pasó, allá en Baena, de los primeros latines y de las reglas elementales de la gramática. Pero el ejercicio del poder, la administración de bienes y negocios y el celoso cuido de su familia y apellidos, lo habían convertido en un hombre de magnífico talante, lúcido de criterio y valeroso ante la adversidad. Ya los dos peinábamos canas, ya los años nos habían echado encima esas lacras y estigmas que anuncian la inevitable vejez. Pero de aquella jornada recuerdo el sonoro dominio de su voz, la presencia de su cuerpo enraizada al ánimo de lucha igual que un árbol nudoso resiste bajo la tormenta. Es cierto y no lo niego: sentí orgullo por don Gonzalo. Por haberle servido y por ser yo, en definitiva, hoja de aquella rama.

—Para la defensa de Granada sobra con los hombres del marqués de Mondéjar y con la guarnición que yo mismo mantengo en el Campo Real. Ahora bien: me preocupa seriamente el que entre el marqués de los Vélez y el duque de Arcos sólo cuenten con unos cuatrocientos jinetes y, todo lo más, tres mil infantes. Es la suya una zona demasiado amplia para combatir con tan pocos efectivos.

—Les enviaremos refuerzos —aseveró el marqués de Mondéjar.

—A costa de debilitar nuestra milicia en Granada —objetó don Gonzalo.

De estas palabras sólo era posible deducir una consecuencia: los gobernantes de Granada y su antiguo reino debían solicitar ayuda al emperador, idea esta que no entraba en los planes del Marqués de Mondéjar.

—Si apelamos a don Felipe, será tanto como reconocer nuestra debilidad; en otras palabras: que no somos capaces de poner orden en nuestra propia casa.

—Aunque así sea —dijo don Gonzalo—. No veo otra salida ni estrategia que me merezca confianza. Mejor pedir ayuda que ser arrasados o mantener una guerra larga, perpetuar el conflicto hasta que la sangría de hombres y dinero nos lleve al punto en que ahora nos encontramos: discutir nuevamente sobre la conveniencia de que el emperador envíe sus tropas en nuestro auxilio.

Todos los presentes asintieron, excepto el de Mondéjar, quien permaneció en silencio, reflexivo, mientras los demás entrecruzaban palabras sobre detalles pequeños de la que iba a ser gran catástrofe. De nuevo charlaban, saltando de una idea a otra, dispersos en un nervioso parloteo. Finalmente, el marqués de Mondéjar llamó la atención a todos, imponiendo aquella autoridad que unos aceptaban de mejor grado que otros.

—Caballeros, os suplico que centremos los términos del debate. No tenemos tiempo que perder en palabrería.

—Os escuchamos —dijo don Pedro de Deza.

—Esto es lo que propongo: de inmediato enviaré emisarios a don Felipe que informarán puntualmente de lo que ocurre. Si el emperador, a quien Dios guarde, cree que es preciso intervenir, hágase su voluntad. En caso contrario, haremos frente a la situación con nuestros propios medios y únicamente pediremos ayuda a la corona si se diera la circunstancia de que los turcos o los piratas de berbería desembarcasen en las costas del reino.

—Me parece una estrategia arriesgada —dijo don Gonzalo—. Quizás sería más prudente solicitar ayuda desde ahora, aunque la estima y el orgullo de la nobleza granadina queden algo mermadas.

El Marqués de Mondéjar replicó duramente, con agrio tono, imponiendo a las bravas, según me pareció, el privilegio que le asistía de dar última palabra a cuanto allí se deliberase.

—Hay ocasiones, señor Marqués de Sessa, en que la vida de unos cuantos soldados, un puñado de dinero y los trabajos de dos o tres batallas no compensan el menoscabo del honor. Honor digo, no estima ni orgullo. El honor de contar con la confianza de don Felipe y de ajustar cuentas a los rebeldes sin más auxilio que el divino. Porque, no lo olvidéis, señor duque de Sessa, Dios está de nuestra parte. Como siempre.

Y ahí se acabó la discusión.

\* \* \* \*

Era ya pasado el mediodía cuando por fin supe el motivo de mi presencia en la asamblea. Acabadas las deliberaciones sobre táctica militar, acordado y refrendado cómo debía procederse, don Gonzalo se dirigió a los otros caballeros con estas palabras:

—Hemos hablado de la guerra, que parece inevitable. Sin embargo, y puesto que la rebelión aún no se ha producido, quisiera escuchar las opiniones de personas preclaras, duchas cada una de ellas en su materia, con ob-

jeto de averiguar si cabe alguna esperanza de que no lle-
guemos a encontrarnos en el campo de batalla con los
moriscos. Quiero saber si la paz es posible. Por ello deseo
oír, y que todos oigáis, a don Ramiro Alvarado, a Soler y al
maestro Juan Latino.

Muchos años antes, cuando era casi un niño, me lo
advirtió don García Biedma, así recuerdo: «los poderosos
se ufanan, tenlo por cierto, de tener a su servicio personas letradas, instruidas en las nobles técnicas y mañas del
pensamiento, y se dejan aconsejar sin irritarse siempre y
cuando quede claro que ellos, a la postre, harán su santa
voluntad, que es para lo que han venido a este mundo.
Cavila pues antes de abrir la boca, mide tus frases como el
sastre avaricioso pone la vara sobre la tela antes de cortarla, calcula la dimensión y alcance de cuanto tengas que
decir, y sólo cuando estés seguro de que no has de arrepentirte de una sílaba de cuanto expongas con prudencia
y humildad, di tu opinión si te la piden». Tenía razón aquel
desdichado clérigo que puso fin a su vida ahorcándose una
noche de tormenta, con el alma empecatada hasta el envés de su luz y la herrumbre perniciosa de sus últimas gotas de sangre.

Alvarado habló en primer lugar. Con voz engolada
y mezclando latinajos y citas cultas de Aristoteles y Ovidio,
nos condujo su retórica al punto que interesaba. La desig-
nación real otorgada por los conjurados a Muley Muhammad Aben Humeya, a buen seguro habría disgustado a
Farax Aben Farax, de distinto linaje y adversario de quien
hasta ese día conocimos por don Hernando de Válor. Estas controversias intestinas en el bando de los rebeldes podían aprovecharse en favor del apaciguamiento, prome-
tiendo inmunidad a quienes abandonasen el campo de la

sublevación y, consecuentemente, debilitando al resto, desmoralizándolos al punto de pedir una paz digna y clemencia. «Clemencia sobre todo», acabó su discurso Ramiro Alvarado.

Acuña Soler fue prolijo en sus explicaciones sobre el carácter belicoso de los moriscos, la intrasigencia con que defendían su fe y costumbres, su nula voluntad de convertirse en buenos cristianos... los caballeros bostezaban, echaban de menos la comida de mediodía y la siesta; bostezaban, se rebullían en sus asientos, y a ninguno pareció interesar la iniciativa de Soler de ponerse en negociaciones con Aben Humeya sobre la revisión, en la medida que fuese posible, de las Capitulaciones para la entrega de la ciudad firmadas por Boabdil y los reyes Isabel la de Castilla y Fernando el de Aragón. Según aquel antiguo contrato, tenían los moriscos derecho a la observancia de su fe, a la conservación de sus ritos y a vestir del modo que les placiera. Don Pedro Guerrero, al acabar Soler su intervención, hubo de recordarle que desde hacía mucho y por dictamen de la Iglesia y voluntad del cardenal Cisneros, se había decidido que el texto de las Capitulaciones y la legislación eclesiástica entraban en conflicto, y que en tales casos primaba el derecho de la Iglesia. Soler, un poco abochornado, se retiró hacia las sombras de una esquina. Don Gonzalo me dio entonces la palabra, esa que gustan escuchar los poderosos aunque luego presten la misma atención de quien oye pasar carros por el empedrado de su calle; desconozco el motivo, pero los aristócratas y pudientes acaban siempre, de manera infalible, buscando el prestigio de una voz culta que argumente por ellos y diga con muchas finezas y adornos lo ya sabían y ya tenían decidido.

—Preguntáis, mi señor don Gonzalo, si es posible la paz con los moriscos —dije sin alzar la voz, deteniéndome en cada palabra como si antes de pronunciarla reflexionase sobre su oportunidad y alcance—. Quiero ser sincero, pues otra cosa no esperáis de mí, así que mi respuesta será taxativa. No. No es posible esa paz y nunca ha de serlo. Y aunque me cause tristeza decirlo, he de ir un poco más allá, afirmando que no habrá sosiego en Granada y en el antiguo reino mientras ellos, los moriscos conversos o renegados, tengan que vivir bajo nuestras leyes y observar los mandamientos y preceptos de nuestra religión. No soy quién para adentrarme en más indagaciones. Lo mío no son los negocios públicos sino la enseñanza humilde de algunas grandes artes que los clásicos nos legaron. Sin embargo, alcanzo a comprender que nuestra ciudad, nuestra Granada, es la única urbe de Europa que ha pasado súbito, sin etapas intermedias que habrían favorecido la convivencia y mutuo respeto, del Corán a la santa Biblia, de la era musulmana a la edad cristiana, del arcano Islam a la modernidad de nuestros tiempos. Don Diego Hurtado de Mendoza, a quien sus señorías conocen, historiador, diplomático y poeta de mucha hondura, dejó escrito hace años que Granada nunca conoció los siglos oscuros y heroicos de los grandes reyes de Castilla, de Navarra y Aragón, las gestas caballerosas, la poesía, la música y las artes que conmovieron a nuestros antepasados. Los moriscos y este nuevo tiempo que se encarna en nosotros, señorías, son como agua y aceite: podrán estar juntos pero nunca mezclarse. Vivirán los unos o los otros, pero no los unos en armonía con los otros. A la larga, y por desgraciado imperativo de la Historia, unos expulsarán a otros del antiguo reino. Siendo la tragedia inevitable, sólo ruego a Dios que prevalezcan la fe en Cristo y las

183

armas del imperio. Creed que me duele hablar así, pero habéis solicitado mi opinión y yo, señorías, no tengo por costumbre mentir ni poner miel y flores sobre la verdad desnuda. Eso es lo que pienso.

Suspiró don Gonzalo como quien se libera de una gran deuda.

—Entonces, querido Juan, para ti la guerra es inevitable.

—Imposible es que vivamos en paz, lo que causará la ruina de Granada, venza quien venza.

—Dejémonos de sutilezas y juegos de palabras y vayamos a lo práctico —interrumpió don Pedro de Deza. Hay mucho que hacer y la tarde se nos cae encima.

—Estoy de acuerdo —se adhirió el marqués de Mondéjar—. Ya hemos hablado bastante. Pongámonos en marcha, caballeros.

Todos se levantaron y así terminó la reunión.

\* \* \* \*

Don Gonzalo me dijo al oído:

—No te marches aún, Juan. Mi madre quiere merendar en tu compañía. Después te dará alguna ropa que sus criadas han ido cosiendo para tus hijos. Pero no le digas que te he avisado. Quiere darte una sorpresa y a su edad estas pequeñas satisfacciones son importantes.

Agradecí el gesto a don Gonzalo. Después sentí inquietud porque era la primera vez que compartiría mesa con la señora. Aunque ya me lo advirtió Jacinto Delavalle el día en que le conté bajo secreto de confesión mis escarceos juveniles con Graciana, la gentil sirvienta de doña María.

—No te apures, Juan, que siempre hay en la vida una primera ocasión para todo.

Por el brillo de su mirada y el tono casi festivo de su voz (a pesar de que nos encontrábamos en una iglesia y bajo las condiciones solemnes de un sacramento), deduje que para él, el bonancible Delavalle, también había habido una primera ocasión, quizás parecida a la mía. Somos humanos, hechos de carne y hueso, de voluntad, deseos y ambiciones, de sentimientos y miedos... de la materia imperfecta con que Dios quiso construirnos. Humanos, recuerdo, hechos para el amor y la muerte, para anhelar la quietud y el sano vecinaje y para ir a la guerra entonando himnos de espeluzne y gloria eterna.

Somos humanos, pensé, y de nuevo me di perdón por aquellos encuentros clandestinos con Graciana que duraron seis meses y ocho días, hasta que doña Elvira, que algo se barruntaba, la envió a servir a su casa de Alcaudete. Sentí perderla. Humanos somos y seremos.

Fui a merendar con doña Elvira. Apenas probé bocado y ella no estuvo habladora. Acabó el día. Regresé a casa. Dormí abrazado a mi esposa y al amanecer ella me dijo que había tenido sueños inquietos. «Inquietos sueños para quien descansa en tan quieta ciudad», se extrañó.

\* \* \* \*

El día de Navidad del año cristiano de mil quinientos y sesenta y ocho, Muley Muhammad Aben Humeya alzó al viento las banderas de guerra y plantó en su fortaleza de Lecrín el verde estandarte del Islam con la inscripción en letras doradas: «Sólo Dios es el vencedor». Y para que nadie tuviese dudas sobre lo absoluto de su mando y la férrea cohesión entre los sublevados, nombró visir de sus ejércitos al noble Farax Aben Farax. Rey y visir fueron de un reino sin tierras, de ejércitos invisibles, de una corte que no existió y de un pueblo que aún se preguntaba si no era preferible vivir como cristianos que ir a un seguro exterminio en defensa de la que consideraban, en el fondo de su alma temerosa, religión verdadera.

Aquel día de Navidad tañeron exasperadas las campanas de todas las iglesias, rutilaron hogueras en el horizonte, por los pequeños pueblos de la Vega y los altos del Albaycín; resonaron los cascos de las caballerías y las tajantes órdenes de los oficiales hendieron el silencio mortífero de las calles desiertas. Los hombres de Aben Humeya subieron al Albaycín por las rabiosas cuestas que parten de las angosturas de San Juan de los Reyes y el Bañuelo, donde aprovecharon para disparar unos cuantos arcabuzazos al monasterio de la Concepción, aunque pasaron de largo pues temían verse acorralados en aquel dédalo de estrechos callejones por las tropas del marqués de Mondéjar y de don Gonzalo que ese día iban de aquí para allá, un tanto desorientada la milicia, deteniendo a gente armada y disparando contra todo el que les parecía sospechoso. Ya en el viejo barrio, armados los más con espadas antañonas, picas herrumbrosas, cuchillos tocineros y hasta con palos y estacas, los sublevados se dividieron en grupos que iban llamando en resonante aljamía a la revuelta.

Invocaban el nombre de Dios, el de su profeta Muhammad y el de los grandes monarcas de la dinastía nazarí. Por Nasr' Al-Hamar, por Alí Muley-Hacén los llamaban a la guerra... pero aquel día no quisieron los moriscos del Albaycín prestar oídos a la súplica de su nuevo rey. Más miedo tenían en el cuerpo que los cristianos viejos, de modo que cerraron portones, atrancaron ventanas, apagaron fuegos y candiles y oraron en silencio, y si alguna rueda de sublevados insistía a la puerta de sus casas, gritaban una otra vez: «id con Dios, que Él os ilumine, id con Dios». A la caída de la tarde, encolerizados los rebeldes por el fracaso de su estrategia, corrieron colina abajo y se adentraron en la Vega. La noche pronta de invierno los salvó de verse perseguidos, amén de que la milicia que custodiaba la cívitas temía caer en alguna emboscada o verse en la necesidad de combatir en sangrientas escaramuzas. Pulularon por la Vega, aquella noche y muchas otras, en completa libertad los amotinados. Hasta el amanecer llegó a Granada el fulgor de las hogueras, los olores a chamusquina y un aura de moribundia y terrorífica matanza que hizo temblar el ánimo de los más bravos soldados y puso un cerco de sombras en el corazón de todos. Granada se había salvado, pero a costa de perderse muchas vidas en la fronda enrevesada de la Vega, donde los moriscos rebeldes dieron fuego a iglesias, haciendas y pueblos enteros, pasaron a cuchillo a cuantos se les cruzaron, fueran hombres o mujeres, niños o ancianos, y destruyeron todo lo que recordase a la fe católica, pues era la suya una guerra por la tradición islámica.

Pasaron los meses de enero y febrero, llegó la primavera y aunque Aben Humeya no había logrado su objetivo principal, que era la reconquista de Granada (lo que habría sido argumento decisorio para la intervención de los turcos y huestes mercenarias de Norteáfrica), consiguió empero, y con muchas crueldades, abatir la resistencia de los cristianos viejos en las Alpujarras y extensas zonas de Baza, Güejar Sierra y Galera. Se estabilizó la guerra, lo que tanto temía don Gonzalo. Los rebeldes hicieron acopio de armas, pertrechos y alimentos, y fortificaron los pueblos que estaban bajo su dominio así como dispersas cuevas, cerros y otros lugares de difícil acceso donde esperaban combatir hasta los últimos alientos, siempre en espera de la prometida ayuda africana. En el bando cristiano no iba mejor la campaña. Don Pedro de Deza y otros altos miembros de la Chancillería criticaban abiertamente la pasividad del marqués de Mondéjar, quien se conformaba con mantener las posiciones de sus tropas y esperar que un nuevo invierno, el frío, el hambre y el aislamiento acabasen de por sí con la resistencia de los moriscos, llevándolos a la rendición. Hubo muchos debates, recuerdo, deliberaciones interminables, riñas y vocinglerío, pero el de Mondéjar no se echaba atrás, ni un paso cedía en la táctica. Esa fue la perdición, según creo, de los cientos de moriscos que abarrotaban las cárceles de la Chancillería. Nunca se supo quién dio la orden, ni qué intrigas la propiciaron... las catástrofes siempre ocurren cuando menos se esperan y, por lo que tengo visto y aprendido, jamás sale a relucir el nombre de quien las alentó desde sigilosas tinieblas. El marqués de Mondéjar fue llamado urgentemente a la corte para informar en persona al rey don Felipe sobre la situación y el curso de la guerra. Eso fue un quince de marzo. Dos días después Granada se tiñó de sangre. Soldados y alguaciles entraron a saco en las cárceles, y en cumplimiento del clamor de quienes exigían el exterminio de los «cristianos nuevos», masacraron a más de mil de ellos, degollándolos sin piedad uno tras otro y a la vista de quienes, aterrorizados, debían seguirles en el turno del espantoso sacrificio. Las aguas del Darro bajaron rojas, la sangre desbordó con sólidos cuajarones las acequias y riachos, y la agonía de los supliciados, sus gritos y berridos, hirieron la noche como un vuelo de espectros homicidas. A la mañana siguiente, los granadinos, atónitos, contemplaron el macabro apilamiento de cientos de cadáveres en la plaza de la Chancillería, donde eran cargados en carros y trasladados a las afueras de la ciudad. Allí iban echándolos sobre una inmensa pira que ardió siete días y siete noches y que empapó a Granada con el vomitivo perfume de la muerte.

Dos resultados tuvo aquella carnicería: los moriscos, convencidos de que no habría clemencia para ellos, redoblaron sus afanes de combatir hasta el aniquilamiento; de otro lado, el rey don Felipe destituyó al marqués de Mondéjar como capitán general de sus milicias en Granada, lo mandó de regreso caído en desgracia, humillado, puesto en evidencia ante sus opositores (que eran muchos), y decidió que a partir del mes de abril se hiciera cargo de las operaciones su hermanastro, héroe de Flandes y muchas y grandes batallas, don Juan de Austria.

El tono y curso de la guerra cambiaron de la noche al día con aquellas novedades. De los apenas dos mil infantes y cuatrocientos jinetes con que contaba cada uno de los cuerpos a las órdenes de don Gonzalo Fernández de Córdova, el marqués de los Vélez y el conde de Arcos, se pasó a más de veinte mil soldados que entraron en Granada como un recio vendaval dispuesto a sacudir hasta el polvo de las piedras. La mayoría de aquella tropa estaba compuesta por veteranos de los tercios de Flandes, gente que nunca había conocido la derrota: vizcaínos acerados, extremeños que usaban la navaja cabritera con la pulcra y asesina precisión con que un ama de cocina rompe el cuello a una coneja, castellanos que durante generaciones y centurias no habían conocido otro oficio ni otro beneficio que el de la guerra, y un tropel de mercenarios alemanes, suizos, italianos... todos ellos encurtidos en las más grandes matanzas de nuestra era, todos ávidos de botín, saqueo, robos, pendencias y violaciones. Imbatibles durante un siglo, orgullosos de sus heridas de guerra y de llevar escrupulosamente la cuenta de los hombres que habían matado, la temible milicia de don Juan de Austria tomó posesión de la ciudad durante la primavera, y muy rápido iniciaron sus trabajos de expolio, pues don Felipe había renunciado a su derecho al quinto real con tal de animarlos a poner fin cuanto antes a la campaña. Ningún morisco se libró de la tremenda venganza, aunque se hubieran contenido sosegados en sus pueblos y hogares durante la sublevación. Las ansias de botín llegaron al paroxismo, y la avalancha de fieros soldados cayó sobre nuestra tierra como camada de lobos en época de hambruna. Fueron célebres los saqueos del Albaycín, donde no sólo robaban sino que daban muerte a todo el que encontrasen al otro lado de los muros y tapias de las viejas mansiones moriscas; en Santa Fe, en Alhendín, en Purchil, en La Malahá... mataron, asesinaron y se hicieron con todo cuanto pudiera cargarse y tuviese algún valor: frutos, seda, ganados, oro, plata, perlas y carlancas... y cautivos sobre todo, cautivos moriscos que fueron la granjería de la voraz soldadesca y de muchos de sus jefes. No quiero escribir, no quiero recordar las matanzas, las crueldades, las torturas... no quiero hacerlo aunque vienen a mi cabeza como antiguos fan-

190

tasmas las grotescas, inhumanas escenas de degollina, empalamientos, mutilaciones... vienen como lacras que salpican mi conciencia de un vago arrepentirse y un dolor tan sólido como la mesa donde escribo ya entrada la noche, ya muy cercana el alba. Fueron tiempos de sangre y yo los viví (tal como había augurado don García Biedma), comiendo en la mesa de los príncipes y amenizando su digestión con mi ingenio y saberes. Esclavo fui, luego súbdito... sospecho que nunca del todo hombre libre, aunque tampoco quiero justificarme. Fue mejor ser bien servido junto a los poderosos que penar mi negritud en época de malandanzas. Qué hubiera sido de mí, negro y sin amigos, en aquella ciudad ocupada por brutales soldados que nada más distinguir a lo lejos la color de mi piel me habrían perseguido para llevarme a sus cuarteles y venderme, otra vez, como esclavo. Me libré de calamidades, y cualquier otro en mi posición habría hecho lo mismo. Pagué luego, y a buen precio, aquella tranquilidad. Pagué con mucho dolor la muerte de Luis Pedro Ibáñez. Fue luego, pronto, casi acabada la guerra. Pagué y lloré abrazado a mi esposa y rodeado de mis hijos. Lloré como habían llorado los campesinos de la Vega el día de Navidad en que estalló la revuelta, con las mismas lágrimas que asolaron los rostros de los moriscos del Albaycín, los presos de la Chancillería, los arrojados al fuego y condenados a la ceniza. Ese fue el precio que muy en soledad, sin más cobijo que mi familia ni otro consuelo que el de mi esposa, yo pagué.

\*   \*   \*   \*

Entre abril y diciembre, las tropas de don Juan de Austria arrasaron a los moriscos en Güejar Sierra, Galera y las Alpujarras. Combatían en orden abierto y con tal superioridad numérica que en menos de ocho meses la sublevación quedó aplastada. Los moriscos supervivientes del Albaycín fueron deportados en masa a remotos lugares de Andalucía y Castilla. El antiguo laberinto de casas y patios y muros cubiertos de enredadera se convirtió en un páramo. Ya sólo lo transitaban mendigos, pobres de solemnidad que buscaban refugio en las mansiones abandonadas, y clérigos, monjas y frailes que iban de un convento a otro con afanosa diligencia, caminando a paso raudo sobre la asombrosa nada. Para mayor desdicha del bando rebelde, Muley Muhammad Aben Humeya, don Hernando de Válor, fue asesinado en el mes de octubre. Los conjurados pusieron en el ficticio trono nasrí a su pariente Abenabo. Tampoco éste duró mucho. Su muerte es un misterio y de ella sabrán los mismos que mataron a don Hernando. Las rendiciones empezaron a sucederse, primero con cierta pausa, luego en tropel. Corrían los moriscos a entregarse pidiendo clemencia. Algunos la obtuvieron porque tengo para mí que las tropas de don Juan de Austria estaban ahítas de sangre; además, siempre era preferible tener bajo cadenas a un cautivo (que valía buenos cuartos) que en la horca a un rebelde. Y así, más o menos y si no me falla la memoria, acabó la guerra... aquella guerra absurda, cruel, despiadada. Aquella guerra inevitable.

* * * *

Mucho tiempo después, aún ahora, a punto de agotarse los años de este siglo que casi han de coincidir con los de mi existencia, pervive una añeja fábula, una leyenda de la que es protagonista el emisario rebelde Daud aben Daud, aquel que salió de Granada llevando cartas para África en petición de ayuda al Sultán de Constantinopla y a los reyes moros de Argel y Tunicia. Huido del castillo del marqués de los Vélez, caminó maltrecho, con la muerte rumoreando tras sus pasos, hasta Salobreña. Allí permaneció, oculto en casa de clandestinos partidarios de Aben Humeya, hasta el fin de las hostilidades. Unos dicen que acabó por convertirse en marinero, otros que siguió escondido por miedo a represalias hasta que una enfermedad misteriosa, posiblemente la melancolía, se lo llevó de este mundo. Pero todos aseguran que dejó descendencia, y muy prolífica, y que por toda la costa de Granada y su antiguo reino vagan hoy seres lánguidos, penumbrosos, de mirada oscura y tez morena que se dedican a las faenas del mar con arcana devoción; son gente de mar, dicen, siempre pensando en el mar y su cercano límite, siempre observando el mar como si cualquier día, por arte de quién sabe qué magia, fuese a aparecer sobre la línea de las olas el velamen desplegado de buques de berbería. Son los hijos y nietos de Daud aben Daud, y los llaman hombres tristes aunque ellos no parecen afligidos sino más bien soñadores. De día y de noche sueñan. Con el mar sueñan.

\*  \*  \*  \*

193

Unos cuantos meses antes de que Hernando de Válor, Aben Humeya, cayese bajo el cuchillo de los traidores que sin duda habían dormido en su casa y comido en su misma mesa, recibí una invitación de don Rodrigo Mantera, capitán del ejército y secretario de don Juan de Austria. Me convocaba para ese mismo día, a la caída de la tarde, en las estancias reales del palacio de la Alhambra, donde había tomado aposento el hermanastro del emperador.

Vestido con mi mejor toga magisterial, la de las solemnidades académicas, sintiéndome algo risible en época de tanto duelo y, lo que era peor, notando a mis espaldas el mirar burlesco de quienes veían en mis ropas y porte (y en la color de mi piel, no lo olvido), motivo de asombro y ejemplo de extravagancia, subí la cuesta de la alcazaba en compañía de Jacinto Delavalle, quien se ofreció buenamente a acompañarme en cuanto supo la noticia de que don Juan de Austria, el hombre más poderoso de España abajo el emperador, deseaba entrevistarse conmigo.

—Es un honor grande que os hace justicia, maestro Juan Latino —comentaba entre resoplos. El trabajo de subir su corpachón y sus grasas por las cuestas de la Alhambra era admirable, digno de su amistad—. Quienes lo conocen, afirman que Juan de Austria gusta de rodearse de gente docta con la que hablar sobre temas elevados, sutilezas del espíritu y amenidades del alma. Sin duda se habrá interesado por los nombres más preclaros de nuestras artes y letras y, como es de lógica, el vuestro habrá salido en más de una conversación. Seguís teniendo buenos amigos en esta ciudad, a pesar de los tiempos que corren.

Algo nervioso, cavilaba yo sobre qué pudiera querer de mí don Juan de Austria.

—Sigo sin explicármelo, Delavalle. Hay en Granada muchos hombres cultos, poetas, historiadores. Filósofos y maestros en teología abundan como las setas bajo las piedras de la universidad...

—No tantos, no tantos como pensáis —me interrumpió Delavalle—. Con esta guerra maldita, que Dios quiera pronto acabe, los poetas y doctores se han desperdigado como bandada de palomas tras el cañonazo de salvas en día de Corpus Christi. Huyendo de la revuelta y sus calamidades, unos partieron hacia Castilla la Nueva, Sevilla, Málaga y otros sitios que consideran seguros; no temen tanto a los sublevados como a ese rumor que nos agobia y que señala un día sí y otro también que los turcos desembarcan, toman tierra y avanzan sobre Granada con empuje incontenible.

—Habladurías —dije yo.

—En efecto. Por eso están asustados. Más miedo causa un rumor que una verdad confirmada. La duda pone alas en los pies, querido maestro.

—¿Qué ha sido de las reuniones en la Cuadra Dorada? —le pregunté—. Hace meses que no paso por allí.

—No son estos tiempos propicios a la lírica. Acuña y Baraona están en Sevilla. Don Diego Hurtado de Mendoza anda en desconocido paradero... según las últimas nuevas ha perdido la gracia del emperador a causa de una pendencia que tuvo en la corte con cierto hidalgo y en el transcurso de la cual salió a relucir una daga.

—Me parece increíble —dije con fastidio, enojado porque aquella futileza hubiese apartado a un hombre de tanta valía de la corte imperial.

—Pues hacéos a la idea. Don Felipe no quiere saber de él a pesar de los grandes servicios diplomáticos que

195

prestó a la corona en Trento y en Venecia. También os supongo ignorante de la más jugosa noticia, pues hace mucho que no conversamos.

—Decid, aunque creo que ya nada puede asombrarme en esta época de caos en el que por desgracia nos ha tocado vivir.

Jacinto Delavalle sonrió malévolo antes de continuar.

—Dejad que tome aliento, pues la historia tiene su poca de miga.

Nos detuvimos a la altura de un castaño bajo cuyas raíces pasaba un hilillo de agua repicona. Jacinto Delavalle respiró con ansia, atrapando el aire en abundosas bocanadas. Su semblante enrojecido por el esfuerzo de caminar cuesta arriba y conversar al mismo tiempo se fue descongestionando poco a poco.

—Antes os dije que tenéis amigos en Granada. Sabed también, maestro Juan, que desde hace pocos días contáis con un enemigo de menos. Os hablo de León Roque de Santiago.

—¿Qué le ha sucedido?

—Nada malo, de momento. Simplemente que antes de ayer escapó de Granada. Todos los indicios y conjeturas van en la misma dirección: fue a reunirse con su amigo Aben Humeya.

—No lo creo capaz de semejante despropósito. León Roque de Santiago puede ser retorcido y arrogante, pero no estúpido.

—Estúpido fue cuando declaró en público su enemistad hacia vos, querido amigo, acusándoos de aprovechar las ventajas de un supuesto y misterioso bastardeo que os habría unido indecorosamente con el ducado de Sessa.

196

—Vamos, dejad tal asunto. Nadie en Granada creyó esa absurda historia, y no debemos las personas sensatas hacer mención siquiera a ella —dije, algo cansado de chismes y cotorrerías que tan a mal se llevaban con la amargura de aquel tiempo.

—Mas no desertó León Roque de Santiago por mentecatez, sino por necesidad. De todos era conocida la buena amiganza que mantenía con don Hernando de Válor. Por así decirlo, se le consideraba un hombre de su séquito. No es de extrañar que las autoridades lo tuviesen vigilado las veinticuatro horas del día, pues aunque su estirpe es de cristianos viejos y, la verdad, nunca dio motivos para que nadie pensase en traiciones, sospechaban con vehemencia los magistrados de la Chancillería que bien pudiera ser un cauteloso informador, un agente al servicio de los rebeldes. Por tal motivo, han seguido sus pasos minuciosamente desde que empezó la guerra. Acabó por encerrarse en casa para que nadie lo viera ni supiesen de él, aunque sus criados entraban y salían llevando despachos, correspondencia que, evidentemente, era requisada y censurada por los alguaciles de la Chancillería. Harto de tanto asedio, de sinvivir bajo el ominoso recelo, temiendo quizás que lo mandasen prender para tomarle declaración, hace menos de cuarenta y ocho horas que huyó de Granada. Poco antes envió una carta a su tía abuela, doña Jerónima Garcés, que vive en Castro del Río, anunciándole que pensaba visitarla y pasar con ella el verano. La carta, como siempre, fue inspeccionada por los alguaciles, quienes no hallaron motivo de alarma. Unos días después, León Roque de Santiago salió de su casa, en la calle Ancha de Santo Domingo, montando una mula trotadora y seguido por dos criados y otra caballería que cargaba el equipaje. Le dieron vigilancia hasta que cruzó el puente de Atarfe que lleva al camino de Córdoba. Precavido como siempre, don Pedro de Deza había mandado emisarios al alcaide de Castro del Río para que su retén de guardia no quitase ojo de encima al visitante. Mas he aquí que, al cabo de dos días con sus dos noches, León Roque de Santiago no ha llegado a Castro del Río, ni nada se sabe de él. Las autoridades creen que torció su rumbo en Alcalá la Real, emprendiendo largo camino, monte a través, hacia Archidona, donde tiene partidarios Hernando de Válor. De modo que las suposiciones parecen confirmarse: León Roque de Santiago se ha convertido en enemigo de la corona.

—A estas alturas de la guerra... —dije—. Cuando las tropas de don Juan de Austria ponen cerco a los rebeldes y ya se adivina el fin y la completa derrota del bando morisco.

—Lo habéis dicho hace un momento: un despropósito.

—Una necedad propia del temperamento nervioso, inestable de León Roque de Santiago, quien, por cierto, nunca ha sabido escoger sus amistades ni elegir a sus enemigos.

Jacinto Delavalle me tomó del brazo para reiniciar el ascenso de la cuesta. Suspiró con resignación, como quien sabe admitir de buena gana las ironías con que el destino nos sorprende en sus muchas enrevesaduras.

—Amén de los amenes —dijo.

Y seguimos caminando en silencio.

\* \* \* \*

Había hombres armados con alabardas y puñales al cinto, otros hacían guardia a paso piano llevando mosquetes al hombro, y en todas las esquinas del antiguo palacio empezaron a brillar antorchas en cuanto el sol inició su declive tras las colinas rojas de la Alhambra. Pasaron carruajes con las cortinas echadas, jinetes que partían a toda prisa como si fuesen portadores de noticias inaplazables, alguna comitiva de diplomáticos y gente togada que iba caminando tras soldados que llevaban farolones y hablaban entre sí en alemán. Con la llegada de la noche, el cambio de guardia y los preparativos para el siguiente día, las estancias reales de la Alhambra bulleron de actividad, un ir y venir desconcertante, caótico en apariencia, donde se mezclaban el recio rumor de las pisadas con el rebatir de armas, las órdenes que surgían desde la oscuridad y el nervioso danzoneo de los caballos. Jacinto Delavalle, algo impresionado creo yo, me dejó ante los portones del casi concluido palacio del César Carlos, dio media vuelta y regresó a la ciudad con una prontitud menesterosa, moviendo su figura revolonda, ya cuesta abajo, con un zancajeo poco grácil pero raudo a toda vista.

Me dirigí a un oficial que disponía el emplazamiento de sus hombres frente al enrejado que daba acceso al patio y salón de embajadores. Le hice entrega de la carta con la firma y rúbrica de don Rodrigo. Sin dirigirme la palabra ni mirarme siquiera, como si sus obligaciones lo tuviesen en otro mundo del que yo momentáneamente lo había distraído, el oficial gritó un nombre y siguió con su tarea de componer la guardia nocturna. Poco después, a la carrera, llegó un soldado. El oficial le dio la carta, me señaló y se olvidó de nosotros. El soldado me hizo una seña.

—Seguidme.

Fueron todas sus palabras. Entramos en palacio y allá me dejó, en la oficina de sargentía, después de devolverme la carta. Un veterano con dos cicatrices aspadas en la mejilla izquierda volvió a comprobar la firma de Rodrigo Mantera y me observó de arriba abajo antes de permitirme pasar a una saleta donde aguardé solo, y cansado de tanta ceremonia, la llegada de mis anfitriones.

En una esquina se abrió una puerta. Aparecieron dos soldados, dos pajes y Rodrigo Mantera. Adelantándose a la comitiva, el capitán vino hacia mí sonriente.

—Maestro Juan Latino, os agradezco que halláis accedido a mi invitación.

Era una forma de hablar. Yo no era exactamente un invitado, sino alguien que cumplía con su obligación de no desatender la llamada de don Juan de Austria. Por otra parte, Mantera me pareció un hombre de amable trato, airoso, de porte muy distinguido hasta casi el acicalamiento.

—Seguidme, os lo ruego. Don Juan nos aguarda.

Caminaba Mantera en un frufrú de sedas cortesanas y un débil tintineo de hebillas militares. Sus botas de cuero contrastaban sin llegar a la estridencia con el rojo sanguíneo de las bombachas y el blanco crepitoso, sin mácula, de la camisa. En ese andar entre gentil y miliciano, seguidos por los pajes que alumbraban con lámparas de aceite, cruzamos un patio donde el viento mecía la copiosa fronda, haciéndola temblar como viejas telas de araña en el arcón de los siglos; subimos escaleras, atravesamos un largo pasillo custodiado por alabarderos y al fin, tras una habitación minúscula donde el techo reflejaba su filigranería en la copa de una fuente silenciosa, llegamos a la estancia donde nos esperaba el hermanastro del emperador.

«Sala de los durmientes» llamaban a aquel recinto, y lo cierto es que no tengo idea del porqué. Sólo recuerdo, como todos los granadinos de mi edad, que en aquella estancia de altos techos y amplios arcos de herradura desde los que se divisaban dispersas luces en el Albaycín, tomaron aposento muchos años antes el César Carlos y su esposa doña Isabel de Portugal, cuando visitaron Granada con idea de convertirla en capital del imperio... (capital de una guerra pequeña y feroz éramos ahora, esa idea me hizo daño); y que don Juan de Austria la había convertido en su comedor privado, donde gustaba reunirse con amigos y personas de saber e ingenio despierto que amenizaran sus veladas.

—Pasad, maestro Juan de Sessa. Os saluda un amigo.

De entre las ásperas sombras reunidas bajo uno de los arcos apareció don Juan de Austria. He conocido a muchos hombres ilustres cuya fama les antecedía y debo admitir que nunca, ninguno de ellos, me impresionó más de lo esperado. Fue el caso nuevamente. De ello deduzco que, tal como afirman los sabios que en el mundo han sido, todos somos iguales a los ojos de Dios y, si se me apura, a los ojos desapasionados de cualquier semejante. El poder y sus aliños son un lienzo primoroso que muy a menudo oculta sentimientos y pasiones, dudas, recelos, temores y necesidad que por nuestra condición son patrimonio de cualquier criatura, pobre o rica, nacida para servir hasta consumirse en la indigencia o para gobernar sobre medio mundo e imponer respeto hacia fama y nombre en la otra mitad de la tierra. Humanos somos, recordé. Y tan humano como yo y como cualquiera de los presentes me pareció don Juan de Austria. Vestía sobrias ropas al estilo castellano, jubón y calzas bermejas y escarpines de cuero

201

negro. Llevaba sobre el pecho una gruesa cadena de oro de la que pendía una cruz decusata del mismo metal. Me pareció un hombre joven mas ya uncido de esa cierta severidad de semblante que he visto muchas veces en las personas de alcurnia, a cuya voluntad y discernimiento se someten asuntos graves y decisiones que afectan a muchos otros y, sobre todo, a sus propios intereses.

—Tomad asiento junto a mí —dijo el de Austria—. La mesa tenemos puesta, lo que se ha de comer junto, y tantas cosas quiero preguntaros que quizás notéis mi impaciencia.

Esperé a que ocupase la cabecera de la mesa para acomodarme a su lado. Rodrigo Mantera se excusó en no recuerdo qué obligaciones para dejarnos allá, solos, uno frente a otro como dos viejos amigos que se reencuentran después de mucho tiempo sin verse. Mucho era, en efecto: toda su vida y la mía.

—No creáis una palabra de lo que ha dicho don Rodrigo —dijo el de Austria jovialmente, desvelando un secreto que corría a voces entre los suyos—. No son horas de atender los negocios de la guerra, sino de dar descanso al cuerpo. Lo cierto es que mi secretario anda metido en amoríos con cierta dama cuyo nombre omito, como es natural. Cada noche inventa un nuevo subterfugio para ir a su encuentro. Aunque quizás no debiera hablaros con tanta desenvoltura, pues tengo oído que sois persona de costumbres muy estrictas.

—No son mis costumbres estrictas, señor —respondí—, sino más bien ordenadas, lo que por otra parte es norma común entre quienes, como yo, han dedicado su vida al estudio y la enseñanza. En asuntos de moral no me tengo por más virtuoso que nadie, no juzgo a mis seme-

202

jantes, no suelo escandalizarme y creo firmemente que Dios tiene la última palabra sobre todo cuanto hacemos y decimos.

—Estamos de acuerdo. En tiempos de discordia como los que corren hay que dejar a un lado los excesivos escrúpulos, esa puntillosa observancia de algunas normas en que los clérigos y personas de mente estrecha insisten una y otra vez. Si don Rodrigo es feliz visitando a su enamorada, nada tengo que objetar. Más aún: conviene que la tropa, desde el comandante al último soldado, se sienta con fuerzas y alta de entusiasmo. Estoy convencido de que estos pequeños entretenimientos aligeran la carga de la guerra y dan ánimos para seguir combatiendo.

Asentí mientras dos criados nos servían copas de vino y una colación ligera de verduras y carne aliñada con miel y arándanos, al estilo en que se condimenta en los países germánicos. Asentí, digo, porque no estaba en aquella habitación ni me disponía a compartir mesa y viandas con don Juan de Austria para entrar en debate con él, mucho menos llevarle la contraria. Asentí pues, y callé lo que todos en Granada sabían: que esos pequeños entretenimientos a los que se había referido y que, según él, reforzaban la moral de su ejército, iban mucho allá del cortejo de damas y otras andanzas galantes. Que le preguntasen por sus bienes y familias a los cristianos nuevos de la Vega, a los deportados del Albaycín... alejé raudo estas ideas, no fueran a replicar y traicionarme en la expresión. Siempre igual y siempre por ellos: cautela.

—Decidme ahora, maestro Juan Latino, pues en verdad me interesa, cómo un hombre como vos, de vuestra raza y nacido esclavo, ha llegado a convertirse en el más ilustre enseñante de latín y gramática del antiguo reino, y en uno de sus poetas más célebres. No creáis que anima esta pregunta la burda curiosidad... más bien al contrario, vuestro caso me parece tan incomparable que quizás encuentre en él un ejemplo a seguir, una receta para superar las adversidades y trabajar sin desaliento en la mejora de mí propio.

—Vos todo lo decís, señor don Juan de Austria —argumenté con humildad, como gusta a los poderosos que se les hable—. Es el único secreto: trabajo y más trabajo, constancia y no perder de vista aquello que anhelamos y que debe ser legítimo. Soy en esto seguidor del humanista Juan Luis Vives...

—El converso.

—El mismo. Afirma este hombre sabio y sinceramente católico, que quien aspire a alcanzar magistratura debe considerarse alumno de por vida, no perder nunca sus afanes de aprender, indagar el mundo que le rodea con modestia, porque todo conocimiento proviene de Dios, teniendo la mente y los sentidos bien despiertos, y pulir su espíritu con el estudio de las materias que le interesen. Estas frases, leídas en mi juventud y tenidas siempre por muy ciertas, me han guiado hasta hoy. No puedo decir que me hayan convertido en un hombre rico —broméé—, pero sí en persona de carácter sosegado y conforme conmigo mismo. Esa es la mayor felicidad que pueda ambicionarse en este mundo.

—Así lo reconozco —dijo el de Austria—. Quisiera Dios que los hombres de armas no tuviésemos que hacer daño al prójimo, aunque enemigo fuese, para cumplir con nuestro deber. Esa es la contradicción en que siempre deambulamos: si para servir a Dios y al rey y cumplir así con mis obligaciones debo guerrear y dejar cadáveres sobre el campo de batalla, acaso podré sentirme satisfecho, pero nunca feliz. Quien se complace en el daño ajeno peca de solemnidad, al menos eso me enseñaron desde la infancia.

Recordé nuevamente, después de tantos años, los consejos de García Biedma, el loco clérigo de Baena: «extrema tu competencia en el halago de forma que, adulando, parezca que las palabras te salen del alma con pasmosa sinceridad, como si después de haberlas pensado mucho no tuvieras más remedio que pronunciarlas para no quebrar la evidencia de todo aquello que se impone por lógica de lo verdadero». Una vez más recordé porque, una vez más, un ilustre hijo del más alto linaje quería escuchar de mi boca lo que ya pensaba en sus interiores, tan calmos y a rellano con la vida que Dios les dio como yo había descrito los del hombre que se dedica al saber y huye de vanidades y pendencias.

—No veo tal contradicción —dije. Adulaba. No mentía pero tampoco estaba dispuesto a decir toda la verdad, lo que casi viene a ser lo mismo—. En efecto, ningún buen cristiano puede alegrarse de la desdicha ajena, por muy torpe, ruin y perverso que resulte ser el adversario. Si de artes de armas hablamos, celebramos nuestras victorias, no las derrotas del prójimo, y eso nos diferencia de los taimados agarenos y los crueles turcos y demás enemigos del imperio y de la Iglesia. Puede el guerreador encontrar satisfacciones en el cumplimiento de su deber, aunque no sentir felicidad por el daño, mucho o poco, que cause. Por tal motivo, yo siempre aconsejo a los hombres de milicia, de los cuales, os aseguro, he tenido bastantes entre mi alumnado, que además de las prácticas guerreras cultiven otras disciplinas como la lectura, la poesía y la música, tal como se puso de moda hace ya tiempo en las tierras de Italia, encontrando aquí buenos discípulos. Ese ideal de culto caballero cristiano, por sí mismo, superaría las trabas que separan la felicidad del riguroso cumplimiento del deber.

La palabra a su tiempo, esa es la ley. Cumplí la ley aquella noche y algunas otras en que fui a encontrarme con don Juan de Austria. Siempre, siempre hay que cumplir la ley.

—Justo me parece cuanto habéis dicho, aunque sigo yo barruntando que ese pleito entre lo que debe ser y lo que en realidad existe, es tan viejo como la humanidad. Fijaos en la Biblia, estimado maestro. Dios, en el monte Sinaí, entrega a Moisés los diez mandamientos, el quinto de los cuales dice claramente y sin posibles segundas interpretaciones: no matarás. Moisés baja a la llanura y su primera disposición es condenar a miles de israelitas que habían adorado al becerro de oro. Os confieso que tal pasaje del Libro me perturba. También es verdad que hay algo en mí... algo, no sabría deciros, que me indica lo contrario: hizo bien Moisés en castigar a los idólatras, y hacemos bien nosotros, los buenos cristianos, en perseguir a herejes, renegados y traidores. Perseguirlos hasta el exterminio si fuera necesario.

No era ya cuestión de adular, sino de morderse la lengua. El Libro... Moisés... qué sabía yo de guerras, venganzas y penitencias mortales. Yo aspiraba a ser un hombre bueno entre los demás hombres, a merecer el amor de Dios y que me dejasen tranquilo con la poca o mucha ciencia que sabía y con mis libros y escritos. Si el de Austria tenía escrúpulos de conciencia (de lo que no estoy convencido), podía haber llamado a su confesor en vez de invitarme a cenar.

—En efecto. Una cosa son los mandamientos de Dios y otra la justicia humana. Una el ideal y otra muy otra lo que debe hacerse en cada momento. Moisés castigó a los israelitas tan fieramente porque sin Dios verdadero al que adorar no habría, en pura lógica, mandamientos que cumplir. Y Dios es anterior a sus leyes porque Dios antecede a todo aquello en que pueda pensarse. Ergo Moisés obró con justeza, como bien hace vuestro ejército al guerrear contra los infieles.

—Entonces, según vos, la sangre se justifica cuando es vertida en defensa de los principios, de las bases mismas de nuestra fe.

—Evidentemente —respondí—. Sería absurdo condenar a un hombre a la horca por haber robado un pan, pongo por caso. La ley exige que el delito sea de mucha mayor cuantía y, sobre todo, que lleve en su esencia la miasma destructora de nuestra fe. Por eso van a la horca o terminan en la hoguera los traidores, los herejes, los asesinos y los blasfemos contumaces. Es penoso, ciertamente, mas no queda otro remedio que preservar el reino de Dios si queremos que pervivan sus mandamientos.

Creo que fue suficiente para el de Austria. Obtenida mi absolución y confortado su espíritu (que de todas formas no había yo percibido muy inquieto), dejó a un lado aquella conversación que nos llevaba siempre al mismo punto: sangre, muerte, hogueras y castigos. Conversamos sobre temas más ligeros y más propios de aquellas horas. Habló de noticias cortesanas, de los planes de matrimoniar nuevamente que tenía su hermanastro don Felipe, y de sus tribulaciones porque no le nacía vástago heredero, lo cual a mí me traía sin cuidado porque ya había en Europa muchos linajes antiguos, noblezas de flor y

207

cuna que de buen grado se harían con el mando del imperio si don Felipe se iba al otro mundo antes de verse sucedido por un hijo legítimo (ese mismo hijo del cual celebramos años después su nacimiento, levantando esculturas efímeras en lugares concurridos de la ciudad). Y ya a los postres, tomando unas uvas muy soleadas y dulces que le habían regalado campesinos de Montilla, volvimos a hablar de mí, aunque en tono menos denso y algo más especulativo.

—Antes os hice una pregunta, y habéis contestado a medias. No puedo creer que, aunque mucho os hayáis esforzado en el estudio, la color de vuestra piel no fuera obstáculo, yo diría que casi insuperable, para llegar a ese vuelo de ciencia y artes desde que el que contempláis el mundo.

Pensé un poco la respuesta, ayudándome con tragos de vino que ardieron en mis mejillas y, creo recordar, algo me soltaron la lengua.

—Señor, Dios hizo iguales a todas sus criaturas. A menudo bromeo con mis buenos amigos de la universidad y de la Cuadra Dorada, la que, por cierto, lleva tiempo con su actividad suspendida por culpa de esta guerra que espero acabe pronto; bromeo, os decía, sobre la cuestión, y afirmo que los negros son en el fondo tan claros como cualquier hombre, sólo que al haber nacido en un país caluroso han tomado el sol más de la cuenta. Sin embargo, y si queréis saber mi opinión reflexiva, os doy mi palabra de que nunca, en jamás de los jamases, he sentido vergüenza por mi raza; al contrario, estoy orgulloso de ella y de que a pesar de ciertas ideas equivocadas que corren en cabezas y lenguas ignorantes, siempre encontré comprensión por donde iba, el cariño de los próximos y el respeto de quienes apenas me conocían. Además, sabed señor de Austria que la forma de pensar del paisanaje, incluso de los más lerdos y obtusos, viene a estar condicionada por los mitos antiguos que, por así decirlo, crean la ficción de un origen para todas las cosas y, de esta manera, sostienen el mundo y su apariencia lógica. Pues bien, señor, es algo reconocido que en aquellas antiguas mitologías, puestas de moda por los poetas neolatinos, siempre tuvo el color negro un valor preferencial. Antes mencionábais la Biblia. Yo os recuerdo ahora su más hermoso compendio, *El cantar de los cantares*, donde el sabio Salomón, inspirado por Dios al igual que todos los que pusieron su mano y su palabra en el Libro, dejó dicho de la novia, es decir, del alma del piadoso que va al encuentro del Supremo: *Negra soy, pero graciosa, hijas de Jerusalem, / como las tiendas de Quedar, / como los pabellones de Salmar. / No os fijéis en que estoy morena: / es que el sol me ha quemado. / Los hijos de mi madre se airaron contra mí: / me pusieron a guardar las viñas, / ¡mi propia viña no la habría guardado!*

—Excelente —dijo don Juan de Austria—. Conocía el pasaje y nunca descubrí en él significado que se le pareciese.

—Mirarlo todo con curiosidad, con la mente y los sentidos bien despiertos... recordad que esa es la básica norma del hombre de letras.

El de Austria se me quedó mirando como si esperase mucho más de mí. Era el momento de las amenidades, lo supe. Había que distraer al hermano del emperador.

—Considerad, por otro lado, que Candace, mítica reina de mi país, la gran Etiopía, regaló su nombre a todos los poetas del mundo. Era reina, negra, y como negra y como reina vive en el corazón de los que aman las bellas

209

historias y las hermosas rimas. *Si Christus vitae fuscos non despicit autor, Catholicus vatem respice hiure tuum.* Pensad también en Phoenix, hijo del rey Agenor, metáfora del Ave Fénix o Fenicia, quien también es originario de Etiopía y que según la leyenda clásica fue enviado por su padre para salvar a Europa. Ved si tengo o no motivos para estar orgulloso de mi raza que Dios quiso hacer negra para que otros pudiesen, a sí mismos, llamarse blancos y atribuir pureza y honestidad a las cualidades de lo blanco.

—Sabéis argumentar, maestro Latino, y vuestra conversación es tan deleitosa que pasaría horas escuchándoos.

Don Juan de Austria bostezó sin contemplaciones.

—Pero llevo muchas horas levantado y mañana me esperan infinitas tareas.

—Lo comprendo. Será mejor que me retire.

—Antes, prometedme que volveréis de visita.

—Cuando así lo queráis. Tenéis en mí a un fiel servidor y, disculpadme la familiaridad, a un amigo.

—Eso espero, querido maestro. Bien... las once dan... yo me duermo... otro día seguiremos con esta conversación que tanto me place.

\*    \*    \*    \*

Hubo otros encuentros, más disquisiciones sobre el poder, la guerra y los actos de los hombres, los trabajos del imperio y la obediencia a la Madre Iglesia. Hablamos de poesía, de música y de cuanto a él le interesaba. Hablamos mucho y creo que, en algún momento, fuimos de verdad amigos. También conversamos como amigos a quienes el infortunio ha de separar cuando me preguntó por Luis Pedro Ibáñez. Por el libro que yo le había regalado. Le dolió perderme. Sí, estoy seguro de que le dolió perderme.

\* \* \* \*

Tras las rejas mordidas por el óxido vi hombres cubiertos de harapos que plañían con la fiebre de la desolación ardiéndoles en la mirada. Escuálidos, los huesos pegados a la piel como agujas de cristal que fueran a traspasarlos, romperlos en algún sesgo antinatural de su desdicha, no tenían fuerzas para quejarse más que con lamentos sordos, apenas audibles, como si en vez de hombres fuesen animales en plena agonía y desconcierto absoluto dictado por aquella obligación de morir; el suyo era ya el miedo de quien ni siente ni padece y únicamente le es dado intuir funestas visiones de su propio exterminio. Sin aliento, en tremenda desesperanza, la mayoría estaban tumbados sobre el hediondo lecho de paja que cubría el suelo, una pastosa remezcla de gramal, sangre, orines y heces; otros caminaban de un lado a otro de la celda, con

211

la mirada fúnebre de quien ha encontrado refugio en el puro extravío. Todos me parecieron cadáveres que torpemente respiraban, hombres a quienes se les hubiese arrancado el ánima y que vagaban espectrales, comidos de liendres y arañuelo, en un límite perverso que los mantenía, aún a su pesar, unidos a este mundo por el aliento fétido de la muerte.

Cuatro alguaciles vestidos de negro y armados con garrotes nudosos me condujeron por el largo corredor. A un lado y otro había enrejaduras y, tras ellas, hombres y mujeres extenuados por la miseria. Me cubrí la boca con un pañuelo mientras atravesábamos aquella antesala del purgatorio, pues el hedor miasmático flotaba en el ambiente con la mortecina y pútrida consistencia de los despojos, igual que hiede un perro al que se le han sacado las tripas, igual que apesta un borracho ahogado en su propio vómito. Y así, ocultando el rostro tras el pañuelo, crucé varios pasillos sin mirar ni a derecha ni a izquierda, oyendo el rumor quejumbroso de los encarcelados y sintiendo en mi piel la untuosa contaminación de aquella podredumbre.

Llegamos a una sala aireada y vacía de muebles donde algunos alguaciles, apoyados en sus bastones de nudos, conversaban tranquilamente. Uno de los que me habían llevado hasta allí, dijo:

—El señor Juan de Sessa tiene licencia para visitar al prisionero Luis Pedro Ibáñez.

El alguacil que parecía de mayor rango asintió.

—Seguidme —dijo.

Pasamos por otros corredores, escuché más quejas y murmullos insanos, febriles, suspiros de extinción y llantos de malaventura. Algunos presos, al verme en com-

pañía del alguacil, empezaron a gritar y jurar por su inocencia, pidiendo con ofuscación una ayuda imposible. El
alguacil exclamó con voz de trueno, de avezado cavador
de fosas:

—Silencio, desgraciados. Sois todos culpables y vuestra única esperanza de abandonar estos muros es la hoguera, así que dejadnos en paz. Rezad por vuestras almas,
imbéciles, y procurad no equivocaros de Dios pues tenemos instrucciones bien precisas de que, en oyendo el nombre aborrecido de Aláh, tomemos la lobera y cojamos a diez
o doce de vosotros y les demos muerte a palos.

Consistía la lobera en un a modo de collarón metá-
lico con una estrecha abertura. Tenía pinchos de hierro
en la cara interior de la argolla, que a su vez iba sujeta a
una larga vara. Con este ingenio apresaban los alguaciles
por el cuello a quien se les antojase, inmovilizándolo sin
que el infeliz pudiera defenderse, ni tan siquiera gritar
porque cualquier movimiento brusco hacía que los pinchos
se le clavasen en la garganta. Este arma, muy temida por
los reclusos, no era la única que usaban los alguaciles. Las
ordenanzas y reglamentos de la Chancillería impedían a
los carceleros usar espadas, machetes, puñales, lanzas y
cualquier instrumento de guerra en el interior de las prisiones, todo ello en previsión de que pudieran armarse los
cautivos en un amotinamiento. Mas no iban los alguaciles
con las manos desnudas. Aparte de garrotes y artefactos
como la lobera, usaban fustas de cuero recias como piel
de gato y flexibles como la mimbre; con ellas latigaban a
los presos, causándoles tremendas llagas y verdugones de
los que nunca llegaban a recuperarse porque ninguna herida podía sanar en aquel pozo inficionado donde medraban las enfermedades igual que cochinos en su porquera.

—Ya llegamos, señoría —dijo el alguacil.

Dejamos atrás el corredor y subimos por una escalinata de piedra que nos condujo a la parte más lóbrega del presido: la zona de las mazmorras. Allí estaban a recaudo, tras sólidas puertas de madera reforzadas con clavos y planchones de hierro, en cubículos diminutos que hacían recordar los columbarios del cementerio, los presos considerados peligrosos o aquellos sobre los que pendía una acusación particularmente grave. Era el caso de Luis Pedro Ibáñez, a quien se le imputaban los delitos de traición y asesinato.

El alguacil desprendió de su cinto el manojo de llaves. Abrió una de las puertas. La pestilencia que salió del hueco oscuro como un rebofe de mula envenenada por malas hierbas me hizo retroceder. El alguacil, sin inmutarse, acostumbrado a aquellos hedores de agonía y sepulcro reciente, me invitó a pasar con gesto torvo y un punto de venganza en su voz:

—He aquí las habitaciones de su amigo. Entre su señoría cuando le plazca.

Tumbado en el suelo, sin ropas, encharcado en las aguas de su propia miseria, había un hombre en posición de prenaturus: las rodillas dobladas sobre el pecho y ambas sujetas con las manos. A la débil luz de una estrechísima tronera su desnudez ofrecía la insoportable sensación del despojamiento y la renuncia. Tuve que agacharme para no dar con la cabeza en el húmedo techo del calabozo, el cual no tendría más de dos pasos y medio de largo por otros tantos de ancho. No vi mueble alguno, ni balde o cubeta donde aliviar necesidades. El alguacil cerró la puerta en cuanto acabé de cruzar aquel pórtico nauseabundo.

214

Luis Pedro Ibáñez, desde su fangoso abatimiento, alzó la mirada y después de contemplarme como quien observa incrédulo una fantasmagoría, cambió muy lentamente de posición, apoyando la espalda contra la pared y cubriendo en lo posible sus desnudeces en actitud de recogimiento.

—Maestro. ¿Por qué habéis venido?

—Para ayudarte —respondí.

Por respeto hacia él y por imponerme un acto de sacrificio que siquiera muy de lejos nos hiciera sentir la misma penuria, guardé el pañuelo y respiré su mismo aire.

—Quién puede ya hacer nada por mí. Soy un muerto en espera de que lo arrojen a la fosa de los condenados.

Se echó a llorar. Acaricié su cabeza, los cabellos sucios, apelmazados, cubiertos de aquella sustancia legamosa que parecía florecer en todos los rincones del presido. Me fijé en su cuerpo y no vi marcas de golpes ni mal trato. Aún así, indefenso, ojeroso, blancuzco en la penumbra de su cautiverio, me pareció la persona más infeliz y desvalida de este mundo.

—Algo se podrá hacer, Luis Pedro. No desesperes. Estoy convencido de tu inocencia y pienso abogar por ti hasta que se repare esta injusticia.

No respondió. Continuó llorando en un gesto de agudo patetismo, cubriéndose los ojos con una mano y tapando con la otra su más vergonzante desnudez. Aquel era mi discípulo... mi buen alumno con el que había compartido en la universidad ilusiones y limpios afanes de saber y belleza. Aquello, que se parecía a un hombre, era Luis Pedro Ibáñez, a quien yo amaba.

—Hasta hace pocas horas, ni siquiera conocía el motivo de mi prendimiento —acertó a decir entre suspiros y moqueos—. Los magistrados me interrogaron ayer y nada pude responderles... nada que les convenciera. Así que dentro de poco me entregarán al verdugo, y después, sin remedio ni apelación, a la hoguera.

—Nada de eso ha de suceder —respondí con más aplomo que certeza, simulando... nuevamente simulando para no contagiarle mi desánimo y amargura—. Pienso hablar y persuadir a quien sea necesario, enviar informes sobre tu conducta avalados por todos los catedráticos de la universidad... cualquier cosa para que no te hagan daño mientras estés aquí. Es una firme promesa: cualquier cosa he de hacer hasta que salgas libre de imputaciones y con la fama restituida.

—Será inútil —lamentó mientras sorbía por la nariz, aterido de frío y miedo—. Me acusan de un grave crimen.

—Así es —dije rotundamente. Estaba más informado que él y quería demostrárselo para alentar su confianza—. Hace tres noches, un grupo de moriscos atacó al capitán Rodrigo Mantera, secretario de don Juan de Austria. Acompañado de su escolta volvía de encontrarse con cierta enamorada suya que, según tengo oído, vive cerca de la plaza de Bib-Ab-Rambla. A la altura del arco de las Cucharas, no menos de veinte rebeldes que permanecían agazapados en la oscuridad se les echaron encima, acometiéndoles con espadas, cuchillos y ballestas vizcaínas, de las cuales, como sabrás, robaron muchas en el campamento de Ambroz durante los primeros días de la guerra. La escaramuza duró unos minutos solamente, pero ocho hombres perdieron la vida: dos miembros de la comitiva de Mantera y seis rebeldes. Los arcabuceros formaron círculo en torno a su capitán y dispararon hasta poner en fuga a los agresores. Uno de ellos, conocido por Alfonso

Heredia, converso, quien ha tomado el nombre de Núñez Muley, fue hecho preso y trasladado de inmediato a la Chancillería. Murió bajo tortura sin delatar a sus cómplices, sin decir palabra... y eso te perjudica...

—Lo sé.

—No supo o no quiso explicar por qué uno de los fugitivos dejó tras su huida el libro de Giaccomo de Messina, dedicado de mi puño y letra, que te regalé hace varios meses.

—Me robaron ese libro... me lo robaron —insistió Luis Pedro Ibáñez mientras dejaba que su cabeza golpease contra el muro, insistiendo en un ademán de completa desesperación.

—No tengo la menor duda de que así fue. Han intentado involucrarte con no sabemos qué propósitos. Esta mañana he conversado con don Juan de Austria para contarle toda la verdad. Me ha creído pero sigue sin convencerse de que no fueras tú en persona, y no otro, quien acompañaba a los emboscados. Está muy furioso y ya sabes que la ira embota el entendimiento. En vano he insistido en que no eres hombre de armas, en que nunca lo fuiste y nunca lo serás; mucho menos lógico parece que un conspirador acuda a una cruenta emboscada llevando un libro de comentarios a la Eneida. Pero estos tiempos... ay, Ibáñez... vivimos una época de paradojas, de indiscreciones, de gran desconcierto.

—Una locura que va a costarme la vida —dijo sombríamente.

—No mientras yo pueda evitarlo.

—No os hagáis ilusiones, maestro. Abandonad toda esperanza porque yo, de todas formas, las he perdido. Dentro de poco llegarán los verdugos. Romperán mis huesos, me arrancarán las piel a tiras y echarán vinagre sobre mis llagas; posiblemente me tenderán en el potro hasta que los miembros se me descoyunten. Y cuando ya no pueda tenerme en pie, me arrastrarán a la hoguera. Ese es mi destino, maestro. Sólo espero que Dios misericordioso me permita soportar el suplicio sin rencor, sin odio... y que así por lo menos mi alma pueda salvarse.

Compuso una mueca parecida a una sonrisa, la siniestra maquinación de un condenado.

—Dicen que tras los primeros golpes el cuerpo deja de sentir dolor y que sólo te conmueve la angustia de morir, las ansias de estar ya en el otro mundo.

—No hables de esa manera. Te repito que he de hacer todo lo necesario...

Me interrumpió llevando su mano diestra, temblorosa, a mis rodillas.

—Callad. Callad ahora, maestro Juan Latino. Y rezad por mí. Por mi alma.

Me agaché. Estrechándolo entre mis brazos, junté mis lágrimas con las suyas. Y así estuvimos mucho tiempo, yo sintiendo su temor, los pálpitos de su agonía, y él confortándose en mi impostada fortaleza igual que un niño acude a los brazos del padre cuando algo le aflige, a sabiendas de que ningún hombre tiene la potestad de sanarnos los padecimientos del alma.

—Reza tú también —dije a su oído—. Dios existe, y nos ama, y por fuerza ha de escucharte.

—Ya lo ha hecho —respondió—. Os ha enviado en mi consuelo y ese es el mayor privilegio que podía yo solicitar del Altísimo.

Regresamos al amargor de las lágrimas. Se hizo de noche y aún estábamos abrazados. Ofrecí la tibieza de mi cuerpo a su piel desnuda. Él, por momentos, pareció quedarse entredormido. Resignado a la muerte. Ah, bien lo sé: todos hemos de morir... pero nadie debería morir como Luis Pedro Ibáñez. Le di mi calor, recuerdo, y le hubiese dado una parte de mi alma si con eso hubiera podido salvarlo. Nos abrazamos, recuerdo, lloramos... mezclamos el sabor de nuestras lágrimas. Sabían igual las mías, mis propias lágrimas de negro guineo... sabían igual que las suyas.

\* \* \* \*

Saliendo de presidio, hablé con el alguacil que custodiaba aquella ténebre zona de calabozos.

—Mañana vendrá el verdugo —dijo con indiferencia, como quien conoce y soporta sin inmutarse cada regla de su oficio—. Si no habla, lo descuartizarán. Y si confiesa irá a la hoguera. De modo que no hay nada que hacer.

—Está fría la noche. Dadle una manta, algo de comida y un balde donde hacer sus necesidades.

—Es imposible —respondió el alguacil—. Va en contra de las ordenanzas.

Busqué bajo mis ropas y saqué la bolsa donde tintineaban algunas monedas.

\* \* \* \*

Fue un episodio menor de la guerra, pero nunca podré olvidarlo y nunca, por años que viva, podría hacerlo y apartar de mí el dolor que aguza sus dientes en los rincones oscuros de la memoria. A Luis Pedro Ibáñez le arrancaron las uñas con tenazas ardientes. No dijo nada porque nada podía decir. Luego le partieron uno a uno los huesos de la mano izquierda. «Por gracia de Dios eres diestro», musitó el verdugo a sus oídos; mi discípulo perdonaba porque así lo había solicitado antes de proceder, como era costumbre, el torturador. Luego dijo: «cumplo con mi oficio, sé tú valiente en el tuyo, hermano, y los dos quedaremos en gracia de Dios». Después machacó con puntillosa exactitud los dedos de la derecha. «Ahora no vas a poder escribir, bien que lo siento aunque nunca madre y padre me enseñaron letras, es la vida: unos nacemos para comer garbanzos y fornicar en legítima unión con nuestra esposa; otros como vos, señor bachiller, vienen al mundo para abrasarse en dolamas y gemidos por culpa del puto entendimiento y de esas doctrinas de aquí y de allá que no se sabe adónde llevan pero de las que, tenedlo por seguro, ningún provecho se alcanza». No sacaron a Luis Pedro más versión de lo sucedido en el arco de las Cucharas de lo que sabía, es decir: nada. Extrajo el verdugo a un cuerpo ya inane, y por orden de los magistrados, las uñas de los pies con alfileres de aguja, gruesos de hechura y muy finos de puntazo; le quebraron rodillas, tobillos, codos y hombros. Para concluir, lo sentaron en la pirámide durante cuatro horas, sujeto por seis soldados. Aquel instrumento de tortura era de los más espeluznantes. Se introdujo en España y sus reinos por la descripción que dio del aparato don Sebastián Pérez de Gracia, cautivo de los turcos durante siete años y jenízaro simulador por otro tanto tiempo, hasta que pudo darse a la fuga y regresar a los dominios imperiales. Relató los pormenores de ese tormento con detalle tan aproximado que el Santo Oficio quiso adoptarlo para mejor salvaguarda de los intereses de Dios sobre la Tierra. Constaba el suplicio de una pirámide de madera sobre cuya punta se sentaba al encausado por la parte en que el cuerpo se vuelve vulnerable para hombres y mujeres. Un sutil empalamiento, despacioso, en extremo hiriente, se producía con el transcurso de las horas. Nada dijo Luis Pedro Ibáñez. Nada. Lo que sabía: nada.

A la salida del sol, quebrantado el cuerpo y desmayado el entendimiento, colocaron a Luis Pedro Ibáñez sobre una burra negra, togado con el sambenito de los traidores. Como no podía tenerse lo sujetaron a un arzón que bamboleaba en los lomos del jumento; y así, apedreado por la multitud, vituperado, embarrado y enmerdado hasta la absoluta vejación, lo condujeron de la Chancillería al campo del Triunfo. Allí esperaba un gentío vociferante, ebrio por las ansias de venganza contra los moriscos sublevados y ansioso de fuego y sangre y del olor a chamusquina, grasa y brea que empapó a Granada durante aquellos tiempos... así lo recuerdo. Bramaron cuando el fuego empezó a lamer las heridas de Luis Pedro Ibáñez. Regocijo. Un traidor menos. Mi alumno no se quejó. Ni un lamento salió de su boca ni un susurro de inquietudes sobre el más allá nubló su claro anhelo de reunirse con el Todopoderoso en la morada donde no existe el dolor. Lo consumieron las llamas y yo fui testigo. Lo consumieron las llamas y yo vi el espectáculo desde las alturas del arco de Elvira. Todo lo vi, en compañía de don Pedro de Deza, de mi señor don Gonzalo y del arzobispo don Pedro Guerrero. Lo vi todo y dije:

—Hoy muere un buen cristiano.

Don Pedro de Deza, henchido de poder, lo confirmó:

—Un buen cristiano enemigo del imperio. Lástima, sí. Un buen cristiano.

El fuego devoró a un buen cristiano. Esa fue la pena.

\* \* \* \*

Dos noches pasé abrazado a mi esposa, gimiendo con la tristeza de un niño al que se le ha arrebatado lo que más estima: su propia confianza en el mundo, el candoroso vivir sin miedo, sin sospechar siquiera que los hombres sean capaces de hacer daño. Dos días sin salir de casa, recobijado entre los míos, herido de puro desconcierto, y dos noches de insomnio estrechando mi cuerpo y hundiendo mi rostro en el regazo acogedor de doña Ana, quien me consolaba con palabras dulces... su dulce compañía:

—No te culpes, Juan. A quien da todo lo que tiene no puede pedírsele más, y tú has hecho cuanto has podido. No dejes que la amargura abrase tu ánimo igual que las llamas extinguieron el cuerpo de Ibáñez. No es culpa tuya, por supuesto que no, y en realidad no es culpa de nadie. Son los tiempos, Juan, la época de desgracias que nos ha tocado vivir. Cuántas familias granadinas han sufrido tanto o más que nosotros; cuántos padres, hijos, hermanos y hermanas han acabado en prisión, en el campo de batalla, en el exilio, en la hoguera... son los tiempos, sí, amado —decía—, o lo que es igual: la voluntad de Dios. Por eso te pido que no caigas en la desesperanza.

Me acariciaba, enhebrando sus dedos en la red anillada de mis cabellos, casi todos canos. Me acariciaba y me daba consuelo y aquellas horas de tibieza y solicitud procuraron el ensalmo de alejar los temores, aunque no el dolor, recuerdo: el dolor tan hondo, de delirio en noche oscura, por la muerte de Luis Pedro Ibáñez.

A últimas horas del tercer día, cuando ya estaba dispuesto a pasar otra noche de lamentos y velatorio, me llegó una carta de don Pablo Guevara, sacerdote de Ambroz, traída por uno de los sirvientes apegados a su parroquia. «Venid pronto, mejor hoy que mañana, maestro Juan Latino, pues es urgente que hablemos de un asunto del máximo interés y que os ha causado mucho sufrimiento.»

Supuse que el párroco de Ambroz, por algún motivo que en ese momento era incapaz de adivinar, quería hablarme de los suplicios y muerte de Luis Pedro Ibáñez. Súbito, el cansancio se me transformó en vagas agitaciones, y el dolor en una rabia inconcreta, el cumplimiento de aquella conjetura que siempre había mantenido y según la cual Ibáñez fue víctima de un gran enredo, una conspiración tramada para perjudicarle.

—Lo sabía. Se cumple una intuición y siempre es para mal. ¿Es que los azares no van a terminar nunca? —grité.

Doña Ana me recomendó prudencia.

—No saques conclusiones antes de tiempo, Juan.

A qué si no. Por qué el párroco de Ambroz, a quien nunca había visto y del que jamás tuve noticias, quería hablar conmigo. Doña Ana, y yo, y todos en la ciudad sabíamos que ese pequeño pueblo había sufrido más que ningún otro las pavorosas consecuencias de la sublevación del día de Navidad. Cuando los moriscos huyeron del Albay-cín y se adentraron en la Vega, decidieron asaltar aquella guarnición, no muy protegida pero bien pertrechada, donde se almacenaban arcabuces, mosquetes, picas y ballestas vizcaínas. La escaramuza duró toda la noche, y el estampido de las armas de fuego y el rebrillar de las hogueras llegó hasta Granada en un eco siniestro de matanza y degollina. Al amanecer había muchos muertos sobre el campo de batalla. Los moriscos se llevaron el botín de guerra y no hicieron prisioneros entre los defensores que habían combatido con desesperación, aislados bajo la oscuridad y el frío durante horas. La venganza que tomaron las tropas del Marqués de Mondéjar primero y los soldados de don Juan de Austria meses después fue aparejada a la sangría de la noche navideña. Por largo tiempo, decir el nombre de Ambroz fue como invocar la muerte. Y de ese lugar me llegaba un aviso de extrema urgencia. Nada sucede por casualidad, menos aún en épocas de desolación como aquella que hoy recuerdo. Era la mano del Altísimo, eso creí, de ello estaba convencido: la mano de Dios, la verdad abriéndose camino, destejiendo la maraña de imposturas, falacias y maquinaciones que habían llevado a Luis Pedro Ibáñez hasta la hoguera.

—Ten mucha precaución —insistió doña Ana—. Los caminos de la Vega están fuertemente vigilados y no me fío de esa hueste mercenaria que anda por ahí saqueándolo todo.

—No temas —dije para tranquilizarla—. Don Juan de Austria me favorece con su amistad, lo que es bien sabido entre todos sus oficiales.

—Sin embargo, sería mejor que esperases a que amaneciera.

—De ningún modo —protesté—. El mensaje lo dice claramente: «mejor hoy que mañana». Así pues, hoy sabremos la verdad. Tarde como casi siempre, pero la sabremos.

Di instrucciones a Miguel y Julio, nuestros criados, para que trajesen ya enjaezada la mula que guardábamos en las cuadras del posadero Fernández, cerca del campo del Triunfo. Había empezado a llover, y un viento áspero (el viento de Noviembre, el de las hojas secas y el frío que cala con tenacidad perruna hasta debajo de los huesos), corría entre soplos furibundos y arcanos rumores, como una advertencia de la noche inhóspita que me aguardaba. Impaciente, esperé en la calle a que apareciesen los criados con la mula vieja y mansa. Busqué resguardo en el portalón porque la lluvia salpicaba firme contra los charcos y temí empaparme antes de tiempo. Doña Ana, desde un ventanal iluminado por dos lampa-rillas de aceite, me observaba inquieta... así la recuerdo: entristecida.

Por fin llegaron Miguel y Julio. Ambos dijeron que me acompañarían y yo no supe ni quise negarme. No estaba la noche para ir solo a ningún sitio, menos aún para internarse en los caminos de la Vega sin protección ni escolta.

Iniciamos el camino de Ambroz después de santiguarnos. Los tres nos cubríamos con gruesas capas de paño engrasadas. Más incómodo que otra cosa, avanzaba yo sobre la mula sentado a la jineta. El animal caminaba con tardo alelamiento, como si no fuesen con él la lluvia y los relámpagos que de vez en cuando caían a lo lejos. Julio y Miguel iban flanqueándome, cada uno con una antorcha en la mano y, así lo sospechaba, con una estaca oculta bajo los ropajes.

Cruzamos la plaza de la universidad, solitaria, alfombrado el suelo de hojas muertas, y en seguida cruzamos el puente que daba paso a la cañada real. De allí al camino que corta las alamedas y lleva a las vegas de Ambroz hay menos de una hora de camino. Los cascos de la mula chapoteaban contra el suelo embarrado, y Julio y Miguel, en ocasiones, tomaban las riendas fuertemente para no resbalar. El viento apretaba en algunas revueltas del sendero, y yo, por ir en alto, era quien más sufría los bufonazos gélidos del agua. No me habría cambiado por ellos, mis fieles Julio y Miguel, aunque hubiera dado lo que fuese por tener aquella noche veinte años menos y caminar con su energía, también con su determinación de espíritu, pues mientras yo me cuidaba de la lluvia y temía por mi salud y pensaba en Luis Pedro Ibáñez y en las noticias que sobre su muerte recibiríamos en Ambroz, mis criados bromeaban sobre las inclemencias de la noche y se contaban uno al otro aventuras parecidas, como cuando los envié cierta tarde del pasado enero al colegio de San Miguel, con dos libros y un saquito de hojaldres de regalo, y una nevada los sorprendió a la ida y les cortó el camino a la vuelta. Tuvieron que dejarse caer sobre sus capotes para llegar a casa, resbalando por las empinadas cuestas del Albaycín igual que dos niños alborozados juegan sobre la nieve. Recordaban lo sucedido con un júbilo que me hizo sentir añoranza de la mocedad, cuando no había tormenta que me hiciera pensar en catarros, ni nevada que causara en mí más que sorpresa y gozo repentino. Es hermoso ser joven y sentir la fuerza de los pocos años, la ilusión y el regusto amable por la vida, por ese algo de la vida que sólo se posee en la juventud y que endulza los recuerdos y tiñe de nostalgia cualquier vista atrás que se eche a la memoria; y es duro, ingrato, llegar a viejo y sentir que no sólo han escapado el tiempo, la fortaleza y el vigor de otras épocas, sino que también se esfumaron casi todos los anhelos, todo afán, las amistades que creíamos perpetuas... la felicidad... es duro, es ingrato. Sobre aquellos asuntos discurría y a mí mismo me reprochaba la enfermiza inclinación a la tristeza; desagradecido, pensaba, y pensaba en Ibáñez, mi alumno, a quien amé como si hubiese sido uno de mis hijos... desagradecimiento para con los dones que la vida me había regalado, el amor de doña Ana, el respeto y el cariño de todos los míos, la fortuna de haber podido estudiar y aprender y convertirme en hombre de letras, maestro de muchos jóvenes que veneraban mi recuerdo y se sentían orgullosos de decir: «yo fui instruido por Juan Latino, por Juan de Sessa, por Juan el negro...». Esas y otras imágenes y sensaciones de idéntico cariz rondaban por mi cabeza en la noche tan oscura. La lluvia se hizo espesa, pertinaz como los sones de un ejército en marcha hacia el fin del mundo. Avanzaba la mula con paso funerario, algo torpe, con una mansedumbre vegetal porque también era muy vieja y estaba acostumbrada a echar una pata y luego otra hasta que alguien le tirase de las riendas, y creo yo que lo mismo le daba ir que venir, caminar que detenerse. Llovía, recuerdo, y la lluvia y la tormenta que para Miguel y Julio eran causa de aventura noctámbula, casi de diversión, para mí pesaban... pesaban en mi ánimo con la sombría consistencia de todo lo que nos ha hecho daño en esta vida. Demasiado daño.

*   *   *   *

227

La casa del párroco de Ambroz, aneja a la pequeña iglesia, era confortable y estaba caliente. Esas dos virtudes tan sencillas fueron solaz, gloria perfecta después de la caminata bajo la lluvia que seguía repiqueteando sobre la techumbre del grato refugio donde, a salvo de la tormenta, Julio y Miguel secaban sus ropas junto al fuego y comían un guiso de carne y verduras que les dio nuevos ánimos y les hizo recobrar el buen color de semblante. Falta les hacía. Cuando más animosos caminaban, ya cerca del pueblo, Julio distinguió en la oscuridad unos bultos que se movían con pesadez, mecidos por el viento. Pensó que acaso fueran estandartes de la guarnición que custodiaba la villa, o algún ingenio de campesinos para espantar pájaros o cosa que se le pareciera. Miguel pidió a Julio que se acercase y éste obedeció sin ninguna reserva, con la naturalidad de quien nada teme. Acercó la antorcha y los tres sentimos el mismo escalofrío. Aquellas formas compactas, suspendidas en la noche, eran un grupo de ahorcados. No me detuve a contarlos, Dios me librase, pero estoy convencido de que pasaban de la docena y de que llevaban muchos días a la intemperie. Desnudos, con la piel azulada y resbaladiza, la visión de los ajusticiados fue como una rotunda y hosca advertencia: estábamos en territorio de guerras y exterminio. Se acabó el paseo y empezaron las prisas. Hasta la mula, según me pareció, anduvo más ligera.

Ahora, confortados por la comida y por algunos vasos de vino que les servía una joven oronda, radiante de color y bienhumorada a quien el párroco llamaba sobrina y a la que mis criados dedicaban bromas, Julio y Miguel parecían haberse recuperado de la aparición, aquel mal sueño de ahorcados que indicaba claramente el camino hacia un pueblo minúsculo, de treinta casas, doscientos vecinos, unos pocos establos y una iglesia sin campanario, que había tenido la mala fortuna de convertirse en centro de la tempestad, aquella furiosa discordia granadina que dejó tras de sí lo que todas las guerras: muertos y nada más.

—Esa es nuestra desgracia, señor Juan Latino —dijo el párroco en su despacho, una habitación amueblada con una mesa de madera, un camastro, un reclinatorio y un enorme crucifijo colgado de la pared. Hablábamos en voz baja, a la luz de una vela. Éramos dos ancianos temerosos que confiaban uno en el otro, lo que no era suficiente para darnos consuelo.

—Ahorcados... ahorcados, maestro Juan Latino. Las tropas de don Juan de Austria descuelgan los cadáveres cada quince o veinte días, cuando la pudrición y sus hedores se hacen insoportables. Los echan a un bancal donde yo les voy dando tierra como mejor puedo. No soy un hombre fuerte, nunca lo he sido, y no encuentro ayuda para esa tarea porque todos tienen miedo. Descuelgan los cadáveres y los reemplazan por nuevos ajusticiados, esa es la terrible verdad. Los traen de pueblos vecinos, del valle de Lecrín, de Archidona... y si no encuentran bastantes reos, o si se les antoja, entran a saco aquí mismo, en Ambroz, y completan la rueda de condenados.

—No puedo creer que esas crueldades tengan ninguna relación con la guerra. Es puro desvarío, impulsos sanguinarios dictados por la venganza, según creo.

—No, no... os equivocáis... —dijo el párroco al tiempo que bajaba un poco más la voz, como si estuviera dispuesto a hacerme una sutil confidencia—. Son actos conscientes, pensados y bien meditados. Antes os dije que aquí, en este desdichado pueblo, todos tienen miedo. Por eso lo hacen, para avivar el miedo. Saben que el temor paraliza a las gentes, que las mantiene inmóviles en su desasosiego. Es una táctica guerrera. Por eso lo hacen. Mientras un hombre ande pensando que por capricho del capitán de la guarnición puede acabar en la horca, o alguno de sus hijos, o su esposa, tened por seguro que no rondarán por su cabeza ideas de sublevarse. Así mantienen la paz: a fuerza de ahorcamientos.

Suspiró el párroco. Guardamos silencio durante unos minutos, viéndonos entre la penumbra como dos almas vagarosas que han coincidido en el mismo lugar de la noche por azares incomprensibles. De la cocina llegaban risas, el placentero alboroto de unos jóvenes que aún entre tinieblas encuentran causa y razón para celebrar la vida.

—Morir sin culpa —dije—. Es el signo de la época.

—Sin culpa alguna, sin pecado que purgar —confirmó don Pablo Guevara—. Todos los habitantes de Ambroz son cristianos nuevos, y nunca tuve yo motivos para dudar de su sincera conversión. Nadie sabe qué anida en el alma de los hombres... nadie excepto el Altísimo... de modo que quién soy para juzgarlos, quién era yo, maestro Juan Latino, para juzgar si su fe era auténtica o impostada cuando acudían a la iglesia. Si de unos labios sale el nombre de Dios, yo digo amén. Y puedo aseguraros que aquí todos rezaban, y todos eran buenos cristianos, y ninguno tuvo que ver con el asalto del día de Navidad, cuando moriscos de Granada y de otras partes del reino mataron a los soldados de la guarnición y se dieron a la fuga después de robar y saquear cuanto pudieron. Ahora son ellos, somos nosotros quienes pagamos las consecuencias. De eso precisamente quería hablaros, maestro Juan Latino.

—Os escucho —dije. En un gesto de paciencia eclesial que tenía aprendido de vérselo repetir a don Pe-

dro Guerrero, a Juan Delavalle y a cuantos clérigos conocía, y que me pareció apropiado en la ocasión, cerré los
ojos, incliné la cabeza y uní las manos como si rezara.

—Tantas muertes, tantísima arbitrariedad, no han
quedado sin respuesta, señor. Sé que es algo nefasto, un
enorme pecado responder a la espada con la espada y pagar una muerte con otra. No os digo que lo apruebe, no,
pero... bien, ya que hablamos en confianza: lo comprendo. No podéis haceros una idea de cuántos inocentes, hombres jóvenes y en edad adulta, mujeres y niños, han pere-
cido a manos de las huestes extranjeras de don Juan de
Austria. Ni siquiera hablan nuestro idioma. Ni tan siquiera nos entienden cuando gritamos de dolor, de desesperanza, de pánico ante la tortura y la muerte.

Usaba el plural como si todos aquellos sufrimien-
tos fuesen también cosa suya, como si los hubiera padecido, uno a uno, cada vez que sus feligreses los soportaban.

—Se ríen, se mofan de nosotros cuando plantan
la horca. Insultan a los condenados antes de llevarlos a
suplicio y escupen y orinan sobre sus cadáveres. Jamás vi
tantos hombres arrancados de cuajo de esta vida para me-
cerse al compás de una soga, ni tantas cabezas cortadas,
ni tantos cuerpos empalados. Oh... señor, Dios me perdone... el infierno debería tragarse a quien inventara ese
tormento abyecto que las tropas imperiales aplican con
especial fruición a nuestras pobres mujeres, ya sabéis, por
la facilidad que da natura al acto abominable. Algunas
de ellas...

Hizo una breve pausa, refugiándose en el pudor, la
vergüenza que sus propias palabras le causaban.

—Disculpadme. La verdad sólo tiene un camino y
quiero que vos lo recorráis esta noche junto a mí. Os de-

cía que algunas de ellas, sobre todo las jóvenes y hermosas, han sido violadas antes del empalamiento.

Volvió a callar y yo no supe qué decir. No llegaban palabras a mi boca con las que pudiera compadecerme de tantas atrocidades.

—La pura barbarie, maestro Juan Latino —continuó el párroco—. La pura bestialidad ha sido pan de cada día en este pueblo olvidado de Dios, que Él me perdone. De modo que algunos de los nuestros decidieron hace semanas tomarse la justicia por su mano.

—Os referís a la reyerta que tuvo lugar en el arco de las Cucharas.

—En efecto —confirmó el párroco—. Debo también advertiros algo. Lo que os cuente de ahora en adelante es licencia de confesión. Uno de los partícipes en aquella escaramuza insensata me liberó hace dos días del secreto sacramental, pero tan sólo en lo que concierne a un hecho: la falsa implicación de vuestro alumno Luis Pedro Ibáñez.

Cómo no saberlo, o intuirlo a ciegas y sin miedo a equivocarme. Había recorrido la noche y soportado la tormenta, había visto los cuerpos de los ahorcados y ahora escuchaba a don Pablo Guevara con un único propósito: hacerme con la verdad.

—Es algo sencillo, aunque vos, querido maestro, os hayáis debatido entre la confusión y la pesadumbre estos días.

—Así es —dije—. Y sigo sufriendo por la suerte que corrió mi discípulo.

—Creed que lo siento, y que de haberme enterado en buena hora de las intenciones de aquellos necios, quienes no tuvieron mejor idea que atacar la escolta de

Mantera con piedras y puñales herrumbrosos, habría hecho lo posible por impedirlo. El caso es que ya nada puede hacerse salvo restituir la verdad y, acaso, el buen nombre de Luis Pedro Ibáñez.

—Justicia a destiempo no es justicia —me lamenté.

—Pero quizás os consuele.

—Quizás —dije; y lo dije con muy poca convicción.

—Hace un par de meses —inició don Pablo Guevara su relato—, pasó por Ambroz un hombre instruido. Su porte, las ropas que vestía y los términos en que se expresaba, ponían en evidencia su esmerada educación. Estuvo cuatro días en el pueblo con el pretexto de copiar algunos legajos de la parroquia escritos en latín y que, según dijo, le eran útiles para una historia del comercio de la seda que estaba escribiendo. Mentía, por supuesto. Todos mienten en épocas como la que sufrimos, donde simular y esconder hábilmente las verdaderas pretensiones es casi una condición para seguir con vida. Yo lo supe... supe que estaba mintiendo el visitante porque más interés mostraba en algunos asuntos del pueblo que en los dichosos legajos de la parroquia. Preguntaba con mucha cautela y desapego, como si en el fondo le importase bien poco, quiénes habían sido torturados por la soldadesca de don Juan de Austria, quiénes ahorcados, qué mujeres violentadas, qué familias padecieron luto y sanguinarias maldades. Yo me barruntaba que aquel docto investigador de archivos bien pudiera ser espía de los moriscos. Ah... querido maestro... acaso fui débil, puede que mi deber hubiese sido alertar a la guarnición, pero son tantas las muertes que llevo vistas, tan horrendas las ejecuciones, que no me atreví a convertirme en delator, entre otras cosas porque me hubiese tocado enterrar a mi propio denunciado, lo que se me antojaba un disparate. Así que callé. Perdonad ese silencio que habría salvado a vuestro discípulo.

—No tengo nada que perdonaros. Luis Pedro Ibáñez murió por culpa de la severidad ciega de algunos y la artería de otros. No sois el responsable.

—Entonces —dijo el párroco—, puede que algún día me perdone a mí mismo. Pero debo continuar con el relato de lo sucedido. La noche anterior a su partida, nuestro huésped se reunió secretamente, en un establo de las afueras, con media docena de campesinos, cristianos nuevos de esta villa, todos los cuales habían sufrido los horrores de la guerra, bien en carne propia o bien contra personas a las que amaban. Les dijo que era posible tomar venganza. Habló mucho y bien, ya os digo que era hombre culto. Habló mucho y bien hasta convencerlos de que un audaz golpe de mano podría no sólo compensarles su dolor por el sendero tortuoso de la revancha, sino que, con casi toda seguridad, tal acción cambiaría el curso de la guerra. Evidentemente eran palabras, y las palabras hoy por hoy no transforman el mundo... pero mis feligreses, cegados por el odio, le creyeron. Informó nuestro hombre de que el capitán Mantera pasaba todas las noches por el mismo lugar, el arco de las Cucharas, con pequeña escolta y muy distraído, confiado, satisfecho porque venía de encontrarse con su enamorada. Por tanto sería fácil sorprenderle, acabar con él y darse a la fuga en menos de lo que tarda un gallo en revolar del techo de paja al campanario. Una vez desaparecido Mantera, sugirió, cundirían la inquietud de ánimo y el caos organizativo entre la hueste de don Juan de Austria, pues, siempre según él, Mantera se encargaba de todos y cada uno de los asuntos atinentes a la disciplina del ejército mercenario. Llegada la ocasión, los hombres de don Hernando de Válor, ese Aben Humeya a quien Dios castigue mil veces por toda la desgracia que nos ha traído, caerían sobre Granada. Fue como subir una escalinata de ilusiones, así me lo confesó ayer esa persona por boca de la que os hablo: los rebeldes tomarían Granada, el ejército cristiano huiría en dirección a Castilla la Nueva, la escuadra turca que navega siempre cerca de las costas de Tunicia vendría en apoyo de los rebeldes... ah, locuras de visionario que unos pobres campesinos con el alma llena de rencores creyeron sílaba a sílaba. Perdida la guerra, los cristianos firmarían una solemne capitulación; y en el antiguo reino, con sus tradiciones y su fe renacidas y puesto bajo la protección del Sultán de Constantinopla, volvería a ondear el estandarte con la media luna. Ya veis qué simpleza: se empieza con unas cuantas pedradas y cuchilladas al amanecer, en una esquina de la ciudad, y llegamos al imperio de la ley antigua bajo los dominios del Gran Turco. Y ellos, mis feligreses, almas de cántaro, creyeron en ese sueño.

—El corazón que odia o ambiciona en demasía es tierra abonada para esta clase de delirios —dije.

—Sólo una condición, requisito imprescindible, puso el falso estudioso de legajos para que todo saliera como había prometido. Que los emboscados, una vez acabada la lucha, tras la segura victoria, dejasen en lugar visible un libro. Un simple libro que mostró en el acto a los reunidos y que ellos guardaron sin entender del todo cuáles eran sus intenciones, cuál la importancia de aquel libro, precisamente aquel y no otro. Son ignorantes mis feligreses, maestro Juan: reverencian la palabra impresa y al mismo tiempo desconfían de ella, y le atribuyen cualidades soberanas y poderes misteriosos.

—Aquel libro era de mi propiedad —dije—. Se lo obsequié a Luis Pedro Ibáñez y acabó por convertirse en pieza de convicción, la prueba definitiva que lo condujo a la hoguera.

—Lo sé... ahora lo sé y bien que me pesa —respondió el párroco—. También sé el nombre de aquel caballero del libro, quien convenció a mis feligreses para que hicieran suya una empresa que, o mucho me equivoco, o sólo servía a oscuros propósitos. A una venganza quizás.

—Decid su nombre, os lo suplico.

Don Pablo Guevara se revolvió en el asiento, incómodo como si yo estuviera forzando una vuelta de más su ya de por sí atribulada conciencia.

—No sé si debo... si puedo. Disculpadme. No sé si el permiso para romper el secreto de confesión alcanza hasta ese punto.

—Decidlo, por Dios santo —exclamé—. Llevo días sin dormir, he padecido la incomprensión, incluso la indiferencia de mucha gente poderosa a la que siempre consideré amiga, y nadie quiso mover un dedo en favor de Ibáñez hasta que todo él se convirtió en cenizas. He viajado hasta aquí con un único propósito: saber quién es el responsable de los suplicios de mi alumno. Han muerto muchos cristianos, nuevos y viejos, por causa de este enredo, señor Guevara. Han muerto inocentes. Otros continúan sufriendo. De modo que no vengáis con escrúpulos. Decid ese nombre ahora.

Resopló el párroco. Volvió a moverse inquieto, temeroso, sintiéndose acorralado entre la verdad y sus límites, el estricto deber y lo necesariamente justo. Al fin dijo:

—De acuerdo. Tenéis derecho a saberlo. Si me equivoco, que Dios me lo demande. Estoy viejo y enfermo, y todos estos trasiegos de la guerra y el oficio de enterrador que el destino me ha asignado no ayudan precisamente a que mejore de salud. Así que será pronto, muy pronto, cuando rinda cuenta de mis acciones y palabras ante el Altísimo.

Se acercó un poco más. Sus labios temblaron mientras aquellas palabras herían mis oídos.

—León Roque de Santiago. Fue él quién lo planeó todo.

\* \* \* \*

Volvimos a Granada al amanecer, deambulando como espectros sobre el albur de la niebla, aturdidos por el cansancio y las horas de vigilia, navegantes en la densa vastedad de un frío de plomo que yo apenas sentí porque las palabras que había escuchado en boca de don Pablo Guevara helaron mis emociones y con lenta y opresiva autoridad embotaron mi entendimiento. Envié a mis criados de vuelta a casa, indicándoles que yo regresaría en un par de horas. Recuerdo mis pasos sonambúlicos por la vereda del Darro, las huellas de un caminar indeciso que rompía la lámina de escarcha haciendo crujir el suelo bajo mis botas embarradas; y recuerdo, no sé porqué, lo muy desvalido y pequeño que me vi ante el palacio de la Chancillería, una insignificante pincelada puesta por voluntad de

Dios y capricho de los hombres en el titánico lienzo de la guerra, el poder y la supervivencia. Ese era yo, una mota oscura en el cristal gélido de la mañana: aquí las gentes que acuden a sus ocupaciones, pleitos y demandas, con la esmerada mansedumbre de quien ya se acostumbró, para su desdicha, a subir y bajar las escalinatas del palacio donde se imparte justicia en nombre del rey; más allá los soldados y alguaciles que custodian a los magistrados y que guardan puertas, salas, entradas y salidas; y aún más lejos, en un discreto aparte, embozados como exige el mugriento código de su oficio, los testigos falsos de carrera conversan quedamente con los peritos en leyes, quienes van aleccionándolos sobre lo que hoy toca decir y jurar y cien veces rejurar si fuera preciso. Entre todos ellos, en ese rumor agazapado que late con la fuerza de la sangre bajo la piel y que mueve afanes, ambición y algún que otro miedo inconfeso, soy una breve aventura alquímica, *rara avis* herida por la mirada de otros que sube un escalón y se detiene fatigado por la edad y respira con ansia y continúa tercamente porque sólo una idea le mueve y le permite seguir ascendiendo la escalinata de mármol: hablar con don Pedro de Deza. *Rara avis,* vuelvo a pensar, piensan ellos... Juan el negro, el de los latines, el negro Juan, más negro hoy que nunca, sucio de barro hasta los hombros, arrebujado en grasiento capote, las alas del sombrero empapadas, caídas como las de cualquier pájaro moribundo... *rara avis in terra* me siento más que nunca.

*  *  *  *

238

—No, no, buen amigo... cómo va a interesarme —clama don Pedro de Deza, presidente de la Chancillería—. Ni me interesa ni apruebo que os presentéis de este modo en mis oficinas: sucio como un cabrero, agotado, sin haber dormido y con esa fiebre en el mirar que os hace parecer más loco que otra cosa. Tenéis una posición en esta Granada nuestra, Juan Latino. Lo que se dice una posición, y consecuentemente unas formas que guardar, cierto protocolo que seguir... qué van a pensar los escribanos, Dios de mi alma, qué habrá pensado mi secretario al veros entrar como si volvieseis de remover estiércol. No, de ninguna manera, no es pretexto ni excusa para vuestro desaliño la urgencia de este ni de ningún otro negocio. Si algo me ha enseñado la experiencia y el mucho tiempo que llevo ejerciendo mi cargo, es que para la justicia no hay asuntos urgentes ni perentorios. Lo que no se haga hoy puede hacerse mañana... sí, mañana habría sido buen momento para tratar el asunto del que habláis. Vuestro alumno Ibáñez, de todas formas, está en manos de Dios desde hace cuatro días. ¿Qué prisas os traen a esta casa entonces?

Desde la caída en desgracia del marqués de Mondéjar, don Pedro ha ganado sólida posición en los escalafones del poder. Altivo lo veo, muy concentrado en su tarea de mandar y arbitrar e impartir justicia. Abajo el hermanastro del emperador, no hay en Granada quien lo supere en jerarquía, máxime ahora, cuando sufrimos tiempos de guerra. Él lo sabe y actúa en consecuencia. Nos conocemos desde hace mucho, y tanto me ha favorecido que es necesario callar, asentir, pedirle disculpas si llega el caso. Callar sobre todo.

—Por otra parte, estamos hablando de un proceso cerrado. A Ibáñez se le tomó declaración y se negó a confesar. Ni siquiera bajo tormento dijo una palabra. La ley en esto no admite segundas interpretaciones. Se valoraron las pruebas, incluido vuestro testimonio favorable, se dictó sentencia y dicha sentencia fue ejecutada en legal término. No pretenderéis que volvamos a considerar el asunto basándonos en simples rumores, las habladurías de un cura de pueblo que está malhumorado porque la guerra le obliga a trabajar firme en su oficio en vez de llenarse la panza, dormir a pierna suelta y holgar cuando le apetezca con esa sobrina suya de la que sospecho que más que pariente es manceba. Seriedad, querido amigo. Ponderación. La justicia no pone en marcha sus engranajes por el llano motivo de que alguien se empecine en ver y creer lo que nadie ve y nadie cree... disculpad si mis palabras suenan duras, pero no están los tiempos como para ir zancajeando en pos de naderías. Por supuesto: me habláis de León Roque de Santiago y sus ardides. Qué vais a contarme que yo no sepa, amigo Juan. Ese traidor está reclamado por la Chancillería y temprano o tarde ha de caer preso. Será entonces cuando responda de su deserción y, llegado el caso, de la responsabilidad que tuvo en el ataque contra don Diego Mantera. Mientras tanto, que Dios vaya apiadándose de él. La justicia es paciente, sabe esperar porque cada hombre siempre acaba encontrando su destino y el de León Roque de Santiago está ya escrito, minuciosamente caligrafiado en anchos pliegos donde constan sus crímenes y culpas. De modo que id tranquilo, amigo Juan. Volved a casa, tomad un baño y descansad hasta mañana. Y dejad estos asuntos de ley y resarcimiento en manos de quienes saben llevarlos.

—Señor, lo único que yo quiero...

—Oh, vamos. Acabaréis por irritarme con tanta insistencia. Queréis venganza y yo no puedo ofrecerla. Queréis que el tiempo vuelva atrás y que vuestro discípulo regrese de la muerte... estáis ofuscado por la noche en vela y por esa caminata que con tanta insensatez, y en mala hora, os llevó al curato de Pablo Guevara, clérigo del que, por cierto, debo hablar algún día con el arzobispo Guerrero, pues ni su conducta es prudente ni sus ideas, me temo, acordes con lo que cabe esperar de un hombre de Dios en estos tiempos.

Me atrevo a interrumpirlo. No quiero venganza ni sueño con disparates de ultratumba. Deseo algo tan sencillo como que la memoria de Luis Pedro Ibáñez quede limpia de oprobio. Que su nombre figure junto al de los mártires cristianos de la sublevación, no en la nómina infamante de los traidores. Quiero, en suma, que la Chancillería reconozca el error cometido, el tremendo error que lo condujo a la hoguera sin remedio.

—¿Error? ¿Es que habéis perdido el juicio? —gritó disgustado don Pedro de Deza—. No hay error que valga, demonios. Ni error ni equívoco posible. Aunque no debería hacerlo, os lo repito en atención a vuestro confuso estado: todo se hizo conforme a la ley, siguiendo el procedimiento con exactitud escrupulosa. Cumplimos con nuestra obligación y él, ese tal Ibáñez del que ya me cansa hablar, se comportó desde el primer momento como todos los culpables. Culpable fue declarado y como culpable fue a la hoguera. ¿De qué error estáis hablando? ¿Queréis acaso que la Chancillería dé un paso atrás y reconozca que condenó a morir a un inocente? No juguéis conmigo, Juan de Sessa, no forcéis mi paciencia. Aquí se administra la justicia, no la completa certidumbre, que es patrimonio exclusivo de Dios. La justicia tiene sus caminos, entendedlo de una vez y para siempre:

el procedimiento. Así es como funcionan las cosas. Habláis de Ibáñez como si su vida tuviera tanto valor que estuviésemos obligados a poner en peligro el buen gobierno de la ciudad por la sola invocación de su nombre. No puedo creer que seáis tan insensato. Sabed que nuestro mundo, la civilización que conocemos y en la que hemos crecido amando a Dios y respetando sus leyes, padece horrendas amenazas. No hablo únicamente de Granada sino de toda la cristiandad, el imperio y el poder de la Roma católica. La sombra del mal, del ciego exterminio, se agranda y va cayendo como noche de difuntos sobre los confines de la tierra cristiana. En los países germánicos, al igual que en los remotos tiempos de las invasiones bárbaras, esa turba de exaltados luciferinos que a sí mismos se llaman protestantes, en alianza con nobles corruptos y gobernantes ambiciosos, levantan sus ejércitos contra el emperador con una saña que estremece sólo de pensar en ella. Tengo informes que hablan con sobrecogedora exactitud de las atrocidades que esas huestes de fanáticos, bien armados y pertrechados, cometen por donde pasan. Dejan tras de sí tierra calcinada, iglesias ardiendo, montones de cadáveres y espantosas epidemias y hambrunas que están asolando con mano de fuego los campos de Alemania, Flandes, Bohemia y Saboya. Allí combaten sin descanso ni tregua los soldados del emperador, la milicia de Cristo; contra el mal, contra el mismísimo diablo combaten, y cada día mueren muchos de ellos bajo las armas enemigas, y lo cierto y tristemente verdadero es que nadie sabe si finalmente ganaremos esa guerra o si la civilización cristiana será arrasada por el bando de Lucifer. No van mejor las cosas en Oriente, señor don Juan Latino. Sabedlo también. Los turcos otoma-nos se disponen a cruzar los límites del pequeño reino de Hungría; si lo consiguen, en poco más de dos meses estarán ante las puertas de Viena. Llegan desde la cruel Asia en hordas tan fieras y tan bien entrenadas en el oficio de matar y saquear que hoy por hoy no hay quien los detenga. Se han hecho dueños de Bulgaria, de Montene-gro, Rumelia, Moldavia, Crimea... qué sé yo hasta dónde alcanzan sus dominios, y utilizan a esos pobres países vasallos como centro de operaciones en su plan de destruir Europa entera y someterla al Islam y convertirla en súbdita del Gran Turco. En el Mediterráneo, sus barcos navegan al abrigo de las costas de Tunicia, Tripolitania y Egipto... abordan las naves de Venecia, Génova y Nápoles con una impunidad asombrosa. No hay libertad en los mares. No hay sosiego en la tierra. El futuro, señor Juan de Sessa, no está asegurado. En absoluto. Y a nosotros, los cristianos del reino de Granada, nos toca combatir en casa, en nuestra propia tierra, a esos feroces adversarios. De momento nuestra superioridad numérica es aplastante, mas no puede descartarse la idea de un desembarco en las costas del antiguo reino por parte del turco invasor, esa multitud guerrera que fluye en oleadas desde los lejanos desiertos de Anatolia y Mesopotamia. ¿Qué haríamos entonces? ¿Correr hacia Castilla lamentando la derrota y pedir auxilio al emperador? ¿Con qué tropas nos defendería si su hermanastro, el gran Juan de Austria, se ve obligado a retirarse? Es aquí, Juan de Sessa, en el antiguo reino, donde se está decidiendo la suerte de esa gran batalla.

Guarda silencio don Pedro de Deza. Acaricia sus barbas y al fin me mira con algo de desdén, de reproche que me hiere porque siempre fuimos amigos y él siempre me protegió y me quiso. A su manera, desde luego, como todos los poderosos que me estrecharon entre sus brazos, pero siempre me quiso.

—Y vos, ingenuo señor, pretendéis que me preocupe por un hombre de más o de menos, un estudiante de latines que por su mala cabeza o por torcido propósito se vio complicado en un ataque suicida contra el capitán Mantera, secretario y mano derecha de don Juan de Austria. Un hombre no importa. Una vida y una muerte no importan cuando está en juego nuestra supervivencia. Nada importan, nada.

Lo repite una vez y otra y yo vuelvo a sentirme pequeño, débil, desarmado ante la razón suprema del poder, lo recuerdo: desarmado como si en ese mismo momento cientos de turcos subieran las escalinatas de la Chancillería blandiendo sus espadas y clamando por nuestras cabezas, por nuestra sangre. Soy tan pequeño, tan breve, tan insignificante en esa geografía de batallas y guerras, matanzas y carnicerías que don Pedro ha descrito, que casi siento vergüenza. Eso debió ser: dolor y vergüenza.

—Ahora os ruego que me dejéis, señor Juan Latino. Tengo muchos asuntos de los que ocuparme. Id en paz y ofreced a vuestra esposa mi consideración. Marchaos.

Hizo sonar una campanilla y al instante entró en el despacho su secretario, un hombre enjuto, corvo, de nariz afilada y ojos pequeños que parecía más bien criatura nacida entre legajos y expedientes que hecha a imagen y semejanza de Dios, que Él me perdone. En eso pensé mientras bajaba las escaleras del palacio de justicia, en aquella imagen absurda y en la recomendación de don Pedro: id en paz.

Me marché, es cierto. Me rendí. Pero no alcancé la paz hasta que hubieron pasado muchos, muchos años. Casi todo lo que Dios ha querido darme de vida.

*   *   *   *

*«Juan Latino, cristiano etíope, traído desde Etiopía cuando era niño, esclavo del excelentísimo e invencible Gonzalo Fernández de Córdoba, duque de Sessa, nieto de Gonzalo, el Gran Capitán de las Españas, educado e instruido a su lado en las artes liberales y, finalmente, obsequiado con la libertad, recibió en Granada para regirla, del ilustrísimo y reverendísimo señor Pedro Guerrero, arzobispo de la ciudad, muy sabio sin duda alguna, la cátedra de gramática en el año cincuenta y ocho de su vida.»*

Así advierto *Ad lectorem*, en *De traslatione corporum regalium*, sobre mi persona. Que no haya dudas. Que nadie, en los años que han de venir, malicie sobre quién fue Juan Latino y a quién debió su amejoramiento en esta vida y, Dios lo quiera, su paso a ultramundo con el alma bien dispuesta para el último juicio. Así lo afirmo y el recuerdo duele en no sé qué herida del alma, allá donde la muerte sigue tejiendo sus primorosas argucias.

Murió más gente y acabó la guerra. Ni el turco llegó a las orillas del antiguo reino ni los sublevados consiguieron otra cosa que resistir sin esperanza hasta que el último de ellos abandonó los roquedales de alguna mon-

245

taña y bajó al llano y se entregó a la tropa cristiana, convencido de que era mejor y más práctico y sensato acabar para siempre con aquel desatino que perpetuarse en la miseria de un combate cuya única gloria era la de buscar escondrijo más o menos seguro y huir a tiempo. Murió gente, recuerdo, mucha gente, y los moriscos fueron deportados en masa a Castilla. De aquella Granada risueña que el César Carlos escogió para disfrutar sus esponsales y, al mismo tiempo, convertirnos en ciudad imperial, no queda más que el recuerdo. Pasó el tiempo, que todo lo pone en su sitio, que todos los males cura de una forma u otra... hasta mi tristeza por el martirio de Ibáñez fue sanando conforme la memoria postergaba los detalles más dolorosos de su fin, convirtiéndolos en una nebulosa de inquietud que palpitaba de vez en cuando por los recovecos en carne viva del recuerdo.

Pasó el tiempo, decía, me hice más viejo y no sé si más sabio. Volvieron a reunirse poetas y hombres muy cultos en la Cuadra Dorada, todo llega, todo regresa cuando la paz se impone por lógica o por fuerza; es mejor la paz que cualquier guerra, por honrosa y necesaria que sea y por muchas heroicidades y méritos que se alcancen en el campo de batalla. Es mejor la paz, pienso ahora... viejo, medio ciego, apartado casi del mundo en mi estudio de la calle de la Cárcel mientras acabo la redacción de estas memorias que nunca nadie va a leer y que jamás han de salir de este cuarto, así lo mantengo: es mejor cualquier paz a cualquier guerra. Todos los viejos estamos en la misma convicción, supongo, y no voy yo a ser, también en esto, *rara avis*. Se acabaron los sueños, repito... se acabaron los sueños de la juventud, la fuerza y las ilusiones de la juventud, y llegó la cordura de una paz que nuestro rey don Felipe haría que fuese casi eterna. Quedé yo malparado, también sufrí, también la muerte me rondó y sus alas batieron por mi casa con la opresiva arrogancia de esos nubarrones de otoño que convierten los cielos de Granada en un panteón de odiosas cenizas que vaga por el éter y gusta de posarse sobre la ciudad, contemplando nuestra desolación, haciéndonos comprender que la vida es un arte simple que se resume en dos principios: no sufrir y no amar en exceso porque de ninguna querencia de este mundo, que se sepa, nació nunca la felicidad. Pasó el tiempo. Murieron algunas personas a las que quise y respeté, es la ley de Dios, de la naturaleza, de los hombres a veces. Murió doña Elvira de Córdova. Sus exequias duraron cuatro días: dos de velatorio, uno de funeral y otro de entierro. Muy pocos recordaban ya a su padre, el invencible Gonzalo Fernández de Córdova, pero todos se condolieron por el tránsito de una dama tan piadosa, y no faltaron los fosores de vocación que convirtieron los actos fúnebres en motivo de esparcimiento legítimo, de chismorreo y justificada holganza. Murió el administrador de los González de Córdova, el licenciado Carvajal, de una dolencia de entrecostillas que los médicos confundieron con el cólico de miserere y que al final resultó ser colapso de vísceras. Hubo luto en mi casa por un año y mi esposa estuvo todo ese tiempo sin pisar la calle. Un año es muy poco si se le compara con la eternidad, así que ella lo ofreció gustosamente en sufragio por el alma de su padre, quien fue hombre honesto aunque un poco arbitrario y colérico, virtudes muy reñidas con la humildad propia y necesaria a los buenos católicos para entrar sin demora en el reino de los cielos. Hizo bien doña Ana en sacrificarse. A fin de cuentas no había he-

247

cho otra cosa en su vida, siempre por amor, siempre de buen grado. Yo creo que Carvajal, desde las esferas celestes, aún debe estar agradeciéndoselo. Murió don Pedro Guerrero, el arzobispo, y por deseo expresado en sus últimas voluntades se le envió al otro mundo con mucha oración y muy poco boato. Sentí de veras su pérdida y le dediqué una larga elegía mortuoria en mi libro *De traslatione corporum regalium*. Vino a Granada para sustituirle don Juan Méndez Salvatierra, quien pronto quiso conocerme y con quien trabé buena amiganza. Era natural de una pequeña aldea de Extremadura y procedía de familia muy modesta. Al contrario de Pedro Guerrero, Salvatierra era hombre expansivo, de jovial temperamento, piadoso mas no introvertido. Gustábamos de reunirnos algunas tardes en la curia arzobispal, tomábamos limonada y dulces del hojaldrero Matías Cortés, el más célebre de Granada, y hablábamos de los asuntos del colegio catedralicio y la universidad, de poesía y de algunos maestros latinos como Virgilio y Terencio, a quienes admiraba. En uno de nuestros encuentros, cierta tarde muy calurosa de verano, mientras oíamos el incesante aserrar de las chicharras, me dijo:

—Mirad lo que pueden las letras que, a faltarnos éstas, vos no saliéredes de una caballeriza ni yo del campo tras un arado.

Es un hombre virtuoso y optimista Salvatierra, me estima igual que yo a él, y mi otro buen amigo, Jacinto Delavalle, también lo aprecia porque bajo su mandato arzobispal se han acometido obras de ampliación y reparamiento muy necesarias en la iglesia del Salvador, donde continúa ejerciendo una modesta y cómoda capellanía.

—Hay que plegarse a lo que venga —me dice

Delavalle—, y sacar provecho legítimo de esos saberes que nos han librado de la pobreza y de la mucha necesidad que en estos tiempos campan a su antojo.

Hace muchos años, en Baena, mi primer maestro, aquel infeliz cura que marchó al otro mundo en pleno morbo de alienación, García Biedma, me daba consejos parecidos. Se cumple la lógica de las palabras (siempre las palabras doctas, siempre la poesía, el latín, la música... siempre ellos), y yo sigo enfermo de tristeza y cada noche, antes de dormir, rezo y pido perdón a Dios por mi falta de gratitud. En ocasiones disimulo mi aflicción, y escribo para otros como si otro fuese el que maneja la pluma. Salvatierra ha dirigido un oficio al Corregidor de la ciudad para que en documento solemne y honorario se reconozca que soy el primer hombre de raza negra que ha publicado un libro, mi *Austriada Carmen*, donde elogio la figura del emperador con ultraortodoxo apasionamiento, al igual que dignifico a su hermanastro don Juan el de Austria, quien finalmente venció a los turcos en Lepanto, destrozando su armada, alejando para siempre el peligro de invasión e imponiendo la libertad de comercio marítimo. Termino el canto con arrebatados versos que celebran el nacimiento del príncipe heredero, Fernando. Esperanza de la cristiandad le llamo, del imperio, de Roma, de la civilización... he venido yo a este mundo para honrar a los poderosos, respetarme a mí mismo y padecer en silencio. Es la ley de este siglo y sospecho que de todas las eras de la humanidad. Es la ley.

Con motivo del alumbramiento del príncipe Fernando, a quien Dios guarde, tuve la idea de mandar erigir en algunos rincones y plazas de Granada esculturas efímeras de madera. Son imágenes festivas en las que se repite la figura del dios Baco, todo bajo licencia de la autoridad civil porque el emperador no es amigo de francachelas vinosas ni de otros excesos; llevan una inscripción epigramática en la que se glosa y celebra el nacimiento del príncipe. Se han colocado casi todas en la plaza de Bib-Ab-Rambla, y el maestro Hugo de Mena ha sacado de su imprenta mil y doscientas cuartillas para ser repartidas entre la población, en las cuales se indica con claridad (eso sí, en riguroso latín), dónde se han alzado las esculturas efímeras:

Epigramma in arcu regali ad forum Bibalrambla.
In eodem arcu aliud ubi erant regis Stemnata.
In frontispicio arcus aliud.
In parte inferiori columbae dextrae aderat Vulcanus
                                           [depictus.

Todo lo cual, como es de prever, no han de entenderlo la mayoría de los vecinos. Si ya se las tienen a malas con el lenguaje hablado (no digamos el escrito), cómo van a descifrar estas claves en idioma que algunos, los más osados e ignorantes, llaman extranjero. Me lo dice y me lo repite Jacinto Delavalle:

—Antes pobres que herejes, maestro Latino. Entendedlo de una vez y os quitaréis un peso de encima. Mejor pobres que herejes. Mirad la desgracia, la gran ruina que nos trajo el culto soterrado de Aláh y su profeta Mahometto, a quien Dios tenga a recaudo en la gehena. Pobres, resignados, felices... almas limpias camino del paraíso.

—Pobres e incultos —me quejo yo.

Pobres e incultos. Lleva Granada camino de convertirse en la ciudad más mísera e ignara de occidente. La guerra ha dejado sus secuelas de hambre y piojerío, muchas laceraciones y dolamas crónicas que inficionan la atmósfera, ya de por sí saturada por el venenoso aliento de la malaventura. Abandonó el campo la tropa mercenaria de don Juan de Austria, dejando tras de sí un erial donde husmean perros vagabundos. Se llevaron cautivos por miles, prisioneros y rehenes en cuya suerte no quiero pensar, y arramblaron con cuanto de valor cupiese en el bagaje: sedas, oro, enjoyaduras, ganado, frutos... hasta muebles y maderas preciosas desmontaron en las casas moriscas del Albaycín y en muchos pueblos de la Vega para comerciar con ellos en el puerto de Sevilla y en las ciudades ulteriores de Castilla la Nueva. Heredamos un país en calma y minuciosamente expoliado. La mayoría de comerciantes, artesanos y banqueros abandonan la ciudad en busca de otra tierra más grata, de manera que si no cambia el destino de forma tajante, lo que veo difícil, dentro de poco sólo van a quedar en la cívitas un puñado de aristócratas, soldados, clérigos y pobres... una legión, una hueste de mendigos que viven día a día pidiendo caridad en los conventos, a las puertas de las casas principales, en el arrabal del mercado, y que se ganan el sustento con trabajos tan ínfimos como rebuscar entre los escombros del Albaycín en busca de alguna baratija que pueda cambiarse por unas cuantas monedas, o vendiendo de casa en casa higos chumbos, o nieve de la sierra, o agua fresca de las fontanas del Darro, todo industrias menesterosas, de una provisionalidad que mueve a la compasión. Los más de ellos comen cada dos o tres días, y en su dieta no entra la carne a menos que la cocina de algún convento les obsequie con sobras de cacerola. Deambulan famélicos, impotentes, acallando su rabia y escondiendo bajo las ropas una navaja cabritera que sólo les sirve para cortar el aire de su desdicha. Nunca hubo en Granada tanta limpieza de sangre ni tantos pobres; y como la mucha necesidad ocupa el tiempo en demasía, pues andan pensando cómo salir de ella o faenan en sus patéticos menesteres para no morir de hambre, se encuentran las iglesias vacías y repletos los tugurios donde bailan los naipes, se cierran negocios de cuatro cuartos y gallina robada, se duerme el sueño triste del vino peleón y también, para escarnio de todos, muchas mujeres venden su cuerpo por lo que vale un instante de regocijo. Hace poco dieron veinte azotes a una prostituta en la plaza de la Chancillería por haber sido encontrada culpable de comercio carnal deshonesto. Mientras el verdugo se aplicaba en la tarea de despellejar a zurriagazos la espalda desnuda de aquella desdichada, la infeliz no paraba de gritar: «quién dará de comer a mis hijos, quién pondrá un pedazo de pan en su boca, quién de entre vosotros, tened compasión de una viuda que perdió a su marido en la guerra contra la morisma». La multitud haragana, que siempre agradece estos espectáculos, reía sin freno. Al sexto o séptimo azote la mujer perdió el sentido. Cada vez que recibía un latigazo, sus pechos se bamboleaban como flores tiritando bajo el viento. Cuando el verdugo acabó de cumplir la sentencia, un clérigo del Hospicio Real se acercó a la mujer, la bendijo y murmuró estas palabras: «Dios y los hombres ya te han perdonado. Vete y no peques más». Jacinto Delavalle, que nunca se pierde estas disciplinas públicas, me dijo:

—En cuanto sanen sus heridas y pueda recostarse sobre la espalda, volverá a lo suyo, que es el puterío. Esa pobre mujer necesita mantenencia, no palos. Recemos por ella.

Yo recé, por ella y por todos los indigentes de Granada. Pero aún cuando pasara las veinticuatro horas del día en oración, no habría un padrenuestro que Dios, desde su misericordia, pudiese repartir y adjudicar en beneficio de cada uno de ellos.

\*   \*   \*   \*

He perdido a la mitad de mis alumnos. Entre los desmanes de la guerra y el recelo que va la gente tomando a la palabra impresa y al saber que no lleve muchas bendiciones y protocolos eclesiásticos, se me quedó casi vacía la academia donde antes pasaban no menos de cuatrocientos estudiantes por curso. El colegio de San Miguel, vano es decirlo, está casi desierto porque allí tomaban educación los hijos de los moriscos. La universidad es hoy por hoy un nido de aves parlanchinas donde duermen su sueño de engreimiento los ociosos hijos de familias adineradas. Sólo el colegio catedralicio, por motivos que son fáciles de entender, mantiene llenas sus aulas. Cada día hay más jóvenes que quieren dedicar su vida al culto, una multitud de vocaciones sacerdotales que, o mucho me equivoco, o tiene que ver con la necesidad de sus familias de quitárselos de encima y entregarlos a la Iglesia para que los alimente. Las consecuencias son el haz y el envés de una hoja seca. Por una parte, nunca hubo en Granada tanto fervor por servir a la Iglesia; por otra, justo es decirlo, la nómina de estudiantes ha engrosado en favor de los ineptos, jóvenes que provienen de aldeuelas y pueblos remotos, un tanto gárrulos, con una mentalidad peñascosa en la que imbuir conceptos simples es tan laborioso e inútil como sembrar trigo en una pedrera. La mayor parte de ellos se conforman con memorizar el breviario y repetirlo como loros en pleno éxtasis de nadería, y sueñan con tomar los hábitos para convertirse en curas de parroquia fondona, de los de misa y extremaunción y manchas de aceite choricero en la sotana. No es ese el mejor alumnado para enseñar la gramática y las a menudo intrincadas complicaciones del latín, pero hay que resignarse y yo, desde luego, me resigno. Allá el arzobispado con sus métodos. Yo cumplo con mi obligación, imparto clases y procuro desvelar las tinieblas de la ignorancia en la medida de lo posible. El futuro próximo dirá qué clero se está formando en el colegio catedralicio... *Deo gratias*, no me veo yo en ese futuro. No pienso en la muerte por desapego a la vida, mucho menos por desesperanza, pero mi edad y achaques son algo que nadie en su sano juicio podría olvidar. Dios me llamará pronto, creo, y espero acudir a su cita con el ánima bien dispuesta. Me iré de este mundo casi de la misma forma en que llegué, sin nada que me pertenezca, sin bienes ni honores ni fatuidades, esa vestimenta pomposa de la que es necesario desprenderse para contemplar a Dios y que Él te mire con los ojos de un padre, no con la severa y ceñuda expresión de un juez. Así me iré, llevándome tan sólo el cariño de algunos amigos, de mis hijos y de doña Ana, toda mi fortuna, mi riqueza, mi gran suerte en esta vida. No sé si en el otro mundo continuarán siendo marido y mujer quienes así hayan vivido honestamente en la vida terrena, pero de una cosa estoy seguro: doña Ana y yo, pasado el tránsito, seguiremos amándonos más allá de la muerte, mucho más allá; cuando los siglos de los siglos hayan borrado nuestro nombre y su recuerdo de la faz de la tierra, y de lo que hoy somos no quede ni el polvo de las cenizas, cuando seamos nada, la perfecta, cóncava, inmensa nada, continuaremos amándonos porque la gracia de Dios no puede olvidar a quienes tanto se entregaron uno al otro, y a tantas cosas renunciaron, y tanto y tan gustosamente perdieron en la santa locura de amarse. Muy otra hubiese sido mi vida, muy muy otra, de no haberme empeñado en matrimoniar con doña Ana. Tuve libertad y seis mil maravedíes de dote, cierto, pero el dinero se acaba y la libertad exige, en ocasiones, mucho más de lo que cuesta. De haberme conformado con su estricto valor, continuaría estando al servicio de don Gonzalo, sería hombre predilecto, un viejo mandamás entre sus muchos empleados, y mi vida discurriría tranquila, sin sobresaltos ni carencias, entre el estudio, la poesía, las clases y la sopa caliente que nunca habría de faltarme. Comería en la mesa de los príncipes y no tendría la responsabilidad de llenar la despensa, atender a mis hijos, sostener a mis propios criados y cuidar con celo de mis asuntos. Pude haber escogido una confortabilísima *aurea mediócritas* pero elegí ser libre y, ante todo, elegí el amor. Y doña Ana... qué puedo decir y pensar de ella, ahora que todo parece terminarse, hoy, cuando se agota la breve ilusión de haber vivido; a mucho más renunció ella, y también lo hizo por amor. Y quien por amor se extingue, por el amor ha de vivir *ad aeternum* y nada teme, ni a la vida ni a la muerte. Así se lo dije hace unos meses al inquisidor Álvarez Agudo, apostólico de Salamanca, enviado por el Santo Oficio a Granada con la misión de mantener a hierro y fuego la ortodoxia doctrinal acordada en Trento por los príncipes de la Iglesia. Es un hombre arisco, receloso y no muy despierto que sustituye la inteligencia por la perpetua desconfianza; evidentemente, las celebraciones festivas son para él casi un pecado. Por tal causa se tomó muy a mal que el Corregidor y los Caballeros Veinticuatro aprobasen la instalación de las esculturas efímeras de madera, con sus correspondientes epigramas y la imagen pagana de Baco presidiendo jocosamente aquellas figuraciones que no tenían más pretensión que celebrar el nacimiento del príncipe Fernando. Como no podía enmendar la plana al municipio, me llamó a su despacho de la curia y me largó un sermón interminable contra el paganismo y sus asechanzas y peligros, contra las imágenes irreverentes, contra el humor epigramático que, según él, puede el populacho confundir con burla escarnecedora hecha a la familia imperial, en todo caso con una falta de respeto. Yo no dije palabra ni aun cuando me amenazó con enviar un informe al arzobispo aconsejando la retirada inmediata de las esculturas efímeras. Tan poca cosa me importó que antes de despedirme, en tono paternal, como si hablase a un alumno voluntarioso pero de poco talento, le dije:

—Señor Álvarez Agudo: las esculturas efímeras se colocaron por orden del municipio, y sobre mí recayó el encargo. Si quiere informar al arzobispo, hágalo. Si quiere escribir una memoria de afrentas, escriba cuanto le apetezca. Pero tenga compasión de este pobre viejo y no lo entretenga ni maltraiga con su puntilloso desvelo, que es mucho lo que me queda por hacer y muy poco, por desgracia, el tiempo del que puedo echar cuentas en esta vida.

Malhumorado quedó Álvarez Agudo, sombría su expresión, en límite muy próximo a sentirse ofendido y en el que a duras penas se contenía. No volvió a mandarme recado ni a dirigirme la palabra. Por fortuna, olvidó pronto el asunto de las esculturas efímeras porque quiso el azar que se produjese en la cívitas una gresca enorme, alboroto en el que Álvarez Agudo pudo finalmente intervenir, zambullirse a plena gloria en un proceso que conmovió a la aristocracia granadina y que dio mucho que hablar en corros, mentideros y otros lugares de reunión, donde hombres embozados y mujeres vestidas de negro, con el pañuelo bien sujeto a la sotabarba, comentaban entre chismes y sentencias lapidarias, de bromas y veras, los detalles de aquel asunto rabiosamente popular aun cuando sus protagonistas pertenecían a la clase alta, la casta de poderosos nobles y cristianos viejos que manda en la ciudad desde hace más de un siglo.

Fue el caso que los alguaciles de la Chancillería, en busca de contrabandistas y ladrones camineros, practicaron un registro rutinario en el burdel de la Fuente de la Breva. No hallaron a los malhechores, mas sorprendieron a un hombre de edad adulta y a un jovencísimo mancebo en pleno y flagrante acto de sodomía. Ambos fueron detenidos, llevados a prisión y sometidos a interrogatorio. El adulto resultó ser un tal Diego Parras, sevillano, comerciante, prestamista y jugador de fortuna, hombre de no mucho dinero pero bien relacionado en su ciudad de origen, en Granada y Almería; el joven, Luis Morales de Sepúlveda, era alumno del colegio de San Bartolomé, hijo de don Luis Morales, administrador de los marqueses de Ansoti. Don Pedro de Deza, temiendo que estallase el escándalo (cosa por otra parte ya irremediable), dirigió personalmente las averiguaciones. De ellas se dedujo que un tercer perverti-do, Reginaldo Talavera D'ilivio, deudor de Diego Parras, estaba encargado de celestinearle favores de muchachue-los, los más afeminados de condición, otros simples incau-tos que caían en la red de vicios y lujuriosa holganza con que Diego Parras los entretenía. Salieron muchos nombres a relucir, y cada uno de ellos salpicaba a alguna familia distinguida. Diego Parras, entre otros oficios, comerciaba en telas, paños y bordados de fina textura, motivo por el que entraba y salía de casas principales con toda libertad, mas eso sí: dejando vista y señalada la presa. Por orden de la Chancillería se detuvo a Reginaldo Talavera D'ilivio, se cerró para siempre el burdel de la Breva y también fue pre-sa su regidora, Clara María de Aréllano, a quien por los muchos exabruptos e insolencias que iba soltando de la mañana a la noche llamaban María Bocanegra los clien-tes del burdel (las rabizas tosedoras y famélicas que vivían a su amparo, no obstante, la llamaban madre). Reginaldo Talavera D'ilivio declaró que actuaba conforme a los de-seos de Diego Parra, buscándole mancebos y tiernos ado-lescentes para su gozo, porque adeudaba al sodomita no menos de once mil maravedíes, todos perdidos en la mesa de juego, habiéndole entregado como prenda y promesa de pago las escrituras de un molino que poseía en Albolote, su único medio de subsistencia. Los magistrados de la Chancillería, en atención a don Luis Morales y a la corta edad y no menos corto criterio de su hijo, decidieron ex-pulsar del reino de Granada a los dos crápulas, incaután-doles todos sus bienes para que fuesen enajenados y, con el producto de la venta, indemnizar al administrador de los Ansoti. Todo ello después de haberlos disciplinado con veinte azotes y de echar sal en sus heridas para que en jamás de los jamases olvidaran su pecado y ni por asomo se les ocurriera volver por Granada. El acuerdo parecía satisfacer a todos, incluso a los reos confesos del vicio nefando porque esa falta nauseabunda tiene la hoguera como castigo. Pero don Luis Morales, en el último momento, tuvo un arrebato de honorabilidad. Algunos dicen que fue orgullo, otros delirio de un padre humillado. Lo cierto, lo que transcendió e hizo que el asunto se convirtiera en hablilla repicona que sabía dulce en labios de las comadres, fue que don Luis, ofuscado quizás por la ira, se presentó en la Chancillería y pidió entrevistarse con Pedro de Deza. Clamó, juró, suplicó y advirtió que no estaba dispuesto a aceptar componendas, que su hijo había sido víctima de los perversos, no delincuente, y que si se conformaba con aquel compromiso la ignominia y la vergüenza caerían para siempre sobre su familia, mientras que otras de más fuste y rango, también implicadas, saldrían del enredo sin la menor mancha ni salpicadura ni menoscabo de su honra. De modo que exigía, como padre y como súbdito ejemplar del imperio y fiel sirviente que era de los Ansoti, que se cumpliera la ley a rajatabla, sin pactos ni concesiones. Por primera vez en la vida, que yo sepa, don Pedro de Deza se enmendó a sí mismo. Mandó remover el proceso y dio instrucciones a los magistrados para que acusasen a Diego Parras de sodomía, a Reginaldo Talavera D'ilivio de colaborador necesario en el delito y a Clara María de Aréllano de encubridora. Con mucho revuelo de papeles y togas se actuó conforme a los deseos del presidente de la Chancillería, tal como demandaba don Luis Morales. Hubo un juicio público por el cual desfilaron en primer lugar los acusados, quienes suplicaban clemencia y repetían que con el castigo de los azotes y el destierro más que saldada quedaría la deuda. Después, para gozo de la muchedumbre que abarrotaba el salón de plenarios del alto tribunal, confesaron diecisiete jóvenes, todos galanamente vestidos, todos hijos de familias notables, todos puestos de acuerdo en que, efectivamente, Reginaldo Talavera D'ilivio les arreglaba entrevistas íntimas con Diego Parras en el burdel de la Breva, y que ellos acudían creyendo que se trataba de algún jolgorio con putas o cosa semejante, y que cuando el vino y la fiesta los tenían amodorrados, como sin voluntad, se encontraban de súbito compartiendo lecho con aquel vicioso y que si habían callado hasta entonces, manteniendo el secreto de su caída en el más aborrecible de los pecados, no fue por maldad sino por vergüenza. Así uno y otro hasta los dichos diecisiete mancebos, y alguno que se libraría de comparecer ante el tribunal, pienso yo, porque en estas cuestiones donde se mezclan el delito y la reputación la gente calla más de lo que parece.

El tribunal dictó sentencia el sexto día del mes de mayo. Al séptimo, siguiendo una costumbre que empezaba a hacérseme desagradable, acompañé a Jacinto Delavalle hasta la plaza de la catedral, donde todo estaba dispuesto para que la hoguera prendiese nuevamente. Rotos a golpes, desdentados, sangrando por todos los poros del cuerpo, Diego Parras, Reginaldo Talavera D'ilivio y Clara María de Aréllano ardieron sin decir una palabra, entre otras cosas porque les habían arrancado la lengua y cauterizado la herida con un hierro al rojo para que no se desangrasen y murieran antes de tiempo. Mientras el fuego hacía su trabajo, y siguiendo las instrucciones del tribunal, los diecisiete jóvenes que habían sido víctimas de los perversos contemplaron desde una tribuna especialmente dispuesta cómo se cumplía la ley. Todo ello, según los términos de la sentencia, «para que les quede bien fijo de qué manera se castiga el vicio nefando y de qué manera acaban quienes lo practican». Granada entera celebró las ejecuciones, y entre todos sus habitantes (de ello estoy seguro), quien más se congratuló fue Álvarez Agudo, el apostólico de Salamanca. Azuzado por los acontecimientos, exaltado ante lo que debió parecerle una epidemia de lujuria, algo que olía a cuerno de Lucifer, demoníaca conspiración de rijosos y sodomitas contra los mandamientos del Altísimo, inició su cruzada particular contra el vicio nefando. Pidió y obtuvo permiso del arzobispado para predicar los domingos, en misa de diez, contra la lujuria en general y la sodomía en particular. Desde el púlpito, con visionarias y no poco imaginativas soflamas, arremetía contra los pecadores natos, los que llevaban, según él, el vicio en la sangre, y metía en la misma cesta a los encubridores, a los que sabiendo dónde había marimoñeo no lo denunciaban, a quienes por curiosidad pecaminosa alguna vez se acercaron a los sodomitas, a quienes fueran víctimas de sus enredos y callasen. La gente iba a escucharle con festiva intención, pues nunca se había predicado en la ciudad con tanto ahínco contra los placeres ilícitos y muy especialmente contra el vicio nefando. No sé si convenció a muchos, pero tengo por seguro que ilustró a bastantes sobre la oscura inclinación del afeminamiento. «Esos señoritingos acicalados», decía, «que visten galanuras tan exquisitas y rebuscadas que son más propias de mujer que de hombre, sea éste mancebo, adulto o anciano... esos afeminadillos que gustan de aparentar garbosa extravagancia, que usan aceites y perfumes de cortesana y que al andar caderean y al mirar sus ojos mecen... jóvenes imberbes que se complacen envileciendo la natural androginia

261

del varón en edad impúber, transformando un hecho natural, establecido por Dios nuestro Señor, en aberrante causa de escándalo y, si se me apura, de provocación, de sinuosa incitación al más hórrido de los vicios: el pecado contra natura... esos mariquitines engreídos que van por nuestras calles moviendo su pañuelo y sonriendo y tentando a rectos varones con torpes sonrisas pintadas de rojo carmesí, esa grey de hembritornados, todos ellos, todos, tienen un lugar muy a reserva en el infierno, pues es sabido que el demonio, por pura malicia, prefiere esta perversión por encima de cualquier otra. Ay, pobres sodomitas... pobres de vosotros, jóvenes galanos que transmutáis arteramente la belleza del cuerpo en pudrición del ánima, la pulcritud en vanidad y la castidad en desenfreno... pobres, pobres de vosotros... Satán os aguarda y tienen los avernos más instrumentos de tortura que las cárceles del Santo Oficio, y el martirio es eterno, y el mismo Luzbel, encharcado de satisfacción, os lo aplicará por los siglos de los siglos y en el mismo punto y lugar por el que hayáis pecado...».

Así predicó Álvarez Agudo, un domingo y otro, durante meses. Y de tanto insistir y tanto amenazar con las penas del infierno y los rigores de la Inquisición a todo aquel que ni de lejos tuviese contacto o noticia de los pervertidos, consiguió finalmente crear una atmósfera agitada, de miedo y alerta, esa inquietud popular que predispone al escándalo y que suele anteceder a las persecuciones. En los siguientes dos años, más de una docena de reos fueron quemados vivos frente a la catedral, todos acusados de sodomía y todos denunciados por gente próxima. No sé si los pleitos fueron muy rigurosos y se guardó aquella ecuanimidad en el proceder que don Pedro de Deza siempre antepuso a la estricta justicia, pero sospecho que al menos en

262

una ocasión se hicieron las cosas muy a la ligera. Consta en los archivos y aún vive en el recuerdo de la ciudad. Dos arrieros de Lorca llegaron a Granada en el mes de abril, después de cinco días de viaje. Transportaban azufre en sacos para venderlo al maestro curtidor Ruiz Mansilla. Por accidente o descuido, uno de los sacos se rompió y el licopodio fue esparciéndose por la carreta. Tras una parada que hicieron para echar la siesta en Huetor Santillán, volvieron los arrieros al pescante sin advertir que la madera estaba cubierta del polvillo amarulento del azufre. Avivaron el paso de las mulas para llegar esa misma noche a Granada, donde tomaron alojamiento en la pensión de doña Ernesta Fernández, cercana al campo del Triunfo. Uno de los infelices arrieros, con el traquetear del carromato y el roce del pantalón contra la madera azufrada del pescante, se abrasó las nalgas. Ya en la pensión, con muchas molestias e irritaciones en parte tan delicada, dijo a su compañero:

—Compadre, míreme usted el culo, que me arde igual que carbonchos del infierno.

Sin más contemplaciones se bajó las bombachas, quedando desnudo de cintura para abajo, se echó en la cama y alzó las nalgas para que el otro arriero pudiese apreciar el alcance de las heridas.

—Pues sí, compadre Renato: tiene usted el culo en pura llaga. Será mejor que avisemos al médico.

Requirió a voces a la patrona doña Ernesta mientras el llamado Renato, dolorido, quejumbroso, mantenía la posición oferente pues sólo en esta postura sentía algo de alivio. Subió la patrona al cuarto, y en cuanto vio a los dos hombres componiendo semejante imagen, dio un berrido como de gato escaldado y corrió a la calle mientras gritaba:

—Maricones... maricones...

Se llamaban Renato Abellanes y Bienvenido Torres. Los dos estaban casados y entre los dos juntaban nueve hijos, y los dos acabaron en la hoguera. Ardieron el quinto día del mes de Mayo después de sufrir cuatro semanas en la cárcel de la Chancillería sin que el verdugo pudiera sacar de ellos otra versión de lo sucedido ni arrancarles más verdad que aquella que mantuvieron con firmeza y por separado hasta el último momento. Otra vez, y no fue la última, olió Granada a chamusquina, ese hedor de vísceras ahumadas y carne achicharrada que para Álvarez Agudo y otros como él era calmante aroma, tan benéfico para el alma como son para el cuerpo las brisas de otoño y los aires que bajan incólumes de la nieve. No sé por qué (pues debiera estar ya acostumbrado), el fin miserable de los arrieros de Lorca me causó una extraña pesadumbre, incierto desasosiego que durante muchas semanas conmovió mi espíritu como si sus propios cimientos, anclados en el hábito de creer y no replicar, se tambalearan como nave medio rota en una deriva de azares y confusos horizontes. De nuevo dormí abrazado a mi esposa como un niño en busca de consuelos imposibles, el tenue refugio que de nada protege pero que siempre está al alcance de la mano, tan sutil como un beso y un abrazo mantenido en cálida aceptación hasta que el sueño y el cansancio nos vencen, el sueño de vivir otra vida quizás, el cansancio hasta los huesos por la endeblez y maldades que en ésta nos acompañan. Así dormí, inquieto, asustadizo como si a mi edad ya bien provecta empezase a conocer el rostro verdadero de esta cívitas que un día lejano quiso ser de Dios y que ahora, tiempo y guerras y hambrunas y otras plagas mediantes, se va convirtiendo en un rincón oscuro, sinuoso, amenazador, donde una palabra te puede llevar a presidio y una escocedura de nalgas y el pasmadizo atolondramiento de una comadre a la hoguera. Así es ahora Granada, la vieja y más que vieja: achacosa cristianópolis.

Escribo sin entusiasmo, es cierto y lo reconozco, escribo sin ningún entusiasmo y por encargo de don Pedro de Deza mi segundo libro de elegías, *De traslatione corporum regalium*, dirigido al emperador Felipe. Escribo porque leer y estudiar, enseñar y escribir es mi oficio y porque no puedo negarle un favor a don Pedro de Deza, pero estos versos latinos no tienen más objeto ni van a traer más beneficio que dejar pesarosa constancia de algo que sabemos desde hace mucho: el fin de la urbe como sede imperial, el acabóse de Granada como centro del mundo cristiano bajo el amparo de nuestros monarcas. Es secreto que rumorea entre los despachos del poder. Don Felipe, muy influenciado por el arquitecto Herrera y su séquito de científicos, matemáticos, cabalistas y expertos en la tradición hermética (la mayoría de los cuales, de no ser por la protección del emperador habrían acabado en la hoguera), ha decidido trasladar los restos mortuorios de su familia, hasta ahora durmientes en la Capilla Real, a ese monasterio tan grande como insólito, donde se mezclan en extraña conjunción la ortodoxia cristiana y el saber alquímico y cabalístico, que mandó erigir en los llanos de El Escorial con motivo, dicen, de su última y celebrada victoria contra el rey de Francia. No sé yo qué tan cierto sean una cosa y la otra, la razón para levantar tan magnífico edificio y para el traslado de los huesos reales. Queda una convicción: el imperio se olvida de nosotros y, si nos descuidamos, hasta los sepulcros de los Católicos Reyes serán removidos y sus cenizas llevadas en solemne procesión de Granada a Madrid y de Madrid al Escorial, donde ya se ha construido el panteón que para siempre y por los siglos de los siglos acojerá los restos mortales de todos los reyes de España.

Escribo sin ganas porque es causa perdida, aunque don Pedro de Deza y otros significados caballeros de la ciudad sostienen con más orgullo que optimismo que el emperador ha de escucharlos si le dirigimos esta memoria, la cual intenta ser persuasiva a través del encomio laudatorio. Aparece Granada ante el emperador como una matrona gozosa y doliente para recordarle con todo respeto que él, por gracia de Dios y deseo de su padre el César Carlos, fue concebido aquí, en las entrañas de la que fuese ciudad predilecta de los Católicos Reyes, cuyos cuerpos siempre hemos guardado con veneración y cuyas almas, sin duda desde el cielo, nos siguen amando. Continua el libro con epitafios dedicados al traslado de los restos de doña Isabel de Portugal, de la primera esposa de don Felipe, María de Portugal, de sus hermanos Fernando y Juan y de doña Juana la Loca. Termina *De traslatione corporum regalium* con una fervorosa petición: que no se alejen nunca de Granada los cuerpos sepultos de los Católicos Reyes, doña Isabel de Castilla y don Fernando de Aragón, por cuanto ellos eligieron descansar en esta tierra hasta el fin de los siglos y la resurrección de la carne, y también (y esto se dice en tono de admiración y profunda reverencia), porque Granada sin sus Reyes sería un desierto de infertilidad. Un cuerpo sin ánima. Un absurdo. Aunque a veces pienso, y esto nunca he de confesarlo en público, que la Historia no es mucho más que eso mismo: la relación de despropósitos que el hombre ha cometido y cometerá desde el inicio de los tiempos y hasta que Dios se canse de nosotros.

\* \* \* \*

—Lo vuestro es melancolía, señor Juan Latino —me dice Jacinto Delavalle—. Ni desesperanza ni otra enfermedad de ánimo. Pura melancolía, ese morbo que tarde o temprano, y no sé por qué, les entra a quienes dedican su vida a las artes y el estudio.

—Mucho ha esperado conmigo —le respondo.

Mucho ha esperado la tristeza, mal de jóvenes y no de ancianos como yo. Cada día me cuesta más esfuerzo dar clase en el colegio catedralicio, y eso que sus rectores, en atención a mi edad, han reducido a dos horas mañaneras mis obligaciones magisteriales. Si continúo en las aulas es por la amistad que me une con el arzobispo Salvatierra, a quien no quisiera defraudar, mucho menos discutir con él cuando afirma que los muchos años traen el mucho juicio, y que a nadie debería permitírsele ejercer la docencia antes de cumplir los sesenta. Rebaso con mucho esa edad, estoy viejo, cansado, y la vista se me pierde en un acuoso extravío que dentro de poco, sin remedio, me llevará a la ceguera. Dice el médico Esteban Cedroso que tengo la visión cansada y que esos cristales opacos que van creciendo en el interior de mis pupilas son fruto de muchos años de leer con poca luz, de madrugada, de afanarme en la letra pequeña y escrupulosa de mis escritos. Culpa de los libros y el estudio, en definitiva. Y por los libros y el estudio, si Dios no dispone otra cosa, moriré ciego. Pues amén, que tampoco en este mundo van quedando cosas que, en verdad, sean dignas de verse.

*   *   *   *

Tengo señalada como fecha simbólica de mi nacimiento el nueve de noviembre, día en que recibí mi primer bautismo en el convento de los mártires Apolonio y Damián, allá en Sevilla. Dicho de otra forma: no sé exactamente cuántos años tengo, pero calculo que no pasarían más de cinco o seis antes de recibir el agua bendita, de modo que si estas cuentas no fallan hace una semana que cumplí los ochenta, quizás algo menos. Y ahora no puedo olvidar y por eso quiero contarlo... no puedo olvidar que justo un nueve de noviembre, a mediodía (hace de esto dos años), recibí urgente aviso de Trinidad Garcés, nieta de doña Jerónima Garcés, aquella anciana de Castro del Río a cuya casa simuló viajar León Roque de Santiago para huir de Granada en tiempos de la sublevación morisca. Según el despacho que trajo un criadito muy joven, de piernas frágiles y corredoras, debía acudir en cuanto me fuera posible al domicilio de su ama, en la cuesta de la Alhacaba. Tomé toga y sombrero, y paso piano para no fatigarme crucé el puente del Perdón, recorrí la calle de Elvira y empecé a subir la trabajosa cuesta. Me detenía a cada poco para tomar aire y descansar las piernas. Siempre fui buen andarín y no ha habido rincón de Granada y sus entornos que no haya visitado por el puro placer de pasear, mas llega el tiempo que debemos a la vejez, el lento desmoronarse de los vigores de la edad adulta; es hora de aceptar con resignación que hemos de sufrir decrepitudes y achaques antes de que Dios nos llame el último día.

El caminar parsimonioso no iba aparejado, en absoluto, a mi inquietud de ánimo. No sentía curiosidad, sino una premonición en nada alentadora. Que la familia de León Roque de Santiago quisiera entrevistarse conmigo no podía traer más que evocaciones dolorosas, estaba seguro: de qué otro asunto íbamos a hablar que no fuese de Luis Pedro Ibáñez, de la deserción de León Roque de Santiago, de sus maquinaciones para inculpar a mi discípulo. No imaginé que esa tarde iba a verme frente a frente, por última vez, con quien durante años fuera mi enemigo soterrado, el hombre que puso gotas insolubles de amargor en mi existencia, ese recuerdo que aún duele y que me acompañará, de buen seguro, hasta que descansen los restos mortuorios de quien fuera Juan de Sessa, Juan Latino, Juan el negro.

Nada más llegar al dominio de los Garcés, el mismo muchacho que había traído el mensaje a mi casa abrió la puerta. Con voz temblona, quizás avergonzado por la falta de costumbre en recibir visitas, me invitó a pasar. Trinidad Garcés me aguardaba, sentada en una modesta silla sin respaldo. Se puso en pie y caminó hacia mí con expresión más bien sombría:

—Perdonadme, maestro Juan Latino, por la prisa en llamaros y por haceros venir sin ninguna explicación.

Era una mujer aún joven, más bien robusta, tendente a aquella rechonchez que distinguía a León Roque de Santiago y que según me pareció entonces era síntoma familiar.

—Pero lo cierto es que nada tengo que deciros, salvo exponer un ruego: que me acompañéis a la habitación de arriba donde una persona moribunda quiere hablaros.

Supe que era él. La voz atemperada y muy respetuosa de Trinidad Garcés me condujo de la sospecha a la convicción. Por mi parte no dije una palabra. Me limité a seguir los pasos de la dueña de la casa, escaleras arriba, hasta llegar a un cuarto oscuro y pequeño que olía a enfermedad, esa emanación de llagas y purulencias que recome por días y días a quienes padecen el morbo de sangre inficionada. Trinidad Garcés corrió las cortinas y allí estaba; lo vi y no pude creerlo: hinchado, con el rostro cerúleo y los labios cubiertos de costras, León Roque de Santiago vivía sus últimos momentos con la aterradora aflicción de quien soporta grandes dolores en el cuerpo y un enorme vacío en el alma.

—Gracias por venir, señor Juan de Sessa —musitó.

Si hubiera tenido dos vidas lo habría dejado allí, en el umbral de la muerte, pudriéndose por dentro y por fuera... si hubiera tenido dos vidas habría vivido una de esas vidas al gusto de los demás y otra según mi parecer y sentimientos, haciendo tan sólo lo que me dictase el corazón, pero como sólo tengo una vida y sólo voy a tener una vida hago lo que es preciso, obligatorio, lo que imponen los mandamientos de Dios y las leyes de los hombres. Por ese motivo y no por otro, porque sólo tengo una vida, me que-

270

dé a su lado y lo escuché hablar durante horas, soportando aquel ronquido que salía de su pecho y que me hizo pensar en metales impuros fundiéndose en la brasa de los malos recuerdos. Soporté la miasma del cuarto, la encharcada insistencia de su contricción, todas las explicaciones... la caridad hacia los moribundos, en eso pensaba, en la caridad hacia los moribundos y en Luis Pedro Ibáñez. Ah, si hubiese tenido dos vidas habría vivido una al gusto de los demás y otra según mi parecer, conforme al criterio de que es mejor inmolarse en un instante y por causa apetecible que deambular medio chamuscado y pidiendo perdón por las cosas que nunca nos atrevimos a hacer, pero como sólo tengo una vida y sólo voy a tener una vida y sólo voy a tener que arrepentirme una vez de todo lo que he hecho, pues he hecho lo que debía, y por eso mismo, porque sólo tengo una vida y tengo que vivirla de acuerdo con lo pactado, escuché a León Roque de Santiago, de principio a fin: supe cómo había conseguido escapar de Granada y cómo tras la guerra y la derrota de los sublevados llegó a Italia, y de allí a Durazzo, en la república de Montenegro, en plenos dominios del Sultán. Viajó con nombre falso hasta una región desolada en medio de un desierto que es el resumen de todos los desiertos que hay en el mundo. Por allí nunca pasaron caravanas de mercaderes sino ejércitos invasores. Me habló de un páramo devastado por fríos tenebrosos y por veranos asfixiantes que lo convierten en uno de esos lugares por los que nadie se atreve a transitar, salvo aventureros enloquecidos y conquistadores visionarios. Imaginé un ejército de desesperados, una turba de guerreros hambrientos montando caballos enflaquecidos. En la mirada de cada invasor brilla el ansia de saqueo, pero no es codicia: llevan meses combatiendo y muriendo en aquella tierra áspera y raquítica que no tiene nada que ofrecerles. Llevan semanas sin comer algo que conforte sus estómagos, y su único sueño es encontrar una ciudad que no existe y conquistarla y arrebatar el calor de algún guiso y el sabor brutal de los licores de todas las tabernas y la dulzura del pecho de una hembra que los consuele. Pero están equivocados, tan sumamente equivocados como el jefe que los manda... un hombre terrible, sus soldados lo siguen como a un dios de la guerra y su delirio de conquista y poder contagia a todos; recibe el tratamiento de capitán, ha emprendido innumerables guerras y las ha perdido todas, pero hay algo en su persona, la mezcla de altanería, crueldad y esplendidez en el reparto del botín, que fascina a los suyos y los convence de serle fieles hasta la muerte. Trata a sus soldados igual que a compañeros, come su mismo rancho y gobierna a sus oficiales con la implacable dureza de un aprendiz de emperador, cierto. En sus ojos enloquecidos por el afán de conquista reluce la codicia propia de los caballeros teutónicos, Atilas y Gengis Khanes que en el mundo han sido. En el fondo es un soñador y un iluminado. Sueña con conquistar una ciudad inexistente y proclamarse monarca de un reino perdido, un imperio de llanuras devastadas, de matorrales secos y de inviernos homicidas: es un loco que tiene el coraje de vivir sus propias locuras y de hacer que otros las compartan. Pero qué va a conquistar... qué va a conquistar si no hay nada que conquistar, dónde va a llevar a sus soldados, qué reino puede ofrecerles si sólo les espera un vacío tan ancho como la muerte, la desolación y el olvido. Ese ejército de fantasmas va a perderse en cualquier esquina de la Historia, en una tormenta de nieve o en un vendaval de arena. Sus cadáveres aparecerán presos en el légamo oscuro y pegajoso que cubre el territorio cada año, durante la época de lluvias, con la mortífera cadencia de un mal endémico. Qué va a conquistar si por este país han pasado ya todos los ejércitos del mundo y no se han detenido ni han vuelto siquiera la mirada y han escapado de allí con el pánico pisándoles los talones. León Roque de Santiago acompañó a ese ejército durante casi seis años.

—Seis años —me dijo—. Un purgatorio. Ved lo que aquellas andanzas me regalaron.

Sacó el brazo izquierdo de debajo de las sábanas. Una pura llaga que no soportaba siquiera la presión de los vendajes.

—Antes había estado en Serbia, en Bulgaria... como fugitivo del imperio tenía cierta credibilidad entre los turcos y sus aliados. Llevé credenciales y cartas de Abén Humeya al gobernador de Janina, con el vehemente ruego de que las enviase al Sultán por vía de la diplomacia. No nos hicieron el menor caso.

—Lo supongo —dije—. Jamás llegué a creer que los turcos tuviesen intenciones de invadir el antiguo reino.

—Era mi única posibilidad de ser nuevamente libre, de volver a Granada... un sueño, una quimera en la que confié porque nadie puede vivir sin esperanza. Aunque supongo que todo esto os importa bien poco, señor Juan Latino: cómo escapé tras planear el ataque a Mantera y encontrar el modo de que vuestro discípulo Ibáñez quedase involucrado, los años que perdí en el exilio, las fatigas que me acompañaron en un errar sin ilusiones, sabiendo que había elegido el bando del perdedor en una guerra absurda; y cómo, finalmente, decidí volver en secreto y encerrarme en esta casa en espera de la muerte, la cual, como ya os habréis dado cuenta, no tardará mucho en llevarme.

—Por qué lo hicisteis —pregunté.

—Habláis de la maquinación contra Luis Pedro Ibáñez.

—De qué otra cosa. Vuestras calamidades me traen sin cuidado. Pero, por qué él. Qué mal os había hecho.

—Ninguno —dijo León Roque de Santiago entre toses secas, respirando con un ansia que me hizo pensar en la agitación de una larga agonía.

—Por odio. Por haceros daño —declaró finalmente—. Cualquier ardid que hubiese intentado en vuestra contra habría sido inútil. Erais y sois un hombre demasiado respetado en la ciudad, y sus gobernantes siempre os protegieron. Con Luis Pedro Ibáñez fue distinto, y sabía que su desgracia os dolería como si la estuviéseis padeciendo en propia carne.

—Así fue. Pero aún no habéis contestado a mi pregunta. Por qué me odiáis tanto.

Reflexionó unos instantes el moribundo. Luego suspiró como aceptando una enorme derrota: la verdad de la traición, el mal que lo había acompañado durante mucho tiempo y muchos países. Nadie puede vivir sin tomar aliento, y tampoco nadie puede pisar este mundo sabiendo cada día que su alma está enfangada en la perversidad.

—Si yo conociera lo que hay en el fondo de ese odio, si fuese capaz ver en él como quien observa su semblante en el espejo... otra y muy otra hubiese sido mi fortuna en esta vida, y de otro ánimo me habría dirigido a Dios cuando intentaba encontrar una senda de equilibrio para mis pasos en el fenomenal desbarajuste de los últimos tiempos. Es cierto —se lamentó—, otros habrían sido mis intereses, amistades y decisiones. Pero quién conoce la raíz del odio, el porqué de su ancladura en la conciencia... os lo confieso, maestro Juan: durante muchos años os odié sin preguntarme siquiera qué mal habíais hecho a mi persona, de qué ofensa me resarcía. Ese es mi pecado, un gran disparate, una turbia y rabiosa obcecación que no me ha procurado más que calamidades.

Entornó los párpados, como avergonzándose por las palabras que estaba obligado a decir.

—Pero no os he llamado por ese motivo.

—Qué queréis de mí —pregunté.

—Vuestro perdón.

Callamos durante un buen rato. Los olores de la enfermedad iban anegando la estancia como una sombra viscosa. Tuve la impresión de que la muerte esperaba, agazapada en cualquier esquina, a que yo me marchara para acercarse y tomar con mano implacable lo que era suyo. Finalmente, después de meditar cada una de mis palabras, dije:

—Mi perdón no es necesario. Lo que ahora necesitáis es que Dios sea indulgente con vuestra alma.

León Roque de Santiago, sorprendido, respondió:

—Os lo pide alguien que está a punto de morir.

Lo miré con extrema dureza, como nunca he mirado a hombre alguno. Solicitaba clemencia, su cuerpo era una pústula y el tormento del final amenazaba con ser tan sólo preludio de eterno sufrimiento.

—No —dije secamente—. Si entráis en el infierno no será con mi perdón.

Abandoné el cuarto pequeño y oscuro y bajé a toda prisa las escaleras. Oí cómo León Roque de Santiago me llamaba, lo escuché gritar... aligeré el paso cuanto pude, dejé aquella casa y dejé al moribundo enfrentándose con su propio fin, haciendo aquello para lo que un hombre debe prepararse desde que alcanzamos uso de razón. Y hacerlo en soledad. Dignamente.

\*　\*　\*　\*

León Roque de Santiago murió dos días después. Nadie se enteró en Granada de que aquel viajero que había contraído una enfermedad extraña en cualquier remoto país, era un desertor a quien las autoridades de la Chancillería buscaban desde mucho tiempo atrás.

Murió León Roque de Santiago y su cuerpo anónimo descansa en el pequeño cementerio de la parroquia de San Bartolomé. Murió el único enemigo que he tenido, o al menos el único que me hizo daño, y yo no sentí otra cosa que hastío. Doña Ana, siempre misericordiosa, rezó por él, eso me dijo: que por su alma estaba rezando. Yo creo que también se acordó de la mía porque mi falta de compasión la perturbaba.

Murió León Roque de Santiago, y a los pocos meses murió el inquisidor Álvarez Agudo de un cólico fulminante: se intoxicó comiendo setas. A su entierro en la iglesia de San Juan de los Reyes acudió toda la vieja cristianía de Granada. Don Pedro de Deza, el arzobispo Salvatierra, el corregidor y los Caballeros Veinticuatro olieron ese día los aromas del incienso en lugar de la estragante emanación de cuerpos quemados. Jacinto Delavalle me acompañó a la ceremonia. Caminamos cogidos del brazo, dándonos apoyo mutuo en el deambular achacoso de nuestra vejez.

—No habrá más hogueras, al menos por un tiempo —dijo Delavalle.

—Dios lo quiera —respondí.

Murió el inquisidor apostólico que abominaba de las esculturas efímeras, morirán muchos otros, yo he de morir y sólo le pido a Dios que no tenga muy en cuenta la severidad con que traté a León Roque de Santiago en sus últimos momentos. Fue mi imagen y fue mi palabra. Todos pasamos por este mundo como una imagen y una palabra, igual que esculturas efímeras. El recuerdo se desvanece pero quedan las palabras, siempre, como quedaron las inscripciones de las esculturas efímeras, arrumbadas por las esquinas desde que Álvarez Agudo convenció al gobierno de la ciudad para que fuesen retiradas.

—He oído que el emperador, nuestro rey don Felipe, está muy enfermo —dijo Delavalle—. Puede que se trate de habladurías, pero lo cierto es que desde hace semanas se encuentra recluido en el Escorial... tan sólo deja que lo visiten médicos y algunos sacerdotes de su confianza.

Morirá el emperador. Acaba el siglo y muchos no han de ver el próximo. Pasarán, pasaremos por la existencia como esculturas efímeras. Lo demás no importa. Moriremos, sí; es hora de ir pensando en la muerte. La vista se me acaba conforme crecen esas gotas de cristal opaco dentro de mis pupilas. Todo se oscurece. Para todo hay un fin. Moriremos y llegará otra gente a este mundo, quizás con otras ideas. Terminará el poder, se extinguirá la gloria y el moho de los siglos ha de sepultarnos.

—En qué andáis ahora, maestro Latino —me pregunta Jacinto Delavalle.

—Redacto unas memorias que espero nadie lea hasta dentro de muchas décadas.

Jacinto Delavalle sonríe.

—Vos y vuestras rarezas.

Yo también reí. Me gusta caminar junto a él porque siempre parece que vamos a alguna parte. Hemos dado incontables y gratos paseos, haciéndonos compañía uno al otro. Y tal como lo pienso se lo digo.

—Dios quiera que podamos mantener la costumbre por muchos años —dice Delavalle. Después se santigua.

—Así sea —respondo.

—Paseemos entonces, maestro Juan Latino. Caminemos por el mundo hasta que la tierra se canse de aguantar nuestras pisadas.

—Hasta que Dios nos lleve —le digo.

Granada, 1998.